Die wirklich großen Dinge im Leben verstehen sich von selbst. Geburt, Liebe oder Tod – alles wahnsinnig aufregend, aber unumgänglich, ob wir nun wollen oder nicht.

Es sind die kleinen alltäglichen Dinge, die uns am meisten Nerven kosten. Wie begegnet man also den unzähligen tagtäglichen Herausforderungen? Hier endlich des Rätsels Lösung: ein sinnvoller, praktischer Ratgeber für jede Situation und für jedermann verständlich.

In seiner gefeierten Wochenendkolumne im Londoner ‹Guardian› erforschte Guy Browning die kleinen Unannehmlichkeiten dieser Welt. Er gibt uns Regeln zur Hand, die uns sicher und mühelos durch die Minischikanen unseres Alltags gleiten lassen. Lachen ist erlaubt – allerdings ohne Gewähr.

Guy Browning

Vom richtigen Verhalten in Umkleidekabinen

... und 101 andere tägliche Herausforderungen

Deutsch von Hucky Maier

Rowohlt Taschenbuch Verlag

Mein Dank gebührt …
Lisa Darnell, Kate Jones, Toby Mundy, Louisa Joyner, Katharine Viner, David Christensen, Dave Belcher, Ross Woodford und dem großen Graeme Wilkinson für ihre Inspiration und Professionalität.
Vor allem aber Esther, die nicht zu hart mit mir ins Gericht ging.

Deutsche Erstausgabe
Veröffentlicht im Rowohlt Taschenbuch Verlag,
Reinbek bei Hamburg, Januar 2007

Die englische Originalausgabe erschien unter dem Titel
«Never Hit a Jellyfish with a Spade» bei Atlantic Books, London
Redaktion Bernd Gottwald
Umschlaggestaltung ZERO Werbeagentur, München
(Foto: plainpicture / Sander, J.)
Satz Thesis und Industria PostScript
Gesamtherstellung Clausen & Bosse, Leck
ISBN 13: 978 3 499 62075 1
ISBN 10: 3 499 62075 8

Inhalt

Sport und Training

Krankheit und Gesundheit

Kochen und Essen

Mode und Wellness

Schlafen und Wachsein

Faulenzen und Herumtrödeln

Hecken und Nachbarn

Religion und Politik

Teenager und Studenten

Mixen und Mischen

Männer und Frauen

Liebe und Ehe

Richtig ... trainieren

Man sagt, Müßiggang ist aller Laster Anfang; das Werk des Teufels. Genauso wie Training. Unter Training versteht man jegliche Form von Bewegung, die man normalerweise im täglichen Leben nicht machen würde. Allerdings können diese Bewegungen durch Ergänzung des Wortes «Power» in Training umgewandelt werden, siehe «Power Walking». Es gibt zwei Arten von Training – aerobes und anaerobes. Aerobes Training findet im Fitnessstudio statt, alles andere ist anaerob.

Training ist in jeglicher Hinsicht gut für den Körper. Je besser Sie in Form sind, desto leichter fallen Ihnen Dinge wie Treppensteigen oder Zum-Bus-Rennen – sprich: andere Trainingsarten. Nach einer echt anstrengenden Trainingseinheit macht sich ein wunderbares Gefühl des Wohlbefindens breit. Das hängt mit der Freisetzung von Endorphinen zusammen, und Endorphine sind schließlich unser natürliches Selbstgefälligkeitshormon.

Das Beste am Training ist das Schwitzen. Es reinigt die Poren, sodass Sie beim Duschen mit gutem Gewissen zur Sport Body Lotion greifen können anstatt zur ordinären Seife. Durch die Schwitzerei sehen Sie allerdings auch aus wie ein nasser Waschlappen, mit anderen Worten, Training per se ist eigentlich ziemlich uncool; cool wird die Sache erst, wenn Sie nach einer Abkühlungsphase und der obligatorischen Dusche mit leicht benetztem Haar wieder auf der Bildfläche erscheinen.

Man kann sehr leicht trainingssüchtig werden. Je besser Sie in Form sind, desto besessener streben Sie nach immer höheren Zielen, bis dass der Tod uns scheidet. Leute, die ständig am trainieren sind, tragen in der Regel eine unterschwellige Botschaft auf ihrem Sweatshirt mit sich herum: «Beziehungskrise!».

Heutzutage gibt es alle möglichen Geräte, mit denen man jede Sportart zu Hause im Wohnzimmer simulieren kann: Da sind z. B. Laufbänder, Skilauf-Simulatoren oder Rudergeräte. Im Idealfall sind sie sogar mit einer Fernbedienung ausgestattet, die es Ihnen erlaubt, in aller Ruhe auf dem Sofa zu sitzen und fernzusehen, während die Maschine brav ihren Dienst tut. In aller Regel finden sich diese Trainingsgeräte schließlich im Gästezimmer wieder, also dort, wo das ganze überflüssige Geraffel früher oder später einmal landet.

Training ist ein phantastisches Mittel, um abzunehmen, hauptsächlich deshalb, weil es recht schwierig ist, einen Becher Eiscreme zu essen, während man Aquarobic betreibt. Yoga-Jünger behaupten, Yoga sei die härteste Sportart überhaupt, bei der man durch bloßes Anspannen der Gesäßmuskulatur Kräfte von einer halben Tonne Gewicht entwickeln könne. Fortgeschrittene Yogis können die Beine hinter dem Kopf verschränken; allerdings ist in der Regel ein weiteres Jahr hartes Training vonnöten, um sie von dort wieder hervorzubekommen.

Einer der großen Vorteile regelmäßiger sportlicher Ertüchtigung ist die Tatsache, dass sich der eigene Körper mit der Zeit in ein wahres Prachtexemplar verwandelt, im Idealfall sogar in einen dieser geschmeidigen Super-Bodys, die jede Frau schwach werden lassen. Allerdings, welche Frau will schon mit jemandem schlafen, der mitten im Liebesakt einen Boxenstopp einlegt, um einen isotonischen Durstlöscher zu sich zu nehmen, oder als Vorspiel eine Viertelstunde Stretching-Übungen macht?

Sich richtig ... im Umkleideraum verhalten

Ein Umkleideraum ist halb Besprechungs- und halb Badezimmer. Nirgendwo sonst muss man geschäftsmäßig und gleichzeitig nackt auftreten.

Gemeinschaftsduschen haben fast immer nur zwei Wassertemperaturen: eiskalt oder kochend heiß. Es hilft auch nichts, neben der Dusche zu stehen und eine Hand in den Strahl zu halten, die Wassertemperatur ändert sich dadurch nicht wesentlich. Als Minimallösung kann man lediglich den Kopf für zwei Sekunden seitlich schräg unter die Dusche strecken, wobei der Körper weitestgehend trocken bleibt; durch die feuchten Haare erweckt man einen frischgeduschten Eindruck, absolut unerlässlich für das Apres an der Bar.

Von wesentlicher Bedeutung ist die Reinigung des eigenen Gemächts unter der Dusche, allerdings bitte im Schnelldurchgang. Lassen Sie sich etwas mehr Zeit dafür, so wird das unweigerlich als Zügellosigkeit hart am Rande der Selbstbefriedigung angesehen. Einmal der Dusche entstiegen, sollten Sie sich unverzüglich abtrocknen. Jegliches Herumflanieren mit in die Seite gestemmten Armen ist tabu. Auf der anderen Seite gibt es Leute, die krampfhaft versuchen, sich größtenteils in ihrem Spind abzutrocknen. Wieder andere wickeln sich ein Handtuch um die Hüfte, um sich dann jedes Kleidungsstück einzeln unter dem Handtuch anzuziehen.

In einem Umkleideraum darf man an genau zwei Stellen schauen: an den Boden und an die Decke. Man darf auch in den Spiegel schauen, allerdings nur, um auf die Schnelle die Haare einmal durchzukämmen. Stehen Sie Stunden vor dem Spiegel, um Ihr Haar aufzutoupieren, verspielen Sie jeglichen Kredit, den Sie sich zuvor in heldenhafter Manier auf dem Spielfeld oder dem Ergometer erworben haben.

Vermeiden Sie es beim Duschen tunlichst, frontal zur Mitte des Gemeinschaftsduschraums zu stehen, da dies als geradezu groteske Form von Exhibitionismus angesehen würde; duschen Sie sich genauso wenig mit dem Rücken zur Raummitte, würde dies doch bedeuten, Sie hätten etwas zu verbergen. Korrekt wäre ein Standwinkel von 45–115 Grad von der Raummitte weg; seifen Sie sich dann ein, bis Sie von Kopf bis Fuß in Berge von Schaum gehüllt sind. Nehmen Sie nur ein Fläschchen Duschgel mit unter die Dusche, wirklich nur ein einziges. Und bringen Sie auf gar keinen Fall das eigene Stück Seife von zu Hause in einer Plastikdose mit. Fällt Ihnen die Seife einmal auf den Boden, lassen Sie sie liegen, heben Sie sie nicht auf. Duschen Sie sich einfach rasch ab, und entsteigen Sie elegant der Dusche.

Es ist absolut tabu, im Umkleideraum jemanden anzusprechen, es sei denn, Sie vermissen ein Körperteil oder versuchen, das Gebäude zu evakuieren. Ein gelegentliches «Sorry» geht in Ordnung, wenn Sie Ihre Schuhe versehentlich auf den Sitzplatz von jemandem anderen gestellt haben. Aber warten Sie niemals mit Kommentaren auf wie: «Du lieber Himmel, was für eine Riesenpfütze haben Sie mit Ihrem Allerwertesten auf der Sitzbank hinterlassen!»

Es gibt Umkleideräume mit Gemeinschaftsbecken, wo sich die ganze Mannschaft in gemütlicher Plauderrunde im Wasser entspannen kann. Denken Sie dran, dass nur geladene Gäste Zugang zu einem Gemeinschaftsbecken haben, steigen Sie also auf keinen Fall einfach ins Becken, wenn ein komplettes Fußballteam es sich bereits dort bequem gemacht hat.

Richtig … Teamgeist haben

Im Leben ist man entweder Teamplayer, oder man gehört zu denjenigen, die nie in ein Team gewählt werden. Einzelgänger und verschrobene Individualisten haben sich nicht ohne Grund für ihren Lebensstil entschieden: Sie waren es einfach leid, in ihrer Schulzeit in irgendwelche Mannschaften gewählt zu werden.

Jede Mannschaft hat einen Kapitän. Kapitän wird immer, wer beim anderen Geschlecht am besten ankommt. Nur jemand mit diesem Anforderungsprofil hat die natürliche Autorität, eine Mannschaft aufzustellen. Als Erste werden die besten Kumpels des Kapitäns aufgestellt, gefolgt von den echten Sportskanonen, und zuletzt diejenigen Zeitgenossen, die zwar regelmäßig zum Training erscheinen, aber das Ballgefühl eines Kleinkinds haben.

Auf dem Spielfeld kristallisieren sich schließlich die verschiedenen Mannschaftsteile heraus. Am auffälligsten ist der Schreihals; das ist ein Spieler, der während des gesamten Spiels kaum Ballkontakt hat, vielleicht deshalb, weil sich kein Ball gern anschreien lässt. Der Schreihals gibt permanent lauthals Anweisungen, wohin der Ball zu spielen ist – z. B. über den Flügel, in die Tiefe oder als Kopfballvorlage für ihn höchstpersönlich. Dadurch weiß der Gegner ziemlich genau, wohin der Ball mit Sicherheit nicht gespielt wird.

Bald wird klar, wer der beste Spieler in der Mannschaft ist: Er fädelt einen genialen Spielzug ein, wird durch ein böses Foul gestoppt, was wiederum tumultartige Ausschreitungen zur Folge hat, an denen alle elf Spieler der gegnerischen Mannschaft mit Hockeyschlägern beteiligt sind (besonders unangenehm bei einem Volleyball-Spiel); daraufhin wird er auf einer Trage vom Platz geschafft.

Kein Team ohne sein Trikot. Die verantwortungsvolle Aufgabe des Zeugwarts wird dem Spieler übertragen, der seine Seele dafür verkaufen würde, in der Mannschaft mitspielen zu dürfen. In Teams ist das Waschen der Trikots oft ein Aufnahmeritual für Neulinge, ist es doch mitunter recht heikel, bei der Menge des Weichspülers das richtige Händchen zu haben.

Ein essenzieller Bestandteil jeder Mannschaftssportart ist das gemeinsame Duschen. Aus diesem Grund ist es eminent wichtig, gut bestückt zu sein, es sei denn, man ist aus irgendeinem Grund weiblichen Geschlechts. Schließlich beginnt man bereits in der Dusche, einen großen Sieg zu feiern oder eine vernichtende Niederlage zu verdauen. In beiden Fällen lässt man seinen Gefühlen freien Lauf und zielt mit einem zusammengerollten Handtuch elegant unter die Gürtellinie anderer Mannschaftskameraden.

Vergessen Sie nicht, dass Ihr Standing innerhalb des Teams ernsthaften Schaden nehmen kann, wenn Sie mehr als ein Fläschchen mit unter die Dusche nehmen. Wenn es schon zwei sein müssen, dann sollte eines davon ein deutsches Premium-Pils sein.

Wer kein Lied für die Busfahrt in seinem Repertoire hat, wird es innerhalb der Mannschaft nicht allzu weit bringen. Schlachtgesänge handeln in der Regel von drei Dingen: der eigenen Potenz, der gegnerischen Impotenz oder dem Sexualleben von Tieren. In vielen Fällen sind alle drei Themen kunstvoll miteinander verknüpft. Die Fähigkeit, ungewöhnlich obszöne Strophen zu erfinden, ist wie eine Stammplatzgarantie.

Richtig ... Extremsport betreiben

Extremsportarten sind die Quintessenz aller Überlegungen, wie man sich ganz hip umbringen und im letzten Moment dem Tod doch noch von der Schippe springen könnte. Man kann eine Extremsportart definieren als Achterbahnfahrt ohne Achterbahn.

Bei allen Extremsportarten geht es letztlich um den freien Fall. Nehmen wir z. B. das Extremskifahren oder Ski Extreme, wie unsere französischen Freunde sagen: Man schwingt sich Hänge hinunter, die genau genommen jähe Abgründe sind und die eigentlich Seile und Steigeisen erfordern würden, um den Aufstieg zu meistern. Die wirklich extremen Extremski-Freaks pfeifen auf Dinge wie Skier oder Hänge und stürzen sich einfach dort aus einem Hubschrauber, wo es kalt ist. Sie wedeln ins Tal und machen den so genannten *Hot Dog*, und wenn etwas schief geht, machen sie den so genannten *Hamburger*, d. h., sie schlagen nach Erreichen der Endgeschwindigkeit auf eine Betondecke auf und sehen danach aus wie Hackfleisch.

Der Extremheitsgrad jeder Sportart ist messbar anhand der mitgeführten Sicherheitsausrüstung: Fahrradhelm und Knieschützer sind nicht allzu spektakulär, man könnte damit ebenso gut Extrem-Bingo spielen; Seile und Gurte deuten schon auf ein höheres Risiko hin; Schwimmwesten sehen immer gut aus, um allerdings wirklich Eindruck zu schinden, braucht es entweder einen Fallschirm oder einen Schleudersitz. Im Idealfall benötigt man für die eigene Extremsportart eine Kombination aus Schleudersitz, Schwimmweste, Fallschirm, Seilen, Gurten und Knieschützern. Natürlich gibt es Leute, die mit genau dieser Ausrüstung wandern gehen, um den Eindruck zu vermitteln, sie gingen einer besonders gefährlichen Tätigkeit nach. Dabei vermitteln sie lediglich den Eindruck eines extremen Vollidioten.

Wildwasser-Rafting muss man sich in etwa so vorstellen, als würde man kalt duschen, wobei jemand versucht, ein 12-Mann-Schlauchboot in die Duschkabine hineinzuquetschen. Bei der extremeren Variante besteht die Herausforderung darin, gleichermaßen gegen Wassermassen und Felsgestein zu bestehen. Flusspferde könnten dann noch für einen Extra-Kick sorgen, hassen diese Tiere doch nichts mehr, als dass ihr Badevergnügen von einem 12-Mann-Schlauchboot gestört wird, das ihnen auf dem Kopf herumtanzt. Bungee-Jumping wurde von irgendwelchen verrückten Kiwis erfunden, die der Ansicht waren, sich von einer Brücke zu stürzen sei einfach ein zu geiler Spaß, um ihn potenziellen Selbstmördern zu überlassen.

Bei der Ausübung einer Extremsportart ist es von essenzieller Bedeutung, wie ein cooler Surfer auszusehen und dabei ständig lauthals ein cooles «Yeaaaah!» auf den Lippen zu haben. Kreuzen Sie zum Extremsport in einer bequemen Tweedjacke auf und mit einem lässigen Pfeifen auf den Lippen, bekommen die Anwesenden unweigerlich den Eindruck, ihre Zeit zu verschwenden.

Das große Geheimnis der Extremsportarten besteht darin, dass sie eine recht simple Angelegenheit sind, weil sie nämlich alle auf den Gesetzen der Schwerkraft basieren. Niemand käme auf die Idee, einen Ultra-Marathon, eine einhändige Weltumseglung oder eine Arktis-Durchquerung als Extremsport zu betrachten, da hierfür übermenschliche Anstrengung, Disziplin und Kraft vonnöten sind. Außerdem würde man sich dabei in Surfklamotten gewaltig einen abfrieren, und dummerweise würde niemand das coole «Yeaaaah!» hören, wenn man in einer 30 Meter tiefen Gletscherspalte verschwindet.

RICHTIG ... einen Marathon laufen

Gelegentlich kann man Leute beobachten, die einer seltsamen Sportart nachgehen: Treppensteigen rückwärts. Das sind die Folgen eines Marathonlaufes am Tag zuvor, man hat längere Achillessehnen als die Saiten eines Kontrabasses.

Die richtige Sportkleidung ist entscheidend beim Marathonlaufen, alles sollte darauf ausgerichtet sein, die Körperkühlung zu maximieren und den Energieverlust zu minimieren. Daher ist es unglaublich ärgerlich, wenn man sich in seinen teuren Hightech-Laufklamotten schwerfällig dahinschleppt und von jemandem stehengelassen wird, der als zwei Meter großes Huhn verkleidet und mit Sammelbüchse unterwegs ist.

Die Wasserversorgung des Körpers ist geradezu lebenswichtig, und die meisten Leute trinken schon den ein oder anderen Liter, bevor es überhaupt losgeht. Dies hat zusammen mit der ganz natürlichen Nervosität am Anfang des Rennens zur Folge, dass ungefähr 10 000 Leute kurz nach dem Start anhalten müssen, um zu pinkeln. Seltsamerweise wird das im Fernsehen nie gezeigt. Während des Rennens sollten Sie nicht dem Irrglauben unterliegen, Sie könnten sich im Vorbeilaufen einen Becher Wasser schnappen. Zu Hause schnappen Sie sich Ihren Tee auch nicht im Vorbeilaufen, also versuchen Sie es in einem Rennen erst gar nicht. Das Ende vom Lied wären lediglich nasse Klamotten, und außerdem würden Sie den Versuch, beim Laufen zu trinken, mit minutenlangen akuten Erstickungsanfällen bezahlen.

Während des Rennens ist der Flüssigkeitshaushalt das A & O, nicht aber feste Nahrung; begegnen Sie daher liebenswürdigen Zuschauern eher mit gemischten Gefühlen, wenn sie Ihnen Süßigkeiten, leckere Toasts oder eine Scheibe des traditionellen Sonntagsbratens reichen wollen. Wenn dem Körper die Energie ausgeht, läuft man wie gegen eine Wand. Dies geschieht etwa bei Kilometer 32 (oder auch schon früher, wenn man nicht aufpasst, wohin man läuft). Ab hier verbrennt man körpereigene Substanzen, die normalerweise zur Grundausstattung gehören, wie etwa Fett oder Muskelmasse; auch die Lebensgeister bleiben nach und nach auf der Strecke. So genießt man also auf den ersten 32 Kilometern eines Marathons die Landschaft, während man die letzten 10 Kilometer qualvoll wie in einer Folterkammer hinter sich bringt.

Am Ende eines Marathons ist man in der Regel so erledigt, dass man am Ziel noch nicht einmal jubelnd die Arme hochreißt, würde dies doch einen zu großen Kraftakt bedeuten. Gewöhnlich wird jeder beim Überqueren der Ziellinie automatisch fotografiert; betrachten Sie den eigenen Gesichtsausdruck auf diesen Zielfotos, bekommen Sie eine ziemlich genaue Vorstellung davon, wie zerknittert Sie jeden Morgen aus dem Bett steigen. Daraufhin setzt das Gefühl ein, eine Großtat vollbracht zu haben, und Sie erzählen jedem (sofern sich dieser nicht einen Stock höher befindet und Sie Treppen steigen müssten!), was Sie für ein herausragender Vorzeigeathlet sind.

Richtig … schwimmen

Viele Leute, die nicht schwimmen können, täuschen es vor, indem sie übereifrig mit Wasser um sich spritzen, gleichzeitig aber einen Fuß immer am Boden halten. Im örtlichen Schwimmbad mag der Trick noch angehen, nicht aber bei den Surfern am Strand von Malibu.

Die meisten Leute paddeln bei ihren ersten Schwimmversuchen wie ein Hund. Eigentlich sollte man meinen, jeder Anfänger würde sich etwas von den Fischen abschauen, da diese in der Regel die besseren Vorbilder sind, wenn es ums Schwimmen geht. Es ist schon eigenartig, aber wir versuchen sogar, im Schmetterlingsstil zu schwimmen, obwohl Schmetterlinge eher für ihre Flugkünste bekannt sind.

Beim Schwimmen hat man eine ganze Palette verschiedener Schwimmstile zur Auswahl. Beim Rückenschwimmen liegt man mit dem Rücken auf dem Wasser und wirft, kurz bevor man untergeht, die Arme zurück im Stil eines Schaufelraddampfers. Das macht man so lange, bis man der Betonwand des Schwimmbeckens mit voller Kraft rückwärts einen Karateschlag versetzt und schließlich zu der Erkenntnis gelangt, dass Vorwärtsschwimmen vielleicht doch vernünftiger ist. Davon abgesehen gibt es nicht allzu viele Fische, die auf dem Rücken schwimmen, zumindest nicht die lebenden.

Beim Brustschwimmen hat man die Qual der Wahl: Entweder man hält den Kopf über Wasser, oder man taucht mit jedem Schwimmzug ab. Hat man sich für die zweite Variante entschieden und ist nach dem dritten Schwimmzug noch nicht wieder aufgetaucht, dann sprechen Fachleute von «Ertrinken».

Seitenschwimmen ist ein Schwimmstil für Leute, die im Damensitz reiten würden, wenn sie ein Pferd hätten. Eigentlich ein sehr effizienter Stil, allerdings erweckt man unweigerlich den Eindruck, als würde man jeden verliebt anlinsen, der neben einem herschwimmt.

Beim Kraulen gibt es zwei Varianten: Kraulen mit kontrolliertem Krafteinsatz, ein Stil, wie er von Australiern perfekt beherrscht wird; oder der Kraulstil, wie ihn die Briten bevorzugen, sprich: Man schwimmt die erste Bahn wild drauflos, zerteilt das Wasser förmlich, verursacht einen stärkeren Sog als eine Autofähre und schlägt jeden bewusstlos, der zufällig auf der gleichen Bahn schwimmt.

Man kann seinen ganz persönlichen Stil kreieren, gewissermaßen als Potpourri aus verschiedenen Stilarten: Man legt eindrucksvoll los im Kraul- oder Schmetterlingsstil, verschluckt hektoliterweise Wasser und geht dann für ein paar Züge zu einem anderen Stil über wie z. B. Brustschwimmen, ringt nach Luft und versucht, der Erstickungssymptome Herr zu werden.

Lediglich in einer Domäne des Schwimmsports sind die Briten Vorreiter: bei der Kopfbedeckung. Besonders die Gummi-Badekappen mit aufgeklebten Blümchen haben es in sich; sie sind wie geschaffen für Undercover-Aktionen in einem Lilienteich, ältere Frauen stehen voll darauf. Damen, die diese Badekappen tragen, sind eine ganz bestimmte Spezies, sie lassen sich ziellos im Wasser treiben wie eine riesige Feuerqualle bei Flut. Beim näheren Hinsehen wird man feststellen, dass diese Damen grundsätzlich immer einen Fuß am Boden halten.

Richtig ... reiten

Stellen Sie sich vor, Sie seien mit Nichtstun beschäftigt, und plötzlich schwingt sich ein kleiner Primat auf Ihren Rücken und gibt Ihnen den Befehl, ihn irgendwohin zu transportieren. Genau so muss sich ein Pferd fühlen.

Man gelangt recht schnell zu der Erkenntnis, dass ein Pferd doppelt so viele Beine wie unsereins hat, woraus sich ein völlig anderer Bewegungsablauf als bei uns ergibt. Die amerikanische Antwort darauf ist ein Sattel wie ein alter, bequemer Sessel, in den man sich behaglich hineinplumpsen lässt. Die britische Antwort ist die Erfindung eines Sattels, der einer Slipeinlage gleicht, auf den man beim Reiten nicht aufsitzt, so als wäre er glühend heiß.

Pferde laufen in zwei Richtungen: zum Futter hin und vom Futter weg. Und das mit zwei Geschwindigkeiten: schnell und langsam; langsam vom Futter weg und schnell zum Futter hin. Die Zügel sind der Schaltknüppel beim Pferd. Hält man die Zügel locker, bedeutet das Leerlauf, zieht man sie leicht an, Vorwärtsgang, und reißt man wild an den Zügeln herum, heißt das Abwurf.

Das Übelste für einen Reitschüler ist die anfängliche Erkenntnis, hilflos dem Willen des Pferdes ausgesetzt zu sein. Das heißt, weder steuern noch anhalten sind möglich. Dabei sollte man eigentlich – unglaublich, aber wahr – mit den Knien und Innenseiten der Oberschenkel steuern und anhalten. Deshalb ist eine Liebesnacht mit einer erfahrenen Reiterin durchaus vergleichbar mit einer Nacht in einer Heißmangel.

Beim Reiten besteht eine gesetzliche Helmpflicht. Der Sinn und Zweck von Reithelmen besteht darin, seinem Träger einen Rundumschutz zu garantieren, sollte dieser vom Pferd fallen und nach einem perfekten doppelten Rittberger mit dem Kopf voraus Bekanntschaft mit der Erde machen. Jeder andere unfreiwillige

Abstieg würde eine schwere Gehirnerschütterung nach sich ziehen und für 72 Stunden zeitweilige geistige Umnachtungserscheinungen verursachen. In diesem Fall spricht man von einem Military-Wettbewerb.

Sitzt man einmal im Sattel, macht sich das unbändige Verlangen breit, Hindernisse zu überspringen. Pferde überspringen von Natur aus eigentlich keine Hindernisse, sonst wäre die Pferdekoppel eine ziemlich bescheuerte Erfindung. Können Sie sich vorstellen, wie sehr ein Pferd seinen Reiter verachtet, wenn es bequem rechts oder links an einem Zweieinhalb-Meter-Oxer vorbei zum Futtertrog laufen könnte, ohne ein Hindernis überspringen zu müssen?

Steigbügel sind wie eine eingebaute Trittleiter, ein Hilfsmittel, um aufs Pferd zu steigen. Steckt man einen Fuß in den Steigbügel, schwingt sich hoch und kann den Kopf des Pferdes nicht sehen, dann sitzt man wahrscheinlich verkehrt herum. Dies braucht Ihnen nicht peinlich zu sein, haben Tests doch bewiesen, dass Reiter, die verkehrt herum auf dem Pferd sitzen, bei einem Unfall erheblich weniger Verletzungen davontragen. Davon abgesehen ist bei dieser Sitzposition die Wahrscheinlichkeit geringer, über Hindernisse zu springen, und dafür die Wahrscheinlichkeit größer, schnell den Weg zum Futtertrog zu finden.

RICHTIG … beim Schulfest gewinnen

Kinder, auf geht's zum Training fürs Schulfest! Nur der Sieg zählt. Eure Eltern haben sich extra einen Tag frei genommen, um euch beim Wettkampf zuzuschauen, und sie wollen euch nicht am Ende des Feldes ins Ziel schleichen sehen. Und denkt daran, Mama oder Papa haben vielleicht sogar ein sehr wichtiges Meeting sausen lassen und haben dadurch jetzt Schwierigkeiten beim Bezahlen der Hypothek fürs Haus; ja genau, euer Haus, dort, wo ihr euer Kinderzimmer habt und euer Spielzeug.

Im Sprint könnt ihr nicht einfach wie ein geölter Blitz irgendwohin laufen – ihr müsst innerhalb dieser weißen Linien laufen. Warum? Weil das Internationale Olympische Komitee das so will, ganz einfach. Wenn alle anderen Kinder nach der Hälfte des Rennens vor euch sind, ist es echt egal, wo ihr lauft, weil Mama und Papa sicher nicht im Zielraum herumstehen werden, wenn ihr eine so lasche Einstellung habt.

Beim Eierlauf kommt es darauf an, das Ziel mit dem Ei auf dem Löffel zu erreichen, und nicht, wie oft ihr das Ei fallen lassen und wieder aufheben könnt. Andere Eltern mögen das süß oder witzig finden, eure bestimmt nicht; und schließlich haben die den Hausschlüssel. Der Schiedsrichter sieht die Sache meist nicht so eng, und beim Eierlauf gibt es im Grunde genommen auch gar keinen. Ihr werdet zwar keine Zeit dafür haben, euer Ei auf den Löffel zu kleben, aber ihr könnt einen tieferen Löffel als die anderen verwenden. Am besten, ihr fragt eure Mutter nach einer Suppenkelle. Befindet ihr euch in einem Kopf-an-Kopf-Rennen mit anderen Kindern, dann haltet einfach den Daumen auf euer Ei und lauft ein bisschen schneller. Keine Angst, es wird niemand einen Untersuchungsausschuss beantragen, schließlich seid ihr nur Kinder und wisst von nichts.

Kinder, die von Natur aus nicht besonders sportlich sind,

sollten sich am besten auf das Dreibein-Rennen konzentrieren, jenem paarweisen Rennen, bei dem je ein Bein eines Partners mit dem anderen zusammengebunden wird. Und auf keinen Fall ein Team bilden mit eurem besten Freund: Der mag zwar tolle Spielsachen haben, ist aber alles andere als ein Bewegungstalent. Sucht euch jemanden aus, der gleich lange Beine hat wie ihr, und marschiert mit ihm unter Wettbewerbsbedingungen jeden Morgen zur Schule, bis euch die ganze Übung am Schuljahresende in Fleisch und Blut übergegangen ist. Seid ihr das Riesenbaby der Klasse, dann entscheidet euch für den schmächtigsten Klassenkameraden; und macht euch bloß keine Gedanken über seine Schrittlänge oder sonst was. Schleift ihn einfach mit, so schnell es geht; wenn ihr die Knoten an euren Beinen richtig festgezurrt habt, dann wird er euch bis zum Ziel schon nicht verlorengehen.

Oft gibt es beim Schulfest ein Rennen für die Eltern; im Unterschied zu den Wettbewerben für die Kinder geht es dabei um gar nichts. Wird euer Papa Siebter oder Achter, dann ist das schon in Ordnung; die anderen Erwachsenen waren einfach schneller und wollten wahrscheinlich nur angeben. Habt ihr im Gegensatz zu eurem Papa euer Rennen gewonnen, dann verliert am besten für ein paar Wochen kein Wort über das Schulfest.

Richtig … auf Bäume klettern

Auf Bäume zu klettern ist ein Sport, der etwas in Vergessenheit geraten ist. Man sieht allenfalls jemanden auf einem Baum, wenn er gefällt werden soll oder wenn jemand verhindern will, dass er gefällt wird. Heutzutage würde kein Kind auch nur im Traum daran denken, auf einen Baum zu klettern, es sei denn, es handelt sich um ein interaktives Computerspiel mit Lara Croft als Hauptdarstellerin.

Sich den richtigen Baum auszusuchen ist nicht ganz unwichtig. Man kann bei niemandem Eindruck schinden, wenn man einen Baum erklimmt, der kleiner ist als man selbst. Ebenso ist Vorsicht geboten bei außergewöhnlichen Baumarten. Legt man sich mächtig ins Zeug beim Erklimmen einer Trauerweide, so wird man bald feststellen, dass man sich immer mehr dem Boden annähert, je weiter man klettert. Auch auf mächtige Nadelbäume zu klettern ist ein eher nutzloses Unterfangen; wagen Sie sich nur an einen Nadelbaum, wenn zerrissene Kleider und Hautabschürfungen einen ganz klaren Nutzen für Sie darstellen.

Entscheiden Sie sich für einen stattlichen, ca. 12 bis 15 Meter hohen Laubbaum, auf dem Robin Hood und mindestens fünf seiner Kumpane bequem Platz finden würden. Dann kommt der Einstieg, der schwierigste Teil des ganzen Unterfangens. Bäume haben keine einfachen Kletterrouten, sonst wären grasendes Rotwild oder Kühe in den Baumwipfeln ein ganz alltäglicher Anblick.

Zuallererst springt man hoch und schnappt sich einen tief hängenden Zweig; dann hangelt man sich entweder den Baum hinauf oder schwingt die Füße nach oben. Hat man den Einstieg einmal geschafft, ist der Rest nur noch Formsache. Heikel ist lediglich die Frage, wie weit man hinaufklettern sollte: Schwankt man hin und her, heißt das «Vorsicht»; bricht ein Ast ab, «Stopp», und sieht man die eigenen Füße in den blauen Himmel ragen, heißt das Intensivstation.

Wer bislang nur Erfahrungen mit einem Kletterseil gemacht hat, sollte sich darüber im Klaren sein, dass es sich um zwei grundverschiedene Dinge handelt. Man kann keinen Baum zwischen den Füßen halten und sich hochdrücken. Es sei denn, man hat Riesenfüße.

Sitzen Sie einmal in der Baumkrone, haben Sie ein gewaltiges Problem: was nun? Gibt es etwas zu sehen, wunderbar, dann genießen Sie also die schöne Aussicht. Haben Sie allerdings das Ganze nur gemacht, um Ihre Kumpels zu beeindrucken, dann müssen Sie jetzt die schmerzliche Feststellung machen, dass diese entweder ganz weit unten stehen oder inzwischen längst nach Hause gegangen sind. Und vergessen Sie nicht, selbst wenn Sie sich fühlen wie in 100 Meter Höhe, für die Kumpels sieht das von unten bei weitem nicht so imposant aus. Es sei denn, Sie tragen einen Schottenrock.

Baumhütten haben daher einen unschätzbaren Vorteil: Man klettert hinauf, und damit hat sich das Problem. Allerdings sollte man sich darüber bewusst sein, dass es nicht gerade besonders feinfühlig ist, einen Baum mit Nägeln und Brettern zu verunstalten, schließlich steckt man auch keine Kuh in eine Lederjacke. Es gibt zwei herkömmliche Arten, von einem Baum herunterzukommen: Entweder man rutscht in Riesenschüben hinab und zieht sich eine Leistenzerrung zu; oder man ruft die Feuerwehr.

Richtig ... wandern

Eine der unbeabsichtigten Folgen der Streichung von Zugverbindungen ist der anhaltende Wanderboom. Je weniger Züge es gibt, desto mehr Langeweiler kommen auf die Idee, ziellos umherzulaufen, was unweigerlich beim Wandern endet.

Wanderer haben immer Bonbons in derart ekelhaften Geschmacksrichtungen dabei, dass man im Notfall eher das eigene Bein aufessen würde. Sie tragen Hightech-Anoraks, die dem Körper Wärme und Feuchtigkeit entziehen und zum Leidwesen anderer Wandergesellen als Ausdünstung freisetzen. Wanderer tragen dicke Wanderstiefel. Und zwar, um Stürzen vorzubeugen, nach zwei Weizenbieren zum Abschluss ihrer gigantischen Sechseinhalb-Kilometer-Wanderung.

Wanderer treten immer im Rudel auf, angeführt von einem Mann oder einer Frau mit Bart und einem großen, knorrigen Stock. Und sie haben Landkarten in Plastikhüllen dabei (damit die Landkarten nicht nass werden bei all den Körperausdünstungen). Mit Hilfe dieser detaillierten Landkarten und großen Kompassen können sie ausrechnen, dass es noch 500 Meter bis zum Parkplatz sind.

Wanderer unterhalten sich angeregt, wenn sie unterwegs sind, und es kommt nicht von ungefähr, dass sie zum Schwafeln neigen. In jeder Wanderrunde findet sich jemand, der ein bisschen was über Vögel weiß, jemand, der ein bisschen was über Pflanzen weiß, und jemand, der ein bisschen was über Heimatkunde weiß. Mit dem Ergebnis, dass man keine fünf Meter weit kommt, ohne dass einer von ihnen loslegt mit einem halbstündigen Vortrag über die faszinierende Welt des heimischen Lehmbodens, in dem ihre dicken Wanderstiefel gerade versinken.

Wanderer lieben die unberührte Natur, und manchmal kann man ganze Heerscharen buntgekleideter Wandergesellen beobachten, wie sie sich durch die Landschaft quälen und dabei auch noch den größten Spaß haben. Wanderer glauben, sechs Stunden lang direkt hinter einem ätzend bescheuerten Idioten in einer Windjacke herzulaufen sei die beste Methode, etwas von der Landschaft zu sehen.

Man erkennt Wanderer bereits 10 Kilometer gegen den Wind, da sie immer ausgerüstet sind wie für eine Himalaja-Expedition. Wenn sie am schönen Rhein entlangmarschieren, haben sie für den Notfall stets Biwak, Campingkocher und Leuchtkugeln dabei. Fernwanderwege sind ein Segen für unsere Gesellschaft, weil sie Wanderer für längere Zeit durch abgelegene Landesteile führen, weitab von den normalen Leuten.

Sport und Training

Krankheit und Gesundheit

Kochen und Essen

Mode und Wellness

Schlafen und Wachsein

Faulenzen und Herumtrödeln

Hecken und Nachbarn

Religion und Politik

Teenager und Studenten

Mixen und Mischen

Männer und Frauen

Liebe und Ehe

Richtig ... niesen

Niesen ist ein ungeheuer kraftvoller physischer Akt, in seiner Intensität lediglich vergleichbar mit einem Orgasmus. Beides kann man nur schwer mit einem gewissen Maß an Authentizität vortäuschen, und am besten, man versucht es erst gar nicht, es sei denn, man ist allein oder in Gesellschaft von jemandem, der einen von ganzem Herzen liebt.

Es gibt viele verschiedene Methoden, den Niesreiz zu unterdrücken. Die gebräuchlichste ist, einen Finger unter die Nase zu halten und selbige dann nach oben zu drücken. Alternativ dazu kann man auch die Zunge gegen die Innenseite der Zähne drücken. Macht man beides gleichzeitig, gibt man ein ganz passables Ebenbild eines Aristokraten ab.

Beim Niesen stößt man die Luft mit einer Geschwindigkeit von etwa 160 km/h aus. Wenn man eine Mini-Windturbine an der Nase aufhängen könnte, würde die freigesetzte Energie eines durchschnittlichen Niesers ausreichen, um eine kleine Leselampe so lange zu speisen, bis man das Taschentuch gefunden hat. Verspürt man einen Niesreiz, sollte man stets den Kopf so drehen, dass man sein Gegenüber nicht mit schleimigem Auswurf und Kohlstückchen bespritzt, sondern eine künstlerisch wertvolle Collage an dessen Wohnzimmerwand hinterlässt.

Nieser lassen sich aufteilen in verschiedene Geräuschklassen. Manche Leute niesen mit einem lang gezogenen «Oooaaaah!», andere mit dem klassischen «Hatschiii!». Im Allgemeinen ist der Geräuschpegel, den man beim Niesen verursacht, ein verlässlicher Indikator der eigenen Qualitäten im Bett. Mächtiger Trompetenlärm bedeutet so viel wie «unter der Bettdecke alles im Lot», während ein nerviges, kaum hörbares «Tschi» eher darauf hindeutet, dass das Bett nicht allzu oft zum Quietschen gebracht wird.

Gelegentlich kündigt sich Niesen mit Juckreiz in der Nase an. Man kneift unweigerlich die Augen zusammen und wird vorübergehend etwas kurzatmig. Ziemlich oft passiert dann aber doch nichts, und man kann das Taschentuch wieder einstecken. Genau in diesem Moment bricht der Nieser aus einem heraus und hinterlässt ein halbes Pfund Schleim vom Allerfeinsten auf dem Revers eines anwesenden Würdenträgers. In manchen Fällen kann man einen widerspenstigen Nieser auch dadurch auslösen, dass man in ein grelles Licht starrt. Beim Autofahren sollte man das tunlichst unterlassen, da ein kraftvoller, orgiastischer Nieser für immer der letzte sein könnte.

Man wird gelegentlich feststellen, dass sich manche Leute der Doppelnies-Technik bedienen. Es wurden Untersuchungen angestellt, ob dies möglicherweise darauf beruht, dass jedes Nasenloch jeweils für einen Nieser verantwortlich ist. Die Untersuchungen führten jedoch zu keinem Ergebnis, da die Projektleiter ständig krank wurden.

RICHTIG … erkältet sein

Eine Erkältung fühlt sich an, als habe sich der Winter im Körper niedergelassen, allerdings ohne Skifahren. Leute, die nicht erkältet sind, tun eine Erkältung ab als nicht der Rede wert. Leute, die erkältet sind, neigen dazu, eine Erkältung als den gleichen Virus zu betrachten wie den, der das Reich der Azteken einst auslöschte. Erkältungen breiten sich sehr leicht aus, wie Butter in der Sonne. In den meisten Fällen werden die Krankheitserreger durch Körperkontakt übertragen, daher ist es das Beste, Händeschütteln zu vermeiden und sich auf andere Begrüßungsformen zu besinnen – z. B. per Fax.

Die Briten sind gleichermaßen berühmt für ihre stoische Ruhe und ihren Rotz, und während einer schweren Erkältung produziert die durchschnittliche britische Nase Schleimmengen, die der Hälfte des eigenen Körpergewichts entsprechen. Es ist ein ernüchternder Gedanke, dass die herausragende britische Charaktereigenschaft in der Hinterlassenschaft in einem Taschentuch besteht.

Eine Erkältung ist noch das geringste Übel, wenn man bedenkt, was man sich heutzutage so alles an bösen Geschichten zuziehen kann. Allerdings kann eine Erkältung für die Schauspielamateure unter uns auch der Anlass für dramatische Auftritte sein. Bei wirklich schlimmen Krankheiten, die an unserer Gesundheit zehren und uns ans Bett fesseln, muss man Eigeninitiative entwickeln, will man dem Kranken einen Besuch abstatten, um sein Mitgefühl zu zeigen. Eine Erkältung ist dagegen mobil, man kann sich bemitleiden lassen, wo man geht und steht. Und man kann die Erkältung nicht nur überall zur Schau stellen, sondern absichtlich andere Leute anstecken, gewissermaßen als Beweis dafür, wie sehr man doch leidet.

Bekanntlich können Krankheiten durch Husten oder Niesen

übertragen werden. Als Vorbeugungsmaßnahme sollte man sich beim Niesen die Hand vor den Mund halten. Aber schauen Sie unmittelbar nach dem Niesen nicht so genau hin, was sich alles in Ihrer Hand tummelt, vor allem, wenn zwischen Kopf und Hand eine lange Rotzfahne baumelt.

Der natürliche Feind einer Erkältung ist der so genannte Toddy, eine Art heißer Grog; ein altes Hausmittel, bestehend aus Whisky, Honig, Muskatnuss, Paraffin, künstlichen Aromastoffen und dem Saft einer frischgepressten Zitrone. Ein fachmännisch zubereiteter heißer Toddy schmeckt so widerlich, dass man die Erkältung danach als relativ angenehm empfindet.

Um eine verstopfte Nase freizubekommen, hält man sich mit einem Finger ein Nasenloch zu und schnäuzt dezent durch das andere. Oft wird dies nicht gern gesehen, in der Regel vor allem nicht von Ihrem Nebenmann. Man kann auch den Kopf unter ein Handtuch stecken und heißen Dampf inhalieren, um die Atemwege freizubekommen. Aber passen Sie auf, dass währenddessen niemand Ihre Wohnung ausräumt. Die meisten Leute putzen sich die Nase, indem sie in ein Papiertaschentuch schnäuzen. Frauen stopfen sich dieses Taschentuch oft in den Ärmel. Bei einer wirklich hartnäckigen Erkältung stopfen sie sich im Extremfall so viele Taschentücher in den Ärmel, dass sie aussehen wie ein weiblicher Arnold Schwarzenegger.

Der einzige Trost bei einer Erkältung ist wahrscheinlich die angenehm tiefe, rauchige Stimme, die mit der Erkältung einhergeht. Leider neigt man dazu – schließlich zieht eine Erkältung auch das Gehirn in Mitleidenschaft –, mit seiner neuen Stimme tiefgründigen, vor Selbstmitleid strotzenden Mist zu verbreiten. Interessanterweise klingt die Stimme am rauchigsten beim Telefonieren, vor allem, wenn man Arbeitskollegen sein Nichterscheinen im Büro erklärt.

Richtig ... Grippe haben

Die Grippe durchläuft verschiedene Stadien. Im Anfangsstadium fühlt man sich leicht fiebrig und lässt sich die Stirn fühlen. Nun macht man normalerweise nicht die Runde, um die Stirn anderer Leute zu fühlen, weshalb es durchaus überrascht, wie überhitzt manche Zeitgenossen durch die Gegend laufen. Zum Glück gibt es nur wenige Leute, die sich die Nase fühlen lassen und dann fragen, ob sie läuft.

Keine Grippe ohne die entsprechenden Symptome; die Standardsymptome sind Kopfweh, Halsweh, Fieber, Übelkeit, Gliederschmerzen, Husten und eine laufende Nase. Vier dieser sieben reichen aus, um blauzumachen. Der Husten muss sich anhören wie der Start einer Kettensäge bei Minusgraden, und man sollte mindestens dreimal husten, wenn man sich telefonisch im Büro abmeldet. Es reicht nicht aus, mit erhöhter Temperatur aufzuwarten; es muss schon rasendes Fieber sein, mindestens 49 Grad. Eine verstopfte Nase macht sich am Telefon auch ganz gut, aber erzählen Sie bloß nichts von allgemeinen Gliederschmerzen, sonst kommen Sie rüber wie ein Stümper.

Im zweiten Stadium ist Bettruhe angesagt. Liegt man einmal mit Grippe im Bett, ist eine gewisse Ausstattung unabdingbar. Eine Familienpackung Taschentücher ist Pflicht; ebenso wenig wegzudenken ist die hübsche Ansammlung gebrauchter Taschentücher um den Papierkorb herum, schließlich ist man so schwach, dass man sich außerstande fühlt, in selbigen hineinzutreffen. Daneben braucht man Paracetamol, um es mit den Grippesymptomen aufnehmen zu können. Eines der übelsten Symptome ist das Kopfweh in Verbindung mit Erbrechen, kurz nachdem man den heißen Grog zu sich genommen hat, der extra mit viel Liebe zubereitet wurde.

Während einer Grippe leidet man in der Regel unter Appetitlosigkeit, wenn Sie sich also dabei ertappen sollten, wie Sie Berge von Kuchen und Eiscreme verzehren, dann sind Sie wahrscheinlich eher schwanger. Ein altes Hausrezept besagt, dass man viel essen soll, wenn man erkältet ist, und fasten soll, wenn man Fieber hat – oder doch umgekehrt? Keines der beiden macht viel Sinn. Diese Sprichwörter werden von älteren Verwandten ins Feld geführt, als Rechtfertigung für die Gemüsesuppe (altes Hausrezept: frischgequirlter Kompost!), die sie Ihnen mit den Worten aufdrängen: «Das bringt dich wieder auf die Beine.» Es bringt Sie tatsächlich wieder auf die Beine, allerdings nur, um möglichst schnell in Richtung Kloschüssel zu laufen.

Hauptmerkmal der Abschlussphase einer Grippe ist trockener Husten; man fühlt sich schon viel besser, hört sich aber immer noch todkrank an. Lassen Sie sich in dieser Zeit aufs höchste verwöhnen, und mimen Sie in weiteren Anrufen im Büro den sterbenden Schwan. Schließlich erscheint man wieder bei der Arbeit, kerngesund und voller Tatendrang, und stellt fest, dass die Kollegen, die einen eigentlich hätten vertreten sollen, ebenfalls durch Abwesenheit glänzten – natürlich wegen einer Grippe!

Richtig ... zum Arzt gehen

Bevor man zum Arzt hineingerufen wird, sitzt man gewöhnlich im Wartezimmer. Als altem Lateiner wird einem nach 50 Minuten die Bedeutung des Begriffes «Patient» klar: Immer schön geduldig! Wenigstens hat man im Wartezimmer genügend Zeit, um einen Blick auf all die anwesenden Simulanten zu werfen. Denn wenn jemand nicht offensichtlich mit gespaltenem Schädel dasitzt, wird man den Verdacht nicht los, alle anderen verschwenden nur die wertvolle Zeit des Arztes; dabei wäre dessen Zeit doch wesentlich sinnvoller angelegt in der Behandlung des eigenen, lebensbedrohlichen Hautausschlages. Oftmals zieren Informationsposter die Wände eines Wartezimmers. Es hat schon etwas Beunruhigendes, das alte Mütterchen von nebenan in aller Ruhe unter einem Poster sitzen zu sehen mit dem Hinweis: «Geschlechtskrankheiten lauern überall».

Im Behandlungszimmer schließlich wird man vom Arzt kurz unter die Lupe genommen, um sicherzustellen, dass der Kopf noch dran ist, gefolgt von der Frage nach dem Befinden. In diesem Fall handelt es sich nicht um Smalltalk, und Sie sollten keinesfalls mit einer Antwort aufwarten wie: «Kann nicht klagen.» Sondern Sie haben endlich grünes Licht, um sich frei von der Leber weg über die unzähligen Symptome auszulassen, über die sich Ihr Partner monatelang voller Schadenfreude lustig gemacht hat.

Daraufhin stellt Ihnen der Arzt eine weitere Frage wie etwa: «Sind die Schmerzen im Sitzen größer?» Er weiß längst, was Ihnen fehlt, will aber den Eindruck eines umsichtigen, akribischen Mediziners vermitteln, der die Ursachen Ihrer mysteriösen Erkältung zu ergründen versucht. Es gibt lediglich Anlass zur Besorgnis, wenn er anfängt, in dicken Fachbüchern herumzublättern, und grellbunte Farbskalen zurate zieht.

Der Arzt zückt in jedem Fall sein Stethoskop oder misst Ihren

Blutdruck, ganz egal, was Ihnen fehlt. Das Stethoskop kommt zum Einsatz, wenn er Ihr Geschwafel nicht mehr erträgt, und die Messung des Blutdrucks hat den gleichen Effekt, als würde Sie jemand energisch beim Arm nehmen und Ihnen die Leviten lesen. Befindet der Arzt, Ihr Blutdruck sei normal, dann hat es schon etwas Flegelhaftes, das Thema Ihrer zertrümmerten Rippen und Ihrer kollabierten Lunge noch ins Spiel zu bringen.

Die Arzthelferin am Empfang ist in einer Arztpraxis am meisten mit Vorsicht zu genießen. Sie hat ein fotografisches Gedächtnis, und wenn Sie wegen eines Termins anrufen, erinnert sie sich genau an die Diagnose Ihres letzten Besuchs und weiß, dass Sie mit Ihren regelmäßigen Pilzkrankheiten für die gesetzlichen Krankenkassen ein notorischer Mittelverschwender sind.

In jeder Praxis gibt es einen Arzt, der eine fachliche Niete ist. Bei ihm kann man zu jeder Tages- und Nachtzeit einen Termin bekommen. Oder aber genauso gut ein paar Aspirin schlucken und nach zwei Wochen die Selbstmedikation fortsetzen, sollte der Typhus nicht besser geworden sein.

Alle 30 Sekunden werden Patienten im Wartezimmer aufgerufen, nur Sie bekommen keinen Arzt zu Gesicht. Wenn dann nach ungefähr eineinhalb Stunden schließlich ein Patient aus dem Behandlungszimmer Ihres Arztes kommt, fragen Sie sich, was der wohl hat und Sie nicht. Wahrscheinlich eine private Krankenversicherung.

RICHTIG ... seinen Zahnarzt glücklich machen

Zahnärzte bei Laune zu halten ist gar nicht so ohne, da sie dazu neigen, recht schnell die Mundwinkel nach unten zu ziehen.

Erstens ist regelmäßiges Zähneputzen oberste Pflicht, allerdings nicht mit der knorrigen, alten Bürste, mit der Sie das machen. Egal, was für eine Zahnbürste Sie auch benutzen, sie ist absolut ungeeignet und fügt Ihnen jedes Mal unermesslichen Schaden zu, wenn Sie damit Ihrer Mundflora zu Leibe rücken. Was Sie tatsächlich brauchen, ist eine Zahnbürste mit einem elastischen, ergonomisch geformten Griff, einem abgewinkelten Kopf und abgestuften Borsten, sprich: genau das Modell, das Sie am Empfang käuflich erwerben können.

Zum Zweiten achten Sie darauf, Ihre Zähne jeden Abend vor dem Schlafengehen einer Behandlung mit Zahnseide zu unterziehen; lassen Sie dabei vorübergehend die Tatsache außer Acht, dass Leute, die für diese Tätigkeit jeden Abend Zeit finden, realitätsfremd sind. Oder ist Ihnen auch nur ein Liebesroman bekannt, in dem der Satz vorkommt: «Bei Anbruch der Dämmerung sanken sie ins Bett, nachdem sie sich die Zähne mit Zahnseide gereinigt hatten»?

Essen Sie kein ungarisches Gulasch mit Knoblauch am Abend, bevor Sie zum Zahnarzt gehen, es sei denn, Sie befürchten einen Frontalangriff auf Ihren Weisheitszahn. Beim Spülen sollten Sie ebenfalls daran denken, dass es ein kleines Becken zum Hineinspucken gibt. Es ist immer wieder verblüffend, wie viele Leute es gibt, die auf dem falschen Dampfer sind und die Zahnarzthelferin bespucken.

Fragen Sie einen Zahnarzt nie, warum er sich für diesen Beruf entschieden hat, da diese Frage einen eindeutigen Unterton hat: «Wie können Sie nur Ihr Leben damit zubringen, anderen Leuten in Mund und Nasenlöcher zu schauen?» Am besten, man schweigt, weil einer der Hauptgründe für ihre Berufswahl darin liegt, mit anderen Leuten über ihre Passion, das Sammeln von Steinen, sprechen zu können, ohne Gefahr zu laufen, dass der Gesprächspartner das Weite sucht oder überhaupt den Versuch unternimmt, zu antworten. Versuchen Sie, das Thema zu wechseln, dürfen Sie sich nicht wundern, wenn Sie plötzlich eine Lokalanästhesie verpasst bekommen.

Schokolade, Süßigkeiten und Zucker in jeglicher Form sind für Zahnärzte ein rotes Tuch. Es wäre ihnen lieber, man würde sich von Wasser, Baumrinde und Maden ernähren, weil das gut für Zähne und Zahnfleisch ist. Man wäre den Zahnärzten auch viel sympathischer, wenn man wie eine Python den Kiefer aushängen könnte. Für den Zahnarzt bekommt man den Mund nie weit genug auf, da sich immer irgendwo in den Tiefen des Rachens ein Zahn findet, an dem herumgestochert werden muss. Ebenso würde man wohl ohne Weisheitszähne von vornherein besser fahren, weil diese Brüder irgendetwas an sich haben, das noch jeden Zahnarzt zur Weißglut gebracht hat.

Wollen Sie nicht so oft zum Zahnarzt gehen, sollten Sie sich zumindest mit der Zahnarzthelferin gut stellen. Das bedeutet aber nicht, sie mit Bergen von Schokolade und Süßigkeiten zu überschütten; es bedeutet vielmehr, regelmäßig zu Zahnseide und Zahnbürste zu greifen, an Baumrinde herumzunagen und eine Zahnspange zu tragen, die aussieht wie der frühe Vorläufer eines American Football-Helms.

Richtig ... einen Sehtest machen

Wenn Ihr Optiker Sie auffordert, Platz zu nehmen, versichern Sie sich, dass der Behandlungsstuhl sich nicht nach hinten neigt und auch kein kleines Becken vorhanden ist, um den Mund auszuspülen; denn was in so einem Stuhl auch immer geschieht, es wird nicht Ihrem Augenlicht zugute kommen. Es bestätigt Sie lediglich in Ihrer Vermutung, dass es langsam Zeit wird für eine Brille.

Haben Sie den Stuhl einmal ausfindig gemacht, bekommen Sie vom Optiker eine schwere Brillenfassung aus Metall aufgesetzt, die aussieht wie eine Spezialanfertigung des örtlichen Schmieds. Egal, was der Optiker Ihnen auch erzählt, es handelt sich dabei weder um den letzten Schrei aus der Schwabinger Szene noch um eines der neuen Kassengestelle. Diese Brille dient lediglich zu Testzwecken, und Sie sollten sie unter gar keinen Umständen mit nach Hause nehmen.

Der eigentliche Sehtest beginnt mit der Frage, was in der untersten Zeile des Schaubilds steht. Eine Antwort wie: «Deutsches Druckerzeugnis», wäre Zeitverschwendung. Man liegt nicht schlecht mit der Gegenfrage: «Welches Schaubild?», oder fragt nach einer Schrecksekunde: «Hallo, ist da jemand?» Daraufhin schiebt der Optiker eine Reihe von Gläsern in Ihre Spezialbrille und fragt Sie dabei jedes Mal, ob Sie mit dieser oder mit jener besser sehen. All das ist ein einzige, große Veräppelung Ihres Optikers, da alle absolut identisch sind. Er will sich lediglich etwas länger über Sie amüsieren mit Ihrer dicken Monsterbrille.

Denken Sie daran, dass ein Optiker beim Sehtest nichts mehr hasst als den Satz: «Die sind doch alle praktisch gleich.» Sagt man diesen Satz einmal zu viel, bekommt man eine Brille verpasst, mit der man um die Ecke schauen kann, und wenn man sich beschwert, wird man belehrt, dass alle Brillen doch praktisch gleich sind. Ob man die Kreise besser im roten oder im grünen Feld erkennt, ist eine weitere beliebte Frage beim Optiker. Es wäre jedoch der völlig falsche Zeitpunkt, ihn jetzt über Ihre Rot-Grün-Blindheit zu informieren, ansonsten verpasst er Ihnen das schmiedeeiserne Modell.

Im Laufe des Sehtests will der Optiker Ihre Augen etwas genauer unter die Lupe nehmen. Dazu müssen Sie das Kinn auf eine kleine Halterung auflegen, und der Optiker nähert sich Ihnen wie bei der ersten Knutscherei. Während er in Ihre Augen starrt, ist es wichtig, Blickkontakt zu halten. Blinzeln Sie oder schauen gar weg, verpasst er Ihnen das schmiedeeiserne Modell. In dieser Phase des Sehtests kann man sich des unangenehmen Eindrucks nicht erwehren, im eigenen Schädel herrsche gähnende Leere, und der Optiker denkt sich: Mein Gott, hier gibt's wirklich gar nichts zu sehen!

Schließlich marschieren Sie aus dem Geschäft mit neuer Brille und messerscharfer Sicht, und plötzlich sehen Sie Ihren Job und Ihre Familie zu Hause mit ganz anderen Augen. Und jeder in Ihrer Umgebung denkt sich: Warum trägt er nur diese dicke Monsterbrille?

Sich richtig ... gesund ernähren

Es wird der Tag kommen, an dem Sie sich einer Dörrpflaume gegenübersehen und zu dem Schluss kommen, der Genuss von Dörrobst könne nur gut für Sie sein. Ab diesem Augenblick beschäftigt Sie der Gedanke, womöglich eher eines natürlichen Todes zu sterben als durch eine unnatürliche Todesursache.

Wenn es stimmt, dass man ist, was man isst, dann wächst in Großbritannien gerade eine Generation von Chicken Nuggets heran. Die Faustregel besagt, dass man mit der Zeit der Nahrung ähnelt, die man zu sich nimmt. Regelmäßige Kebab-Esser werden oft zu geschmacklosen Fettklößen, die gelegentlich extrem gefährlich sein können. Unsere Ernährung hat auch eine moralische Ebene: Vegetarier essen weder Fisch noch Fleisch, Veganer keinerlei tierische Produkte. Und echte Fanatiker verweigern jegliche natürliche Nahrung und kaufen stattdessen tiefgefrorene Fertiggerichte.

Wissenschaftler des Gesundheitsministeriums empfehlen, täglich fünfmal Obst oder Gemüse zu essen. Man könnte nun meinen, man müsse die meiste Zeit des Tages damit verbringen, um die Auslage eines Gemüseladens herumzuschleichen. Aber bei näherem Hinsehen wird klar, dass der Begriff «Mal» eigentlich schon mit einer Zitronenscheibe in Ihrem Gin Tonic abgedeckt ist oder mit dem ein oder anderen Schlecken an einem Erdbeereis am Stiel.

Manche Vitamine produziert der Körper auf natürliche Weise. Er wandelt zum Beispiel Sonnenlicht in Vitamin D um; verbringt man also den ganzen Sommer in Deutschland, reicht das einmal für die täglich empfohlene Menge. Heutzutage werden jedem Produkt Vitamine hinzugefügt, vom Lipgloss bis zur Bodenpolitur. Lediglich in Bio-Obst und Bio-Gemüse finden sich keine künstlichen Zusätze, also lässt man am besten die Finger davon.

Ballaststoffe sind ein essenzieller Bestandteil einer gesunden Ernährung, hauptsächlich deshalb, weil sie unsere Verdauung auf Trab halten. Um den täglichen Stuhlgang zu gewährleisten, empfehlen Ernährungswissenschaftler die Aufnahme von Ballaststoffen in der Größenordnung eines mittleren Biberbaus in Kanada. Müsli enthält wertvolle Ballaststoffe, aber selbst hier gibt es Abstufungen. Isst man Fertigmüsli, dann schäkert man lediglich etwas mit Müsli herum; man sollte sich sein Müsli schon frisch zusammenstellen oder es sich am besten zu Hause aus Haushalts- und Gartenabfällen selbst zubereiten.

Haben Kinder die Wahl, entscheiden sie sich grundsätzlich für die ungesündeste Option. Und liefern damit ihren Eltern eine lebenslange Entschuldigung nach dem Motto: «Aus dir hätte ein Genie / Model / Spitzensportler werden können, hättest du nur immer brav deinen Spinat gegessen.» Seltsamerweise isst man mit zunehmendem Alter immer mehr ekliges Zeug, das angeblich gesund sein soll. Besteht Ihre Ernährung zu 90 Prozent aus Dörrobst und Dörrpflaumen, dann ist es entweder Zeit, zu sterben oder auf Chicken Nuggets umzusteigen und das Leben noch ein paar Jährchen zu genießen.

Richtig ... Erste Hilfe leisten

Erste Hilfe bedeutet, sich krampfhaft daran zu erinnern, was man für sein Pfadfinderabzeichen gelernt hat: Was war noch gleich zu tun, wenn Ihnen jemand unter der Hand wegstirbt? Das Zauberwort heißt stabile Seitenlage, wollen Sie Ihre Wiederbelebungsversuche von Erfolg gekrönt sehen. Also genau die Stellung, die Männer nach dem Sex einnehmen. Frauen nehmen danach in etwa die gleiche Stellung ein wie davor, sprich: das Nachthemd bis zu den Knien runterziehen und her mit dem Kreuzworträtsel.

Im nächsten Schritt müssen Sie abchecken, ob die Atemwege blockiert sind. Dazu fragen Sie umgehend, aber bestimmt: «Sind Ihre Atemwege blockiert?» Bekommen Sie eine Antwort, dann haben Sie die Gewissheit, dass sie nicht blockiert sind. Gleichzeitig können Sie auch wertvolle Informationen über den Allgemeinzustand Ihres Patienten gewinnen; z. B. wenn er auf Ihre Frage antwortet mit einem forschen: «Natürlich sind sie nicht blockiert, ich hab mir den Knöchel gebrochen!»

Bekommen Sie keine Antwort, können Sie die Atmung des Verletzten untersuchen, indem Sie ihm einen Spiegel vors Gesicht halten. Aber bitte keines dieser schweren Ungetüme mit Goldrahmen, da es den Verletzten zerquetscht, wenn es auf ihn fällt. Nehmen Sie dazu einen kleinen Taschenspiegel zur Hand, und beobachten Sie diesen genau. Können Sie lediglich Ihre eigenen Nasenlöcher erkennen, dann halten Sie ihn verkehrt herum. Drehen Sie den Spiegel um und untersuchen ihn auf verräterischen Atembeschlag. Das ist eine todsichere Methode, um herauszufinden, ob sich der Patient aus diesem Leben verflüchtigt.

Beim Stillen einer Blutung entscheidet ein fachgerecht angelegter Druckverband über Leben und Tod. Reißen Sie also den Saum Ihres Unterrocks weg, und binden Sie damit die Wunde fest ab. Und denken Sie daran, dass die meisten Leute nur deshalb verbluten, weil sich auf die Schnelle niemand mit Unterrock finden lässt. Binden Sie die Wunde an der dem Herz zugewandten Seite ab; wissen Sie nicht, um welche Seite es sich dabei handelt, dann legen Sie einfach oberhalb und unterhalb der Wunde und überall dort einen Druckverband an, wo es Ihnen sinnvoll erscheint. Zumindest dürfte der allgemeine Eindruck entstehen, der Patient sei auf dem Weg zu einer Volkstanz-Veranstaltung.

Künstliche Wiederbelebung verläuft nach dem gleichen Strickmuster wie das Verhalten männlicher Teenager im Kino. Los geht's mit ausgiebiger Mund-zu-Mund-Beatmung, aber möglichst ohne allzu viel Zungenschlag. Es folgt der Übergang zu einer ganzen Reihe intensiver Massageeinheiten im Brustbereich. Schließlich werden dem Patienten mittels aufgesetzter Elektroden mehrere massive Elektroschocks verabreicht (Teenager verzichten in der Regel im Kino auf diese letzte Phase).

Normalerweise sollte man Unfallopfer bis zum Eintreffen eines Krankenwagens nicht von der Stelle bewegen. Es sei denn, am Unfallort herrschen englische Verhältnisse, sprich: Die Verkehrsverbindungen sind nicht die allerbesten. In diesem Fall bastelt man eine Behelfsschiene aus zwei stabilen Holzstücken, schiebt das gebrochene Bein energisch hinein und zurrt das Ganze dann fest. Auf diese Art und Weise kann man, wenn nötig, sogar den ganzen Körper ruhig stellen. Sollten sich die Dinge dramatisch verschlechtern, kann man das Unfallopfer wenigstens bequem bestatten.

Richtig … dem Ersticken vorbeugen

Ersticken fühlt sich in etwa so an, als würde man von innen erdrosselt.

Das ist überhaupt nicht komisch, auch wenn es sich vielleicht zunächst so anhören mag. Neigt man zu Erstickungsanfällen, empfiehlt es sich, einen großen Bogen um jegliche Art von Schmuck zu machen, insbesondere um enge Halsreifen oder Stachelhalsbänder und dergleichen.

Fällt Ihnen jemand mit Erstickungssymptomen auf, sollten Sie zunächst versuchen, ihm die Handwerkerrechnung aus der Hand zu nehmen. Damit ist es in der Regel schon getan; verbessert sich sein Zustand dennoch nicht, wenden Sie den so genannten Heimlich-Handgriff an. Diese Erste-Hilfe-Maßnahme ist benannt nach einem berühmten deutschen Fliegerass aus dem Ersten Weltkrieg, der mit seinem Flugzeug halsbrecherische Flugrollen, Sturzflugeinlagen und Rückwärtsloopings vollführte, um das Stückchen Wurst loszuwerden, das ihm im Hals stecken geblieben war. Führen Sie mit dem Erstickenden einfach die gleichen Manöver durch wie Heimlich mit seinem Flugzeug, und alles wird gut. Sollte auch das fehlschlagen, fahren Sie fort mit dem Rorschach-Test. Hierbei handelt es sich im Wesentlichen um einen Test, bei dem man einen Tintenfleck betrachtet und dann zu Protokoll gibt, was man gesehen hat. Dadurch kann man feststellen, ob der Erstickungsanfall lediglich der physische Ausdruck einer tiefer verwurzelten psychischen Krankheit ist.

Natürlich ist Vorsorge besser als Nachsorge. Fische haben im Laufe von Millionen Jahren der Evolution einen Schutzmechanismus entwickelt: Sollten sie von einem menschlichen Wesen verzehrt werden, setzt sich die Hälfte ihrer Gräten in dessen Hals fest. Dies lässt sich vermeiden, indem man in schicken Fischrestaurants Fischstäbchen bestellt.

Lassen Sie sich nicht zu unsinnigen Präventivmaßnahmen hinreißen. Es ist ziemlich unklug, jemandem vorbeugend auf den Rücken zu klopfen, nur weil Sie die vage Vermutung haben, er könne sich möglicherweise gleich verschlucken. Erstens katapultieren Sie damit einen Mund voll Essen meterweit auf die Tischdecke, und zweitens sind Sie dann letztlich derjenige, der mit dem Erstickungstod kämpft, wenn Sie sich nämlich im Anschluss an Ihre Präventivmaßnahme einem Würgegriff ausgesetzt sehen.

Ein weiterer ständiger Gefahrenherd sind alle Gegenstände kleineren Ausmaßes, auf die Ihr Rachen eine magische Anziehungskraft ausübt. Tragen Sie Torwarthandschuhe auf Schritt und Tritt, ein idiotensicheres Gegenmittel! Diese Maßnahme macht es Ihnen praktisch unmöglich, irgendetwas in die Finger zu bekommen, das klein genug wäre, um sich in Ihrer Luftröhre festzusetzen. Außerdem stehen Ihre Chancen dann immerhin nicht schlecht, in die Fußball-Nationalmannschaft berufen zu werden.

Die Grundregel besagt, sich keine kleineren Gegenstände in den Mund zu stecken, die man möglicherweise runterschlucken könnte. Außer natürlich Nahrung. Und die sollten Sie so gründlich zerkauen, dass jedes einzelne Stückchen locker durch das Nadelöhr einer großen Stopfnadel passt. Zu Ihrer eigenen Sicherheit reden oder lachen Sie nicht beim Essen. Sitzen Sie aufrecht, und schauen Sie geradeaus. Wenn Sie diese Anweisungen genau befolgen, verringert sich Ihr Erstickungsrisiko beträchtlich, allerdings auch die Aussicht auf interessante Gesellschaft beim Abendessen.

Richtig … sterben

Sterben kann kinderleicht sein. Irgendwann schaut der Tod jedem einmal ins Angesicht, selbst den Leuten, die sich liften ließen. Bei gelifteten Leuten muss der Tod etwas weiter nach oben schauen, der Effekt bleibt jedoch der gleiche.

Ein erfülltes Leben ist die beste Vorbereitung auf den Tod. Das heißt aber nicht, jeden Tag so zu leben, als sei es Ihr letzter. Sicher wollen Sie nicht jeden Tag im Kreis von 18 Verwandten verbringen, die voller Sorge um Ihr Bett herumsitzen, und einem Pfarrer, der sich im Flur auf seinen Auftritt vorbereitet.

Seien Sie misstrauisch gegenüber den berühmten letzten Worten. Wollen Sie vor Ihrem Tod noch etwas Denkwürdiges sagen, dann müssen Sie entweder etwas Denkwürdiges sagen und dann konsequent schweigen, bis Sie sterben, oder aber Sie müssen alle fünf Sekunden etwas Denkwürdiges sagen. Haben Sie im Laufe Ihres Lebens nie etwas auch nur halbwegs Interessantes von sich gegeben, dann vergewissern Sie sich, dass jemand bei Ihnen am Bett sitzt, der wenigstens halbwegs interessiert ist. Spüren Sie, dass das Ende naht, dann nuscheln Sie: «Stell den Mülleimer raus.» Man wird das als etwas Denkwürdiges interpretieren wie: «Ich bin geblendet von Visionen der Herrlichkeit.»

Ein plötzlicher Tod ist ganz angenehm, da man nicht proben muss und auch keinen Frieden schließen muss mit unsympathischen Leuten. Die Situation ist verzwickter, wenn man unheilbar krank ist und weiß, dass man eher früher als später sterben wird. Besonders verzwickt ist die Tatsache, dass die meisten unheilbaren Krankheiten alles andere als erfreulich sind. Warum gibt es keine unheilbaren Krankheiten, die aufregend und für den Körper wohltuend sind? Es gibt Leute, die nach einem Drogenexzess an einer Überdosis Vergnügen sterben. Und wahrscheinlich glauben sie noch heute, sie seien auf dem längsten und verrücktesten Trip ihres Lebens.

An der Schwelle des Todes begreift man zum ersten Mal, dass das Leben wundervoll und alles andere als sterbenslangweilig ist. In diesem Stadium mag es schwierig sein, das Neuschwanstein-Puzzle zu schätzen zu wissen, das Ihnen jemand vorbeibringt, um es vor Ihrem Ableben zusammenzusetzen.

In vielen Fällen ist es für die Hinterbliebenen schwieriger, mit dem Tod umzugehen. Das liegt daran, dass das Wort «Tod» in unserer Gesellschaft ein Tabuwort ist und die Hinterbliebenen behandelt werden, als stünde ihr Hosenladen offen – es ist offensichtlich etwas Schreckliches passiert, aber niemand kann über seinen Schatten springen und darüber reden.

Das Testament ist Ihre letzte Chance, mit lebenden Personen zu kommunizieren, sorgen Sie also dafür, dass Ihres ein paar Überraschungen bereithält. Vermachen Sie Ihrem Anwalt ein paar Ihrer Unterhosen, oder vermachen Sie jemandem, der für seine Habgier bekannt ist, etwas wirklich Wertvolles, das sich gar nicht in Ihrem Besitz befindet, sodass er den Rest seines Lebens damit verbringen kann, das Erbstück aufzuspüren. Oder stiften Sie eine Bäckerei am Ort, um Ihre Gattin auf Lebenszeit mit Schokoladen- und Walnusstorte zu versorgen. Nur weil Sie sterben, muss das schließlich noch lange nicht heißen, dass auch Sie nicht ein bisschen Spaß haben können.

Sport und Training

Krankheit und Gesundheit

Kochen und Essen

Mode und Wellness

Schlafen und Wachsein

Faulenzen und Herumtrödeln

Hecken und Nachbarn

Religion und Politik

Teenager und Studenten

Mixen und Mischen

Männer und Frauen

Liebe und Ehe

RICHTIG ... Toast zubereiten

Ein Toast ist für Millionen junger Männer der schmale Grat zwischen Single-Leben und Hungertod. Wenn Mütter ihren Söhnen eindringlich nahe legen, täglich drei anständige Mahlzeiten zu sich zu nehmen, ist das Ergebnis gewöhnlich der Verzehr von drei Scheiben leicht angebräuntem Toastbrot.

Dunkles Toastbrot taugt nicht viel, da sich beim Toasten seine Farbe nicht ändert. Schwarzbrot hat bereits seine ganz persönliche Note (abgesehen von allen möglichen Partikeln vom Boden der Backstube), es zu toasten wäre wie eine Bestrafung dafür, dass es in seinem natürlichen Zustand zu gesund ist. Toastet man Weißbrot, kommt man sich vor, als würde man dem Brot damit einen Gefallen tun; toasten ist für Weißbrot wie zwei Wochen Karibik.

Manche Leute schneiden die Rinde vom Toast weg. Das sind Leute, die nicht wissen, was gut ist – die gleichen, die auch noch in der Pampa mit Fahrradhelm unterwegs sind und beim Sex den Schlafanzug anbehalten. Der springende Punkt beim Toast ist, dass er krustig und knusprig ist.

Toasttechnisch ausgedrückt ist aufgeschnittenes Brot eindeutig das Beste, was es seit der Erfindung von aufgeschnittenem Brot gibt. Man hat allerdings einen Vorteil, wenn man sein Brot selbst schneidet: Man kann dicke, fette Monsterscheiben in den Toaster stecken, die man dann mit der Hand bricht. Man verhindert damit, dass der Toast in Stücke gerissen wird, wenn man ihn mit Butter bestreicht.

Es mag einfach aussehen, einen Toast zuzubereiten, ist es aber nicht; deshalb bekommt auch niemand anders einen Toast genau so hin, wie Sie ihn mögen. Manche Leute beharren z.B. stur darauf, die Marmelade an den äußersten Ecken des Toasts aufzutragen. Andere bestehen auf einem extrem dünnen Marmeladenaufstrich, als würde es sich um Kaviar handeln. Wiederum andere bestehen auf einem extrem dicken Kaviaraufstrich, als würde es sich um Marmelade handeln. Die Letztgenannten haben in der Regel keine Freunde, die bereit wären, für sie einen Toast zuzubereiten.

Ein kalter Toast ist eine ziemlich traurige Angelegenheit, wie ein flüchtiger Einblick in die Abgründe des Todes; da ist etwas Vertrautes, etwas Geliebtes, warm und trostreich, und jetzt ist es kalt und starr und reif für den Mülleimer. Nimmt Sie dieser Gedanke allzu sehr mit, stecken Sie einfach zwei neue Scheiben in den Toaster und schmieren dann ein halbes Pfund Butter und Honig drauf. Wenn Sie das nicht aufmuntert, dann kommt jede Hilfe zu spät.

Toaster sind eine der größten Errungenschaften westlicher Zivilisation, und es ist jammerschade, dass man damit nichts Größeres kochen kann als z. B. Roastbeef oder Hühnchenpastete. Die Quintessenz eines Toasts sieht so aus: dickes Weißbrot, gut angebräunt, aber nicht verbrannt, mit der Hand gebrochen und dann mit reichlich Salzbutter bestrichen und einer Schicht bittersüßer Orangenmarmelade obendrauf. Das ist echte Kochkunst, und deshalb ziehen Millionen männlicher Singles diese vielen Nouvelle Cuisine-Restaurants vor. Außer, es zahlt jemand anders.

Richtig ... eine gute Tasse Tee kochen

Ein guter Tee zeichnet sich dadurch aus, dass Sie Ihrem Klempner bedenkenlos eine Tasse anbieten können, ohne befürchten zu müssen, dass dieser daraufhin die Wasserleitungen im Badezimmer an die Stromversorgung anschließt. Damit bleiben von vornherein jegliche Früchte- oder Kräuterteesorten außen vor. Es gibt nur eine mögliche Ausnahme, wenn nämlich Ihr Klempner mit den Worten auftaucht: «Wie sieht's mit einem Kräuteraufguss aus, Süße?» Allerdings ist ein derartiger Fall bis heute nicht bekannt.

Andere verrückte Teesorten zählen auch nicht. Earl Grey schmeckt wie Spülwasser, in das jemand eine Zigarette geschnippt hat, und Leute, die Earl Grey trinken, tragen meist weite Kleidung und ermüden schnell. Meiden Sie auch Teesorten mit Namen, die wie eine aufstrebende Folkband klingen. Den echten Tee gibt es nur in Beuteln, und wir reden hier nicht über kleine Bastsäckchen aus dem Delikatessengeschäft. Gibt es Ihren Tee nicht in Packungen mit 240 Beuteln, dann hat man Sie übers Ohr gehauen. Beim Bund findet man den echten Tee unter der Bezeichnung Nato-Standard: dunkelbraun, mit Vollmilch und zwei Löffeln Zucker. Alles andere würde eine erhebliche Schwächung der Nato bedeuten.

Nun zur Zubereitung. Während Sie im Kessel das Wasser zum Kochen bringen, legen Sie einen Teebeutel in Ihre Teekanne. Manche Leute prahlen damit, dass sie aus einem Teebeutel zehn Tassen Tee herausbekommen, und hängen gebrauchte Teebeutel zum Trocknen auf. Genau solche Zeitgenossen sind die Hauptverantwortlichen für den wirtschaftlichen Niedergang dieses Landes.

Gießen Sie mit Wasser auf und fügen dann Milch hinzu. Traktieren Sie dann den Teebeutel ordentlich mit einem Teelöffel;

hier zeigt sich der wahre Meister des Teekochens. Der Kniff besteht darin, den Teebeutel so lange in der Kanne herumzuziehen, bis der Tee eine Nuance schwächer ist, als Sie ihn gerne hätten. Drücken Sie dann mit dem Daumen den Teebeutel leicht aus, bis der Tee die gewünschte Stärke hat. Drücken Sie einfach so lange, bis Sie sich den Daumen verbrüht haben.

Rühren Sie den Tee zunächst einmal um, um zu sehen, ob er die richtige Stärke hat. Gießen Sie nur weitere Milch hinzu als allerletzten Ausweg, da es schlichtweg unmöglich ist, aus einem Zweieinhalb-Liter-Tetrapack die Milch tröpfchenweise herauszubekommen. Hat man nicht das Reaktionsvermögen von Zorro, wird bei diesen Ungetümen aus einem Tropfen ganz schnell ein viertel Liter.

Fügen Sie zum Schluss Zucker hinzu. Zwei Stück Zucker sind die Norm für die arbeitende Bevölkerung. Tee ohne Zucker ist wie das Eingeständnis, dass die Leistungsanforderungen in Ihrem Job nicht allzu hoch sind. Bietet Ihnen jemand eine Tasse Tee an, fragen Sie am besten nach drei Stück Zucker, weil die Leute, die keinen Zucker nehmen, ihren Tee nicht richtig umrühren können (weil sie im Allgemeinen zu kraftlos sind).

RICHTIG … Süßigkeiten naschen

Ob jemand ein passionierter Schokoladenesser ist, lässt sich daran erkennen, wie hoch seine Toleranzschwelle bei der süßen Verpackung ist. Eine Tafel Schokolade in aufwendiger Plastikverpackung hat einen anderen therapeutischen Effekt als ein Ein-Kilo-Block in einer Verpackung, die man mühelos aufreißen kann. Vergessen Sie nicht, dass es sich bei diesen eingekerbten Linien auf den Schokoladenriegeln lediglich um Serviervorschläge handelt; man kann natürlich auch das ganze Teil essen, und niemand wird davon jemals erfahren.

Manche Leute bekommen zu Weihnachten eine Schachtel Pralinen geschenkt und essen während des darauf folgenden Jahres immer jeweils eine zu besonderen Anlässen. Dabei können sie schon das Durchstöbern der Pralinenschachtel genauso genießen, wie wenn sie sich ein Haselnuss-Pralinee auf der Zunge zergehen lassen. Normale Leute betrachten eine Pralinenschachtel eher als eine Art Futtersack. Einmal aufgerissen, wird alles auf einen Schlag leergefuttert, lediglich das Aufnesteln jeder einzelnen Praline beeinträchtigt ihren ungehemmten Schokogenuss.

Jeder hat so seine Lieblingspraline; der eine schwört auf Nusskreationen, der andere auf Buttertoffee, wieder andere auf Cremefüllungen. Um eine langfristige Beziehung zu gewährleisten, ist es ratsam, sich zu vergewissern, dass Ihr Partner nicht denselben Geschmack hat wie Sie. Und begehen Sie nicht den Kardinalfehler, die untere Lage der Schachtel anzubrechen, solange die obere noch nicht vollständig aufgegessen ist. Selbst wenn die letzte Praline oben das widerlichste Teil überhaupt ist, müssen Sie sie runterwürgen, bevor Sie sich über das Orangensoufflee einen Stock tiefer hermachen können.

Bei Bonbons gibt es zwei Möglichkeiten: Man zerkaut sie,

oder man lutscht sie. Manchen Leuten bietet man ein Bonbon an, und wenn man sich eine Woche später wieder über den Weg läuft, lutschen sie immer noch daran herum. Für sie ist es eine Art geistige Übung, herauszufinden, wie lange man die Halbwertzeit eines Bonbons hinauszögern kann, und sie sind glückselig, solange sie noch ein winziges Stückchen auf ihrer Zunge spüren.

Haben Sie eine Tüte Bonbons vor sich liegen, empfiehlt es sich oft, die Tüte auszuleeren und die Bonbons nach Geschmacksrichtungen zu sortieren. Sind es mehr Erdbeer- als Zitronenbonbons, essen Sie zunächst so viele Erdbeerbonbons auf, bis von beiden Sorten gleich viele vorhanden sind. Dann geht's einfach abwechselnd weiter, fangen Sie mit der Sorte an, die Ihnen zuerst zum Hals heraushängt.

Müssen Sie Ihre Bonbons mit anderen teilen, können Sie entweder zuerst jemandem eines anbieten oder aber zuerst selbst zugreifen; das hängt ganz davon ab, wo genau sich das leckere dunkelrote befindet. Achten Sie darauf, Ihrem Freund nicht den gesamten Tüteninhalt an gelben Bonbons aufzudrängen, Sie könnten sonst in den Verdacht geraten, ihn als Müllentsorger zu missbrauchen.

Holt man sich im Kino noch schnell ein paar Süßigkeiten zum Knabbern, ist es immer das Gleiche: Man schnappt sich nur die ein oder andere Kleinigkeit und kommt damit günstig weg – glaubt man zumindest. Die Wirklichkeit sieht anders aus: Hat man alles, wonach einem gelüstet, schleppt man ein Gewicht zur Kasse, das einem Sack Zement alle Ehre machen würde, und zahlt dreimal so viel wie für die Kinokarte.

Richtig … gute Tischmanieren haben

Will man heutzutage weiterkommen, sollte man im Umgang mit zwei Gegenständen bewandert sein: Golfschläger und Fischmesser. Und zwar deshalb, weil sich die Leute nur entweder beim Essen oder beim Golfspielen unterhalten. Beim Golf mag ständiges Fluchen noch angehen, gute Tischmanieren allerdings sind eine ungleich ernstere Herausforderung.

Zunächst sollten Sie nie als Erster anfangen zu essen, obgleich es sich unter Umständen empfehlen mag, stillschweigend abzuchecken, ob außer Ihnen noch jemand anders eine Vorspeise bestellt hat. Wenn es dann endlich losgeht, hat man oftmals mehr Essbesteck vor sich liegen als in der Küchenschublade zu Hause. Um die Höflichkeitsformen zu wahren, achten Sie darauf, zu jedem Gang das komplette Sortiment an Besteck zu benutzen, selbst bei der Suppe.

Möglicherweise präsentiert Ihnen der Kellner im Laufe des Menus eine Flasche Wein, um sich Ihr «o.K.» zu holen. Prüfen Sie in diesem Fall den Alkoholgehalt auf dem Etikett. Liegt er unter 15 Prozent, lassen Sie die Flasche auf der Stelle zurückgehen. Hat Sie der Alkoholgehalt einmal überzeugt, gießt Ihnen der Kellner einen winzigen Schluck Wein in Ihr Glas. Alles reine Schikane. Bestehen Sie auf einem vollen Glas, schließlich haben Sie dafür bezahlt. Dann können Sie immer noch den Wein kosten. Denken Sie allerdings daran, dass man Wein bei einer Verkostung ausspuckt und das dafür vorgesehene Gefäß der Eiskübel am Tisch des verliebten Pärchens neben Ihnen ist.

Serviettenfalten ist einer der Eckpfeiler westlicher Zivilisation, und das Personal in einem guten Restaurant sollte in der Lage sein, eine Stoffserviette schneller in einen voll funktionstüchtigen Spielzeug-Dino zu verwandeln, als Sie den Kopf eines Spargels finden. Ein Kellner lässt keine Gelegenheit aus, sein

Können aufblitzen zu lassen, warten Sie deshalb, bis er die Serviette auf Ihrem Schoß ausgebreitet hat, und merken dann an, dass Ihnen die Serviette in Form einer balzenden Ente eigentlich lieber wäre. Oft stiften die Begriffe «Mundtuch» und «Serviette» eine gewisse Verwirrung, verwechseln Sie sie, so ist das ein untrügliches Zeichen für Ihr einfaches geistiges Strickmuster. Die goldene Regel besagt, dass Mundtücher Servietten sind, wenn eine gerade Anzahl Personen zu Tisch sitzt, und umgekehrt.

Bestimmte Essgewohnheiten sind seit Jahren wie ein Lackmustest für Ihre sozialen Umgangsformen. Nach Fischstäbchen zu fragen ist beispielsweise gleichbedeutend mit einer schallenden Ohrfeige für Ihren Gastgeber. Auch einen Löffel Buchstabensuppe zu schlürfen ohne einen einzigen Vokal ist ganz erbärmlich ordinär. Und natürlich ist Hummer die ultimative Herausforderung, wenn Sie als Hilfsmittel lediglich eine Schüssel und ein Gerät vorfinden, das aussieht wie eine Mischung aus Nussknacker und Eierschneider. Es erfordert jahrelange Übung, beim Hummer die Eier ausfindig zu machen und sie fachgerecht in die Schüssel zu bugsieren, für Ihr gesellschaftliches Standing ist es allerdings Gold wert.

Richtig ... den Kühlschrank benutzen

Vor der Erfindung des Kühlschranks musste man Lebensmittel schnell verzehren, bevor sie vergammelten. Da man jedoch damals noch kein Verfallsdatum kannte, lautete die einzige Regel, etwas aufzuessen, bevor irgendwelche Bakterienkulturen das erledigten.

Bestimmte Artikel sind feste Bestandteile eines Kühlschranks während seiner gesamten Lebensdauer. Als da wären: eine halb ausgedrückte Tube Tomatenmark, eine Flasche Zitronensaft und ein gekochtes Ei älteren Datums. Außerdem ein Fläschchen Arzneimitteltinktur mit verklebtem Verschluss für medizinische Zwecke, die allerdings so privater Natur sind, dass niemand öffentlich ein Wort darüber verliert.

Manche Leute gehen zum Kühlschrank und zaubern aus irgendwelchen Überbleibseln ein Drei-Gänge-Menü. Stellt sich die Frage, wenn sie schon so tolle Köche sind, warum bleibt dann immer etwas übrig?

Der Kühlschrank ist die natürliche Heimstätte für Milch. Selbst wenn im Kühlschrank ansonsten gähnende Leere herrscht, Milch ist immer drin. Weil man nämlich in einem Haushalt ohne Milch keinen Tee kochen kann, ein Haushalt ohne Tee ist praktisch ein toter Haushalt. Daher ist es oberste Priorität, den Kühlschrank mit Milch zu bestücken, wenn man aus dem Urlaub zurückkommt.

Die meisten Kühlschränke haben kleine Schubfächer für Salat und ähnliche Geschichten. Einfach, weil Tomaten usw. nicht auf dem Präsentierteller herumliegen wollen und etwas Privatsphäre für sich beanspruchen. Außerdem sind sie eine ausgezeichnete Möglichkeit, den Salat Salat sein zu lassen, bis die Zeit reif ist, ihn wegzuwerfen.

In vielen Haushalten dient der Kühlschrank auch als

Schwarzes Brett. In magnetischen Lettern prangen Nachrichten auf der Kühlschranktür, meist leicht gekünstelt, weil nie genug Vokale vorhanden sind, um genau das zu sagen, was man eigentlich will. Nachrichten im Kühlschrankinnern gehen eher in die Richtung: «Ich beabsichtige nicht, dieses Stück Schokoladenkuchen mit jemandem zu teilen. Wer sich erdreistet, davon etwas abzuschneiden, wird standrechtlich erschossen.»

Philosophen haben oft darüber sinniert, ob das Licht im Kühlschrank auch bei geschlossener Tür an ist. Umgekehrt sinnieren Kühlschränke oft darüber, ob Philosophen weiter Unsinn daherfaseln, nachdem sie ihre Cordjacke abgelegt haben.

Lebensmittel ins Gefrierfach zu stecken ist in etwa so, wie einen Lebenslauf ad acta zu legen. Theoretisch könnte man von Nutzen sein, praktisch jedoch gerät man in Vergessenheit. Manche Lebensmittel leben im Gefrierfach förmlich auf. Eiscreme überlebt dort jahrelang, oder zumindest bis zu sieben Stunden, wenn eine Frau im Haus ist. Das Gefrierfach sollte alle sechs Monate abgetaut werden, de facto kommt das allerdings so oft vor wie eine neue Eiszeit. Entdeckt man in der Tropfwanne so etwas wie ein gigantisches Wollknäuel, dann ist es wahrscheinlich höchste Zeit dafür.

RICHTIG ... Kekse essen

In nordischen Kulturen hat das Tunken von Keksen eine tiefgründige Bedeutung: Am Ende eines langen Tages verschwindet die Sonne hinterm Horizont. Oder der Keks ist nicht mehr so trocken und schmeckt auch besser, was eine andere Erklärung für das Tunken wäre.

Kekse zu tunken ist wie russisches Roulette ohne Pistole, Kugeln oder irgendwas Russisches. Die meisten Leute entscheiden sich für die sichere Variante beim Tunken, d.h., man tunkt den Keks nur ein kleines Stück weit ein und lutscht dann das eingeweichte Stück weg. Gefährlicher wird's bei der Volltunk-Variante, wo man den Keks bis zu den eigenen Fingerspitzen eintunkt und ihn dann im letzten Moment mit Schwung herauszieht. Dabei besteht ein nicht zu unterschätzendes Risiko, dass sich der komplette Keks schließlich auf dem Tassenboden absetzt. Das wiederum gibt den Leuten, die aus Prinzip nicht tunken, die Möglichkeit, sich für etwas Besseres zu halten. Anti-Tunker behaupten, ihr Genuss bestünde im Kontrast zwischen warm und weich einerseits und trocken und hart andererseits. Einfach pervers.

Tunk-Profis sind in der Lage, eine Prinzenrolle so zu tunken, dass man die keksigen Teile weglutschen kann und nur die Füllung in der Mitte übrig bleibt. Ebenso gibt es nicht wenige Leute, die nur die Schokolade eines Schokoladenkekses wegknabbern und den Rest des Kekses in einem jämmerlichen Zustand zurücklassen. Bleibt die Frage, wenn sie schon Schokolade so mögen, warum kaufen sie sich nicht einfach eine Tafel?

Eine Packung Kekse ist für manche Frauen wie ein Opfer auf dem Altar der Annehmlichkeiten, verbunden mit einer ganzen Reihe von Ritualen. Ein Keks ist z.B. etwas Verführerisches, wenn er aber einmal aufgegessen ist, bleibt von seiner verführerischen Kraft herzlich wenig übrig. Das bedeutet, je mehr Kekse man isst, desto geringer wird die Versuchung. Bei Diäten ein wichtiger Grundsatz. Oder wenn man eine Packung Kekse einmal zu einem Drittel aufgegessen hat, lässt sich der Rest nur sehr schwierig verwalten und sollte der Ordnung halber aufgegessen werden.

Kekskrümel sind das Berufsrisiko des Keksessers. Daher gilt für viele Leute das Motto: «Abbeißen und ansaugen», wobei das gewünschte Stück Keks abgebissen wird, während die Krümel vom Sog eines energischen Ansaugreflexes in den Mund gezogen werden. Natürlich ist das in vielen Fällen eine absolute Zeitverschwendung, da der Rest des Kekses, den man in der Hand hält, üblicherweise an dieser Stelle in seine Einzelteile zerfällt. Die einzig realistische Lösung besteht darin, sich den ganzen Keks auf einmal in den Mund zu stecken (Vorsicht, wenn es sich um einen Jumbo-Doppelkeks handelt).

Aus irgendwelchen Gründen schmecken Kekse aus einer Packung immer viel besser als Kekse aus einer Dose. Und zwar deshalb, weil der wahre Keksgenuss darin besteht, dass alle Kekse absolut identisch sind. Nicht wie beim Essen, wo man ein bisschen hiervon und ein bisschen davon auf dem Teller hat. Man kauft sich die Sorte, wonach einem gelüstet, und hat dann die Gewissheit: Ingwerkekse bis zum Abwinken.

Richtig ... etwas wirklich Beeindruckendes kochen

Will man etwas wirklich Beeindruckendes kochen, kommt man um wirklich frische Zutaten nicht herum, je frischer, desto besser. Im Idealfall muss ein Kopfsalat vor Anbruch der Dämmerung aus dem Salatbeet gepflückt werden, und ein Ei darf den Boden unter der Henne nicht berühren.

Die nächste unabdingbare Grundvoraussetzung ist eine nagelneue Küche. Am besten mit Oberflächen aus rostfreiem Stahl, auf denen man problemlos eine Blinddarmoperation durchführen könnte, kombiniert mit schweren Einheiten aus Holz, um der Küche einen rustikalen Touch zu geben. Töpfe, Pfannen und sonstige Küchenutensilien sind an der Decke aufzuhängen. Das hat den Vorteil, dass sie Ihnen nicht im Weg stehen; der Nachteil ist, dass man zuletzt auf die Idee käme, dort oben nach ihnen zu suchen.

Ziehen Sie also jetzt eine Schürze an. Das Muster ist egal, solange sich die Bändel zweimal um Ihre Hüfte herumwickeln und vorne zusammenschnüren lassen. Und vergessen Sie nicht, je lustiger das Dekor Ihrer Schürze, desto geringer die Chance, dass Ihr Soufflé ein Erfolg wird.

Legen Sie dann alle Ihre Zutaten fein säuberlich auf die Arbeitsfläche, und vergewissern Sie sich, dass sich die Farben nicht beißen. Zerkleinern Sie die Zutaten mit einem Messer, das so scharf ist, dass Sie es noch nicht einmal merken würden, wenn Ihnen zwei Finger fehlen. Schauen Sie sich Ihre Zutaten ein letztes Mal an, bevor es ans Kochen geht, und finden Sie sich mit der Tatsache ab, dass sie die längste Zeit so gut ausgesehen haben.

Gießen Sie sich einen Drink ein, und seien Sie sich dabei einer Sache von vornherein voll bewusst: Wenn es auf dem Herd brenzlig wird, werden Sie voraussichtlich den halben Drink dazugießen, um Ihrer Kreation eine besondere Note zu verleihen. Aus diesem Grund empfiehlt es sich nicht, an einem Pfefferminzlikör oder einer Pina Colada herumzunippen.

Vergewissern Sie sich, dass Ihr Kräuter- und Gewürzsortiment vollständig ist. Es gibt schätzungsweise 465 Kräuter und Gewürze, und Sie brauchen natürlich genau das, was in Ihrem Sortiment fehlt – kein Grund zur Panik, nehmen Sie einfach einen kräftigen Schluck Ihres Drinks.

Nehmen Sie sich eine Stunde Zeit, um sich an einer großen Karotte zu verkünsteln – 55 Minuten, um einen Sack Karotten zu massakrieren, und fünf Minuten für die Erkenntnis, dass die kunstvoll geformten Karotten bei Ihrem Chinesen alle aus gewerblicher, lasergesteuerter Massenproduktion stammen.

Kochen Sie dann entweder ganz schnell oder ganz langsam. Etwas Kurzgebratenes macht immer Eindruck, ebenso wenn Sie etwas eine geschlagene Woche lang in irgendeinem Bottich köcheln lassen. Geben Sie aber auf keinen Fall zu, dass es eine Stunde lang bei 180 Grad im Backofen war, es sei denn, Kartoffelauflauf mit Hackfleisch ist für Sie der Inbegriff gehobener Küche.

Wärmen Sie Ihre Teller vor, bis sie glühend heiß sind. Damit erwecken Sie immer den Eindruck eines Profi-Gastronomen. Machen Sie diesen Eindruck nicht leichtfertig zunichte, indem Sie die Teller mit diesen Stahlhelmen bedecken, die man im letzten Moment wegzieht. Es sei denn, Sie haben gebackenen Wikingerkopf zubereitet, in diesem Fall ist alles unter dem Helm stets eine Enttäuschung.

RICHTIG ... mit Messer und Gabel essen

Der Gebrauch von Werkzeug unterscheidet den Menschen vom Tier. Obwohl man das nicht vermuten würde, wenn man sieht, wie manche Leute mit Messer und Gabel umgehen.

In der aktuellen Diskussion scheiden sich die Geister an der Gabel. Die goldene Regel besagt, benutzt man eine Gabel, um etwas auszulöffeln, nimmt man dafür besser einen Löffel; und benutzt man sie, um etwas zu schneiden, nimmt man dafür besser ein Messer. Gabeln haben Zinken, also kann man mit ihnen etwas aufspießen.

Gabeln können als Haltevorrichtung sehr nützlich sein, um etwas zu schneiden, oder als Rechen, um die Bestandteile Ihres Abendessens, die sich über den Tellerrand hinaus selbständig gemacht haben, wieder ins Zentrum des Geschehens zu rücken. Gabeln sind außerdem das Haupttransportmittel vom Teller zum Mund. Es gibt europäische Richtlinien, die genau festlegen, wie viel Nahrung mit einer Gabel zum Mund geführt werden darf. Um den Anstand zu wahren, sollte man nur so viel auf die Gabel nehmen, wie auf einmal in den Mund passt, ohne dabei die Aussprache zu beeinträchtigen.

Erbsen sind für eine Gabel der ultimative Test. Manche Leute spießen sie einzeln auf. In diesem Fall spricht man von der so genannten Moby Dick-Variante, weil sie sich wie die Jagd nach Moby Dick als weitgehend erfolglos erweisen und einen zum Wahnsinn treiben dürfte. Man kann die Erbsen auch unters Kartoffelpüree mischen und beides zusammen auf die Gabel nehmen (auf diese Art und Weise ist Erbsenpüree entstanden). Eines Tages wird uns die Genmanipulation die viereckige Erbse bescheren, und all diese Probleme sind vom Tisch.

Das Messer dient als eine Art Zahnersatz. Als Urwaldbewohner würde man alles Lebensnotwendige mit den Zähnen abreißen. Das ist heutzutage mit einem belegten Brot immer noch möglich, im Fall eines deftigen Schweinebratens allerdings keine besonders gute Idee. Möglicherweise würde man es schaffen, ein Stück der Kruste wegzureißen, schließlich jedoch mit der Stirn im Rotkohl landen.

Nur, weil es sich um ein Messer handelt, heißt das noch lange nicht, dass man es halten muss, als würde man gleich jemanden abstechen. Man muss ein Messer so halten, als sei es ein Füller (außer, man sticht seine Opfer für gewöhnlich mit einem Füller ab). Für Freunde der gehobenen Etikette ist es der Gipfel an schlechten Manieren, jemanden mit einem Fischmesser zu erstechen, es sei denn, das Opfer ist Sternzeichen Fische.

Messer sind auch geeignet, um etwas aufzuschmieren. Klingt fast wie «Schwerter zu Pflugscharen». Man schneidet mit einem Messer etwas in Stücke, um im nächsten Moment damit etwas großzügig aufzuschmieren. Besondere Vorsicht ist bei Fleischküchle geboten: Fachleute sind sich bis heute in der Frage uneins, ob man einem Fleischküchle mit einem Fleischmesser oder doch eher mit einer Kuchengabel zu Leibe rücken sollte. Sind Sie sich in dieser Frage unschlüssig, nähern Sie sich nicht der Gefahrenzone und ziehen sich zurück, bis die Gefahr vorüber ist.

Richtig … Eis essen

Frauen haben eine wesentlich profundere und intensivere Beziehung zu Eis als zu Männern. Weil bei Eis nicht nur die Auswahl, sondern auch das Gefühl körperlicher Befriedigung viel größer ist.

Für eine Frau ist es eine der schwierigsten Entscheidungen schlechthin, beim Eisessen ihre Auswahl zu treffen. Man unterscheidet in der Regel den Frucht-Typ und den Schoko / Karamell / Kaffee-Typ. Den Vanille-Typ gibt es nicht wirklich; steht eine Frau auf Vanilleeis, hat man es wahrscheinlich mit einem Transvestiten zu tun. Frauen probieren jede neue Geschmacksrichtung. «Cremige Konsistenz» heißt das Zauberwort, und alles, was einmal in diesen Stand erhoben wurde, egal, ob Wurst, Karotten oder Vaseline, ist sakrosankt.

Bei der Portionierung fällt die Entscheidung dann schon leichter: Erlaubt ist, was reinpasst. Süße kleine Ein-Portionen-Eisbecher sind wie Farbproben: Man bekommt einen ungefähren Eindruck davon vermittelt, was alles möglich ist, wenn man erst mal den Riesenbottich knackt. Ebenso ist eine Waffeltüte mit nur einer Eiskugel ein sicheres Indiz dafür, dass man kein echter Eis-Fan ist. Diese Waffeltüten taugen für bis zu fünf Kugeln, und unter drei Kugeln fängt eine erwachsene Frau erst gar nicht an.

Um nicht auf Gedeih und Verderb Eisdielen ausgeliefert zu sein, bestückt man die heimische Kühltruhe mit einem größeren und besseren Sortiment, als jede Eisdiele es hat, und bedient sich rund um die Uhr. Denken Sie daran, Ihr Lieblingseis immer zehn Minuten vorher aus der Kühltruhe zu nehmen. Es gibt nichts Schlimmeres, als sich in freudiger Erwartung seiner Lieblingsserie vor dem Fernseher niederzulassen und mit Motorsäge und Lötlampe herumhantieren zu müssen, um aus dem großen Kübel eine ordentliche Portion loszueisen.

Wirklich diffizil wird es bei der Frage, ob man sein Eis mit jemandem teilen soll. Oftmals entscheidet die Geschmacksrichtung über diese Frage. Klar kann man popeliges Vanilleeis wahllos nach allen Seiten verteilen; handelt es sich jedoch um eines Ihrer Heiligtümer, eine Sorte, die sich nur in einem Delikatessengeschäft am anderen Ende der Republik finden lässt, hängt man am besten das Telefon aus, verkriecht sich unter einem dicken Handtuch und verleibt sich den ganzen Kübel selbst ein. Will im allerschlimmsten Fall eine dieser so genannten guten Freundinnen einen Löffel zum Probieren, geben Sie ihr einen Teelöffel und verschaffen sich einen vernünftigen Vorsprung mit einer Schöpfkelle.

Eisessen ist ein wahrer Luxus; sitzt man vor dem Fernseher mit einer Portion *Stracciatella*, ist man wunschlos glücklich. Und hat auch noch einen Mann, der für Nachschub sorgt.

Richtig ... eine Diät machen

Abnehmen ist der Sinn und Zweck einer Diät. Man wird attraktiver für das andere Geschlecht und kann sich kaum vor Einladungen in teure Restaurants retten, wo man zuschlägt wie ein Scheunendrescher. Viele Leute überfressen sich, weil Essen in unserer Überflussgesellschaft an jeder Ecke zu bekommen ist. Ein probates Mittel zur Reduzierung Ihrer Kalorienzufuhr besteht darin, sich in der kulinarischen Diaspora aufzuhalten wie z. B. in einem Zug.

Es gibt genauso viele verschiedene Diäten wie Ausreden, um Kekse zu essen. Es gibt die Kohlsuppendiät, es gibt Trennkost, am wirkungsvollsten ist jedoch die so genannte X-Diät: Man darf alles essen, was man will, vorausgesetzt, es handelt sich um ein Wort mit «X». Kleiner Tipp: Legen Sie sich eine Liste an mit allem, was Sie essen. Das hat vor allem für gute Esser den großen Vorteil, dass zum Essen wenig Zeit bleibt, weil man hauptsächlich damit beschäftigt ist, eine endlos lange Liste zu erstellen. Ist Ihre Liste schließlich vollständig, essen Sie sie auf. Und schon haben Sie gegessen.

Mit einer Schnelldiät kann man innerhalb einer Woche über zehn Pfund abnehmen, auch bekannt unter dem Begriff «Amputation». Wirkliche Diät-Freaks zurren mit einer Drahtschlinge Ober- und Unterkiefer zusammen und halten sich mit isotonischen Getränken und hochkonzentrierten Kohlehydratzäpfchen über Wasser. Allerdings gilt es in diesem Fall zu bedenken, dass die Drahtschlinge einer potenziellen Fernsehkarriere möglicherweise abträglich sein könnte.

Man isst weniger, wenn man es schafft, langsam zu kauen und sein Essen zu genießen. Kauen Sie also jeden Bissen 360-mal, und reduzieren Sie damit Ihre Nahrungsaufnahme drastisch, weil Sie fortan für ein Käsebrot eine Woche brauchen. Nehmen

Sie allerdings bei wichtigen Geschäftsessen Abstand von dieser Methode.

Eine wertvolle Anregung, sich das mit dem Essen zweimal zu überlegen, ist, sich die Frage zu stellen: «Wohin damit?», wenn der Magen bereits voll ist. Stellen Sie sich beispielsweise vor, dieses Riesenstück Schokoladentorte landet in Ihren Oberschenkeln. Allerdings ist Vorsicht geboten bei dieser Veranschaulichungsmethode, weil Sie Ihre Oberschenkel mit Schokoladentorte assoziieren und sich dabei ertappen könnten, wie Sie sich im Halbschlaf ein Bein wegmampfen.

Auch Zuckerbrot und Peitsche sind einen Versuch wert: Man bestraft sich mit einer Stange Sellerie zum Mittagessen, um sich zum Nachtisch mit einem Riegel *Mars* zu belohnen. Richtig fette Zeitgenossen, die nichts als Junk-Food essen, gehen nach der gleichen Methode vor: Sie belohnen sich ihr ganzes Leben lang mit leckerem Junk-Food, um sich mit einem frühen Tod zu bestrafen.

Bei einer Fressorgie ist die entscheidende Frage, die man sich stellen sollte, nicht etwa: «Was esse ich?», sondern: «Was nagt an mir?» Macht sich eine Ratte an Ihrem Hosenbein zu schaffen, ist die Antwort klar.

Sport und Training ●

Krankheit und Gesundheit ●

Kochen und Essen ●

Mode und Wellness ●

Schlafen und Wachsein ●

Faulenzen und Herumtrödeln ●

Hecken und Nachbarn ●

Religion und Politik ●

Teenager und Studenten ●

Mixen und Mischen ●

Männer und Frauen ●

Liebe und Ehe ●

RICHTIG ... schön sein

Schönheit mag eine Äußerlichkeit sein, aber sind wir ehrlich, wer fühlt sich schon von einer hübschen Bauchspeicheldrüse angezogen? Schön ist, was gefällt – aus der Sicht des Betrachters. Vor allem, wenn ungefähr zur gleichen Zeit Alkohol durch des Betrachters Kehle fließt.

Liftings sind ein gängiges Mittel, um sich ein attraktives Äußeres zu bewahren, obwohl man jüngere Leute in den seltensten Fällen sagen hört: «Mir gefällt deine hohe Stirn.» Heutzutage kann man sich Botox spritzen lassen, das arretiert die Gesichtszüge. Früher gab es die versteinerten Gesichtszüge kostenlos, wenn nämlich Onkel Willi einen seiner Witze zum Besten gab. Das billigste und wirkungsvollste Lifting ist nach wie vor ein Lächeln. Und dazu bedarf es nur eines Kompliments, wie gut man aussieht. Daher schauen die meisten Leute so miesepetrig drein.

Frauen schminken sich, um attraktiver zu sein, während Männer die gleiche Absicht verfolgen, indem sie Legenden stricken. Je unattraktiver sich eine Frau fühlt, desto tiefer greift sie in den Schminktopf. Männer können es nicht leiden, wenn Frauen zu dick geschminkt sind, denn wer küsst schon gern einen frischgeteerten Gehweg? Außerdem will keiner die anderthalb Stunden warten, die eine Frau zum Schminken braucht.

Wer dem Allgemeinwohl dient, gilt als Bilderbuchmensch. Deshalb wird eine Krankenschwester als hübscher wahrgenommen als etwa eine Bankangestellte. Nur ein paar Kleinigkeiten wie Haare, Nase, Augen, Haut, Beine, Körper, Kleidung oder Persönlichkeit können der Schönheit vieler Menschen Abbruch tun. Um über diese Dinge hinwegzusehen, bedarf es schon der rosaroten Röntgenbrille. Es ist verblüffend, aber irgendwo auf dieser Welt gibt es mit Sicherheit einen Menschen, der Sie attraktiv findet, auch wenn Sie sich selbst immer ein bisschen wie das hässliche Entlein vorkommen. Möglicherweise müssen Sie auf unglaublich vorteilhafte Lichtverhältnisse warten, bis es so weit ist, aber der Tag wird kommen.

Interessanterweise glauben die meisten Menschen insgeheim, mit ein oder zwei besonders ansehnlichen Körperteilen aufwarten zu können, auch wenn sie sich darüber im Klaren sind, Lichtjahre von einer Model-Karriere entfernt zu sein. So mag z. B. der alte Troll in der chemischen Reinigung wirklich der Überzeugung sein, sie habe sehr attraktive Beine. Und wenn schließlich ihr Märchenprinz erscheint, um seinen schmutzigen Wams reinigen zu lassen, werden ihm sofort ihre schönen Füße auffallen.

Manche Menschen gewinnen mit zunehmendem Alter auch an Schönheit, wie das hässliche Entlein. Ist man jedoch schon als junger Mensch hässlich, sollte man sich darauf gefasst machen, dass es nicht für jedes hässliche Entlein ein Happy End gibt. Andererseits geben Schwäne hässliche Zischlaute von sich, während Enten fröhlich quaken. Das muss irgendeinen tieferen Sinn haben.

RICHTIG ... kurze Hosen tragen

Das Klima im Norden basiert auf dem Grundsatz, grau sei das Blau der Neuzeit. Verblüffenderweise waren es die Engländer, die die Welt mit einem Kleidungsstück beglückt haben, das für dieses Klima auffallend ungeeignet ist – kurze Hosen. Sie haben ein Kleidungsstück erfunden, das weder die Beine vor Regen schützt noch die Nieren vor Zugluft oder sonstige Extremitäten vor Eiseskälte.

Es ist noch gar nicht so lange her, dass in England Männer erst mit der Einberufung zur Armee zum ersten Mal lange Hosen tragen durften. Und selbst dann rühmten sich noch einige Regimenter ihrer kurzen Hosen, mit der Begründung, mache sich der Feind über die kurzen Hosen lustig, falle es einem leichter, ihn zu töten (was wiederum den Ruf unbändiger Kampfeslust der schottischen Regimenter erklärt, die sich wegen ihres Kampfanzugs einem Trommelfeuer schallenden Gelächters ausgesetzt sahen).

Ursprünglich reichten kurze Hosen bis knapp übers Knie und gaben den Blick frei auf die einer wohl geformten Sieglinde-Kartoffel zum Verwechseln ähnlichen Kniescheibe. Mit einem Strumpfband befestigte Socken führten dann vom Knie weiter nach unten zu robusten Halbschuhen. Mit dem Niedergang des Britischen Weltreiches wurden jedoch die kurzen Hosen immer kürzer und die Zurschaustellung nackter Beine immer freizügiger.

Der menschliche Körper ist nicht geschaffen für kurze Hosen; will man dennoch ungeschoren davonkommen, hat man sich streng an die goldene Regel zu halten, wonach kurze Hosen nicht kürzer sein dürfen als Unterhosen und nicht länger als lange Hosen. Ihre Po-Furche sollte über der Taille nicht sichtbar sein, und auch Ihre Po-Backen sollten nicht unten aus Ihren Shorts heraushängen (besonders wenn Sie Bermuda-Shorts tragen). Tritt Ihr Hintern jedoch über und unter der Gürtellinie zum Vorschein, hat man Ihnen wahrscheinlich einen Tanga angedreht.

Es kommt einem modischen Offenbarungseid gleich, Shorts zu kürzen, vor allem, wenn das Stück Hosenbein, das man abschneidet, schon im Originalzustand alles andere als modisch war. Tragen Sie keine abgeschnittenen Jeans mit ausgefransten Hosenbeinen, es sei denn, Sie sind Country-Sänger und nennen sich Petty Cash oder so ähnlich. Und lassen Sie den Gürtel weg, wenn Sie Shorts tragen, außer Sie sind Pfadfinder, Yale- oder Harvard-Absolvent, oder es ist Ihnen egal, dass Ihr Hip-Faktor gleich null ist.

Die zurzeit angesagte Mode unter jungen Leuten sind unglaublich lange Shorts mit riesigen Taschen, in denen man ein Surfbrett spazieren tragen kann. Manche dieser Shorts sind so cool und so lang, dass sie die Grenzen aller Coolheit sprengen und schließlich wie Hochwasserhosen eines Trottels aussehen. Seltsamerweise werden diese Grenzen nur gesprengt, wenn Mittdreißiger zu diesen Shorts greifen.

Richtig … einen Hut tragen

Wer vor 50 Jahren ohne Hut aus dem Haus ging, war offenbar leicht exzentrisch. Wer heutzutage mit Hut aus dem Haus geht, hat offenbar eine Meise unter dem Hut. Einfach deshalb, weil Shampoo-Hersteller bessere Marketing-Abteilungen haben als Hutmacherinnen. Noch nicht einmal in 1000 Jahren käme jemand auf die Idee, Ihnen eine Baskenmütze verkaufen zu wollen mit dem Slogan: «Weil ich es mir wert bin.» Geraten Sie in einer Kneipe in eine nicht ganz ungefährliche Situation und tragen zufällig eine Baskenmütze, werden Sie vielmehr mit allergrößter Wahrscheinlichkeit jemanden sagen hören: «Lass ihn los, Mann, er ist es nicht wert.»

Trägt man eine Baskenmütze, betritt man nämlich gesellschaftliches Niemandsland. Möglicherweise gibt es dort auch Leben, aber niemand weiß so genau, was man zu erwarten hat. Eine Baskenmütze ist, wie der Name schon sagt, nur eine Mütze und liegt als solche am unteren Ende der Skala, die vom Schutzhelm angeführt wird; und fast jeder Mann würde ein Königreich dafür geben, einen Schutzhelm tragen zu dürfen, ist dies doch gleichbedeutend mit einem orangefarbenen Blinklicht auf dem Kopf, will heißen: «Mein Job ist gefährlich, nur was für echte Männer! Abstand halten! Verletzungsgefahr!» Oft legen Männer einen Schutzhelm auf die Hutablage ihres Autos, als warnenden Hinweis an andere Verkehrsteilnehmer, beim Parken gebührenden Abstand zu halten; schließlich könnten sie jederzeit elektrisches Werkzeug aus dem Kofferraum benötigen.

Für Männer ist die einzig akzeptable Kopfbedeckung außer Haus eine Wollmütze im Stil eines Rappers mit einem Label auf der Vorderseite. Bitten Sie niemals Ihre Mutter, Ihnen so eine zu stricken, sie wird Ihnen immer eine mit Bommel stricken, egal, wie genau Ihre Vorgaben auch sein mögen; und bis jetzt hat es noch kein Rapper mit Pudelmütze in die Charts geschafft. Großmütter stricken ungefragt Mützen für ihre Enkel, weil sie in dem Glauben erzogen wurden, dass zwischen Socken, Hosen und Hut kein Quadratzentimeter Haut zur Schau gestellt werden dürfe. Machen Sie sich auf einen praktischen Ganzkörperwärmer gefasst, der Ihren Kopf vor Kälte und Ihre Nieren vor Zugluft schützt.

Frauen tragen nur an Festtagen einen Hut oder wenn der nächste Friseurtermin längst überfällig ist. Aus irgendwelchen Gründen müssen Frauen für jede Hochzeit einen Hut kaufen, meist in leuchtenden Farben und mit breiten Krempen. Blickt man bei einer kirchlichen Trauung als Hinterbänkler auf dieses Meer von Damenhüten, wirkt die ganze Szenerie unheimlich, wie ein Parkplatz für das Raumschiff der Comicfamilie «Die Jetsons». Dabei ist es nur ein ganz raffinierter Trick, um alle dämlich aussehen zu lassen außer der Braut (und dem Bräutigam mit seiner Baskenmütze).

RICHTIG … eine Brille tragen

Man kann die Weltbevölkerung in zwei Gruppen einteilen: Brillenträger und Leute, die glauben, sie bräuchten keine Brille. Die erste Gruppe erkennt man leicht, schließlich tragen alle eine Brille. Doch auch die zweite Gruppe ist leicht zu erkennen, weil diese Leute in einem Hausflur an Ihnen vorübergehen, in Ihrem Vorgarten parken und die Augen zusammenkneifen auf die Frage, ob sie den Doppeldecker-Bus direkt vor sich sehen können.

Hat man sich einmal für eine Brille entschieden, geht es um die Frage, was für eine. Grundsätzlich kommen zwei Modelle infrage: Entweder eine Lesebrille oder eine, die man zum Aussuchen einer Lesebrille braucht.

Entscheiden Sie sich auf keinen Fall für eine Zweistärkenbrille; bei Zweistärkenbrillen teilt ein nerviger Strich die Gläser in zwei Hälften, wodurch der Eindruck entsteht, Sie seien ein Halbhirn. Außerdem reicht mit einer solchen Brille Ihre Nahsicht beim Lesen nur vom Brustbereich abwärts und Ihre Fernsicht vom Brustbereich aufwärts. Also ganz offensichtlich ein Albtraum für kleinere Leute, wenn sie an einer Bushaltestelle den Fahrplan studieren oder nach dem Bus aus dem Tal Ausschau halten wollen. Mit einer Gleitsichtbrille dagegen kann man alles klar erkennen, vorausgesetzt allerdings, man hält den Kopf ständig in Bewegung.

Anfallende Reparaturen können Sie ohne weiteres selbst durchführen. Bricht der Steg ab, umwickeln Sie ihn einfach mit einem Meter Tesafilm. Gibt ein Bügel seinen Geist auf, behelfen Sie sich mit einem dicken Gummiband, und schon sitzt Ihre Brille wieder perfekt. Sie wissen ja, innere Werte zählen mehr als Äußerlichkeiten.

Oft legen sich Leute ohne besondere innere Werte schicke,

coole Brillengestelle zu. Dabei gilt die Regel, je geradliniger das Gestell, desto cooler der Träger; und je runder das Gestell, desto spießiger. Gänzlich uncool sind rote Brillengestelle; sie waren immer uncool und werden immer uncool bleiben. Niemandem steht eine rote Brille. Das ist allgemein bekannt, abgesehen von einer verschwindend kleinen Minderheit, die eine rote Brille trägt.

Ein altes Sprichwort besagt sinngemäß, dass Männer keine allzu großen Chancen bei Frauen mit Brille haben. Das liegt in der Regel daran, dass Frauen mit Brille den Durchblick haben und sehen können, was auf dem Markt ist, und sich deshalb rar machen. Bei älteren Frauen hängt die Brille manchmal an einer goldenen Kette um den Hals. Dabei handelt es sich um einen Geheimcode, der entschlüsselt so viel heißt wie: «Ich bin offen für alles, was Spaß macht, Ketten und Fesseln bevorzugt.» Fragen Sie einfach mal bei Ihrem nächsten Besuch in der Bibliothek.

Sich eine Brille zu kaufen hat etwas leicht Bizarres; man betritt ein Optikergeschäft mit all den schönen Brillengestellen, sucht sich eines aus, setzt es auf, geht zum Spiegel und stellt fest, dass man rein gar nichts sieht. Mit Brille sieht man eigentlich ziemlich intelligent aus, vor allem, wenn man zuvor ohne Brille unzählige Male gegen Laternenpfähle gelaufen oder kopfüber von Klippen gestürzt ist.

Richtig … grosse Ohren haben

Große Ohren sind eine der skurrilsten Eigentümlichkeiten überhaupt, weil niemand so recht weiß, was es bedeutet. Sind Sie z. B. männlichen Geschlechts und haben große Ohren, kichern Frauen in aller Öffentlichkeit nicht und zwinkern ihrer Freundin zu mit den Worten, schau mal, was der für große Ohren hat. Falls doch, hat sich jedes weitere Wort erledigt.

Frauen haben eigentlich kein Problem mit zu großen Ohren, weil sie sich die Haare lang wachsen lassen können. Was auch für Sie die einfachste Lösung ist: Lassen Sie sich einfach eine Riesenmatte wachsen. Und schon verschwindet die Problemzone unter Ihrem Haar, auch wenn Sie dann aussehen, als würden Sie Ohrenschützer tragen.

Menschen mit besonders ausgeprägten Ohrläppchen bezeichnen ihre großen Ohren nicht ohne Selbstironie manchmal als «Love Handles». Dies ist durchaus nicht wörtlich zu nehmen, und sollte der Partner beim Liebesakt dennoch übermäßig Gebrauch davon machen, kann sich der Betroffene des Eindrucks nicht erwehren, als Hobbit missbraucht zu werden.

Im Leben eines jeden Fußballers mit großen Ohren kommt irgendwann die Zeit, dass ihn seine Mannschaftskameraden damit hänseln, er sehe aus wie der leibhaftige Ligapokal. So weit, so gut, aber wenn die ganze Mannschaft bunte Bändel an ihrem «Pokal» festbindet und anschließend damit eine Ehrenrunde auf dem Platz dreht, reduziert sich der Spaßfaktor beträchtlich, vor allem für besagten Spieler.

Es gibt Fälle von Promis, die nachweislich ihre Ohren am Kopf festgeklebt haben, um stromlinienförmiger zu erscheinen. Entscheidend dabei ist, sich eines Klebstoffs zu bedienen, der stark genug ist. Es gibt nichts Schlimmeres als einen großen Auftritt bei einer Wohltätigkeitsveranstaltung mit zwei perfekt angelegten Ohren, und plötzlich macht sich eines davon selbständig und schnellt hervor wie eine Schwingtür.

Menschen mit großen Ohren, wie die Piloten in der Luftschlacht um England, sind jederzeit im Bilde über den Stand der Sonne. Scheint sie von hinten, strahlt sie farbenfroh durch ihre Ohrmuscheln hindurch, sodass man meinen könnte, es handele sich um Lampions. Sehen Sie sich unverhofft dem Gelächter von ein paar Leuten ausgesetzt und wissen um Ihre Segelohren, vergewissern Sie sich zuerst, wo die Sonne steht.

Mit Einbruch der Dunkelheit hört das Spießrutenlaufen der Menschen mit großen Ohren beileibe nicht auf. Wer sich im Schlaf auf die andere Seite dreht, sollte dabei seinen Ohren zuliebe mit genauso viel Vorsicht zu Werke gehen wie ein Pilot beim Ausfahren des Fahrwerks vor der Landung. Wird ein Ohr versehentlich abgeknickt und verbleibt die Nacht über in dieser Stellung unter der ganzen Last des Kopfes, steht es am nächsten Morgen nicht nur ab, sondern dürfte mit großer Wahrscheinlichkeit sogar nach vorne stehen. Und in einem vollbesetzten Bus kommt das nicht besonders gut. Vor allem, wenn's zum Pokal-Finale geht.

Richtig … größer wirken

Tatsache ist, dass es kaum Männer mit einer Körpergröße zwischen 1,75 m und 1,79 m gibt. Statistisch gesehen dafür aber eine verblüffende Dichte bei 1,80 m. Grund: Seitdem der Mensch aufrecht geht, gilt sein Hauptaugenmerk den paar Zentimetern, die den kleinen, aber feinen Unterschied ausmachen.

Schuhe mit hohen Absätzen sind ein einfaches Mittel, um größer zu erscheinen. Ein passables Mittel für Frauen, nicht aber für Männer, es sei denn, der weibliche Touch ist durchaus gewollt. Männer müssen stattdessen Schuhe mit unsichtbaren hohen Absätzen tragen. Es gibt Schuhe, mit denen man glatt einen Kopf größer ist, ohne dass jemand etwas von der doppelten Sohle mitbekommt (bis man im Schwimmbad in den Untiefen des Nichtschwimmerbeckens versinkt).

Eine weitere Möglichkeit, größer zu erscheinen, ist der Umgang mit kleinwüchsigen Menschen, auf die man herunterschauen kann; ein nicht ganz einfaches Unterfangen, da extrem Kleinwüchsige nichts mehr hassen, als von durchschnittlich Kleinwüchsigen von oben herab behandelt zu werden. In der Regel sind kleine Menschen recht beliebt, da sie anderen ein Gefühl der Größe geben – wie sonst ist die Popularität Napoleons erklärbar, der seine ganze Armee stärker und blutrünstiger erscheinen ließ, als dies tatsächlich der Fall war?

Eine aufrechte Körperhaltung ist von entscheidender Bedeutung. Also: Füße zusammenstellen, Knie durchdrücken und den Kopf gen Himmel recken. Damit schindet man zwei bis drei Zentimeter heraus, ist allerdings auch anfällig für starke Windböen und macht nicht zuletzt den Eindruck, unter Hämorrhoiden zu leiden.

Schläft man sich einmal richtig aus, bedeutet das in den meisten Fällen anderthalb Zentimeter mehr an morgendlicher

Körpergröße, weshalb man wichtige Termine möglichst so legen sollte, dass man sie direkt nach dem Aufstehen wahrnehmen kann.

Es ist verblüffend, wie viele kleine Menschen aus dem eigenen Bekanntenkreis auf Fotos wesentlich größer erscheinen. Das liegt daran, dass sie es bis zur Perfektion beherrschen, innerhalb von Sekundenbruchteilen etwas zum Draufstehen zu finden, sei es eine Bordsteinkante, eine Treppenstufe, ein Fenstersims, eine Kiste oder die bedauernswerte Person, nach der man später auf dem Foto vergeblich sucht.

Es mag banal klingen, aber wer größer erscheinen will, muss auch nach Größerem streben; fangen Sie mit Hochsprung an oder mit Basketballspielen; reden Sie mit größeren Menschen von oben herab, indem Sie beim Sprechen den Kopf nach hinten werfen, als müssten Sie niesen; ziehen Sie den Kopf ein, wenn Sie durch eine Tür gehen, auch wenn Sie nur 1,60 m groß sind und fast einen Meter Spielraum haben.

Und ignorieren Sie schließlich die Tatsache, dass andere größer sind als Sie. Sprechen Sie bei größeren Leuten einfach die Körperpartie an, die auf Ihrer Augenhöhe liegt, und Sie werden sehen, wie schnell sich Ihr Gesprächspartner Ihnen zuwendet und bückt, so, als wolle er durch einen Briefkastenschlitz schauen.

RICHTIG ... eine Glatze haben

Ein Mann mit Glatze rangiert für eine Frau noch hinter einem mit Schwimmhäuten. Das wissen auch die Männer, vor allem die mit Glatze. Aus diesem Grund unterscheidet man glatzköpfige Männer in solche, die über dieses Ranking zutiefst beunruhigt sind, und solche, die sich nicht besonders darum scheren, was Frauen wollen; Letztere gehen dabei von der Tatsache aus, dass Frauen ohnehin nie so genau wissen, was sie wollen. Es gibt einen Kniff, wenn Ihr Haar langsam lichter wird: Lassen Sie sich deshalb keine Sorgenfalten ins Gesicht treiben. Macht man sich Sorgen, hat das Angstgefühle zur Folge, Angstgefühle bedeuten Stress, und Stress führt unweigerlich zu Haarausfall. Sind Sie dagegen hocherfreut über Ihren Haarausfall, werden Ihnen wahrscheinlich ein paar Haare bleiben, nur, um Sie zu ärgern.

Bei Haartransplantationen wird einer behaarten Stelle des Körpers ein kleines Stück Haut entnommen und in ähnlicher Weise auf der Kopfhaut wieder eingesetzt, wie man eine Rasenfläche anlegt. Mag sein, dass Ihr Haupthaar auf diese Art wieder von neuem sprießt, aber Ihre Frisur hat dann auch eine frappierende Ähnlichkeit mit Achselhaaren, und von Ihrem Kopf geht der penetrant unangenehme Geruch einer Umkleidekabine aus. Auch eine kunstvoll hindrapierte Haarsträhne ist einen Versuch wert. Es ist verblüffend einfach, mit diesem Trick sich selbst auszutricksen; man schaut in den Spiegel und sieht einen Mann mit voller Haarpracht, jeder andere sieht dagegen einen Glatzkopf mit einer langen, kunstvoll hindrapierten Haarsträhne auf dem Kopf.

Sind Ihnen auch die letzten Strähnen ausgefallen, und Sie sehen sich außerstande, den nackten Tatsachen ins Auge zu sehen, bleibt Ihnen nur noch der Griff zur Perücke. Perücken gibt es in zwei Ausführungen, albern und lächerlich, und in zwei Farben, rabenschwarz und hellblond. Sind Sie über sechzig und tragen eine rabenschwarze Perücke, werden sich die Leute nicht fragen, warum Sie noch keine grauen Haare haben, sondern warum keiner Ihrer Freunde den Anstand hat, Sie darauf hinzuweisen, dass Sie aussehen wie ein Komparse aus «Verdammt, die Zombies kommen».

Die meisten Männer verlieren ihre Haare peu à peu; bleiben Sie also Ihrer Frisur treu, und niemand wird etwas von Ihrem schleichenden Haarverlust merken (außer bei Klassentreffen). Jede drastische Veränderung Ihrer Frisur, wie etwa das Umsatteln von «nach hinten kämmen» nach «nach vorne kämmen», lässt bei jedem sofort die Alarmglocken schrillen. Entdecken Männer, dass sich auf ihrem Kopf der erste winzige Ansatz einer Glatze abzeichnet, schlägt sich das in verräterischer Weise auf ihr Verhalten nieder: Sie achten peinlich genau darauf, ihren Kopf aus dem vertikalen Blickwinkel anderer Leute herauszuhalten.

Der Unterschied zwischen Geheimratsecken und einer klassischen Glatze ist wie der Unterschied zwischen einer Rezession und einer Depression. Man hat die Gewissheit, noch ein paar Haare auf dem Kopf zu haben, wenn man sich zum Haareschneiden vertrauensvoll in die Obhut seines Partners begibt, der ohnehin nicht allzu viel falsch machen kann. Der einzige Trost als Glatzkopf ist ganz ohne Zweifel die Tatsache, im Bett um Längen besser zu sein als die haarigen Kollegen. Leider wird man aller Voraussicht nach mangels Gelegenheiten nur selten den Beweis antreten können.

RICHTIG ... Schuhe putzen

In den guten alten Zeiten war ungefähr ein Drittel der Bevölkerung hauptsächlich damit beschäftigt, alles Mögliche auf Hochglanz zu bringen – vom Tafelsilber über das Zaumzeug der Pferde bis hin zu den Treppenstufen vor der eigenen Haustür. Heutzutage bringt man nur noch seine Schuhe auf Hochglanz, und das auch nur vor einem Vorstellungsgespräch, weil jeder weiß, dass Arbeitgeber vor allem auf eines Wert legen – glänzende Schuhe. Und bevor das erste genmanipulierte Rindsleder eines Tages der Welt den selbst glänzenden Schuh beschert, müssen wir uns wohl auf die traditionellen Schuhputz-Tugenden besinnen.

Bevor man sich dem eigentlichen Schuheputzen widmen kann, hat man die Schuhe zunächst von größeren Fremdkörpern zu befreien, wie etwa Zweige, Kaugummi, Dreck, Bonbonpapier, Teer, vergammeltes Obst, frischgemähtes Gras, Pferdemist, überfahrene Tiere etc. Legen Sie all das fein säuberlich zur Seite für eine schmackhafte Brühe.

Tragen Sie dann die Schuhcreme auf. Es lohnt sich, beim Kauf einer Schuhcreme etwas tiefer in die Tasche zu greifen, weil die billigeren Schuhcremes in der Regel genau das beinhalten, was Sie gerade von den Schuhen gekratzt haben. Achten Sie auch darauf, dass die Schuhcreme mit Ihren Schuhen farblich übereinstimmt. Egal, wie mächtig Sie sich auch ins Zeug legen, schwarze Schuhcreme macht noch lange keinen roten Schuh.

Tragen Sie die Schuhcreme mit einem feuchten Lappen auf, um die bestmögliche Wirkung zu erzielen. Auf diese Art wird die Schuhcreme leicht erwärmt, lässt sich somit leichter auftragen und zieht in das Leder ein (nicht umsonst tragen Geschäftsleute immer schwarze Socken).

Spucke und Schuhcreme sind untrennbar miteinander

verbunden wie Liebe und Ehe; spucken Sie aber nicht auf Ihre Schuhe (von Ihrer Frau ganz zu schweigen), wenn Sie schwer erkältet sind. Und spucken Sie zunächst in einen Lappen, bevor Sie versuchen, Ihren Schuh zu treffen, es sei denn, Sie sind in der Lage, aus zehn Metern Entfernung in einen Spucknapf zu treffen. Denn wenn Ihre Schuhe schließlich jedem Vorstellungsgespräch problemlos standhalten sollen, können Sie sich sicher wesentlich angenehmere Dinge vorstellen, als mit dem Fuß in eine klebrige Rotzschicht hineinzugleiten.

Es erfordert eine ganze Menge Knochenschmalz, Schuhe auf Hochglanz zu bringen. Im Grunde genommen poliert man wie ein Bekloppter und verwendet darauf mehr Energie in einer Minute als für Hausarbeit in einem ganzen Monat (sprich: bei Männern in einem ganzen Jahr). Danach wird einem langsam klar, warum man zum Putzen von zwei Paar Schuhen genauso viel Kondition braucht wie zum Laufen eines Halbmarathons im Handstand und warum beim Bund die Grundausbildung zu 10 Prozent aus Marschieren besteht und zu 90 Prozent aus Putzen.

Halten Sie zum Schluss inne und betrachten voller Stolz Ihr Werk; dass auch Ihr Gesicht sowie die Teppiche und Gardinen nicht ganz ungeschoren davonkamen, sind unbedeutende Kollateralschäden, wenn man bedenkt, dass Ihnen mit diesen Schuhen ein Job in der Hightech-Branche so gut wie sicher ist.

Richtig … Socken verwalten

Im Leben einer Socke gibt es seltsame Parallelen zu unserem Leben. Eigentlich sollten es immer zwei an der Zahl sein, aber auch bei Socken sind Trennungen unvermeidlich. Wie wir genießen auch sie ihre Freiheit nur für einen kurzen Augenblick und finden sich unversehens auf der Schattenseite des Lebens wieder.

Früher wurden Socken gestopft, wenn sie ein Loch hatten. Alte Socken wurden so oft gestopft, dass schließlich nichts mehr von der Originalsocke übrig blieb, nur Stopfstellen. Eine Zeit lang gab es unzerstörbare Socken aus einer Art Nylon-Styropor-Mischung. Diese aber verursachten tatsächlich Löcher in den Schuhen und Verletzungen an den Füßen.

Besitzen Sie und Ihr Partner unterschiedliche, aber ähnliche Socken, gestaltet sich das Zusammenleben nicht ganz unkompliziert. Einer besteht vielleicht mit allem Nachdruck darauf, dass jede Socke zu ihrem angestammten Pendant gehört. Der andere sieht das vielleicht nicht so eng und macht aus allen alten Socken ein Paar, solange auch nur der Hauch einer Ähnlichkeit besteht. Bis Sie schließlich mitten in einem wichtigen Vorstellungsgespräch entdecken, dass das Ergee-Etikett unten an Ihrem Hosenbein zum Vorschein kommt.

In jedem Kleiderschrank findet sich irgendwo ein wirklich dickes Paar Wollsocken zum Wandern oder für ähnliche Aktivitäten. Komischerweise gibt es diese Wollsocken in allen Farben außer schwarz, schließlich wandert niemand ins Büro.

Socken sollte man regelmäßig wechseln, weil es eine schweißtreibende Angelegenheit sein kann, den ganzen Tag herumzulaufen. Für Männer gilt die Regel, dass Socken halb so oft wie die Unterwäsche und doppelt so oft wie die Hosen zu wechseln sind. De facto neigen Männer jedoch in vielen Fällen dazu, Socken so lange zu tragen, bis sie vor Dreck stehen, in der Hoffnung, dass sie alleine den Weg in den Wäschekorb finden.

Ein Blick in die Schublade mit den Socken sagt viel über den dazugehörigen Menschen aus. Handelt es sich um die oberste Schublade, zahlt er mit hoher Wahrscheinlichkeit regelmäßig in einen privaten Rentenfonds ein. Liegen die Socken in militärischer Ausrichtung in der Schublade und werden nach einem strengen Rotationsprinzip getragen, kann man davon ausgehen, dass der Träger im Bett keine allzu große Nummer ist.

Hüten Sie sich vor Männern, die abgeschnittene Strumpfhosen als Socken tragen. In der Regel wollen sie Ihnen etwas verkaufen oder Sie ins Bett kriegen oder Ihnen ein Bett verkaufen. Ebenso ist Vorsicht geboten vor Männern, die kein einziges Paar Socken besitzen. Sie haben ausnahmslos die hässlichsten und krummsten Zehen überhaupt.

Obwohl Socken streng genommen eigentlich zur Unterwäsche gehören, sind sie alles andere als sexy. Ziehen Sie sich vor Ihrer Freundin aus, sollten Sie es um jeden Preis vermeiden, plötzlich in der gefürchteten Kombination aus Unterhose und den dazugehörigen Socken dazustehen. Aus irgendwelchen Gründen ist das ein absoluter Liebestöter. Schließlich führt auch kein Dessous-Geschäft Komplett-Sets aus BH, Slip und Socken.

Richtig … modisch sein

Modisch zu sein ist im Augenblick mächtig in. In der Welt der Mode bedeutet «neu» das Neueste vom Neuen. Selbst wenn das Neueste vom Neuen nichts anderes ist als etwas Altes im neuen Look, handelt es sich um das Neueste vom Alten und nicht um das Älteste vom Alten; schließlich bedeutet «alt» das Älteste vom Alten, womit ein Déjà-vu als das Neueste von was auch immer definitiv ausgeschlossen ist.

Mode ist cool. Ungeachtet der Tatsache, dass sich der Ottonormalverbraucher über viele Kreationen kranklacht. Nicht von ungefähr wird Ottonormalverbrauchern der Zutritt zu Modeschauen verwehrt, da sie mit ihren Lachsalven für Aufruhr sorgen und einen Feueralarm verursachen können. Unter Modeschöpfern ist es ein ungeschriebenes Gesetz, wonach jeder in der Branche zum Thema Mode frei seine Meinung äußern kann, sofern er das Ganze ernst nimmt.

Die letzte echte modische Neuschöpfung datiert aus dem Jahr 1974 und der damaligen Frühjahrskollektion. Gleichwohl muss sich zu jeder neuen Saison nach wie vor alles ändern, die Farben, der Schnitt, die Stoffe und der Stil.

Das letzte Wort in punkto Mode hat letztlich die EU-Kommission in Brüssel, wo ein kleinkarierter Bürokrat in einem kleinen Büro penibel darüber wacht, dass diese Änderungen jederzeit korrekt gewährleistet sind.

Die Models auf dem Laufsteg sehen nicht gerade aus wie normale Leute. Das kommt nicht von ungefähr, denn trägt man merkwürdige Klamotten, dann macht es sich nicht schlecht, selbst auch ein bisschen merkwürdig daherzukommen. Die Faustregel lautet: je cooler die Mode, desto merkwürdiger die Models. Leute wie du und ich sehen albern aus in Prêt-à-Porter-Mode, genauso wie Models in Klamotten von der Stange. Models lernen, wie sie sich auf dem Laufsteg fortzubewegen haben. Müssten sie sich einer normalen Gangart bedienen, würde man annehmen, sie flitzten gerade aufs Klo. Stattdessen bewegen sie sich in einer Art und Weise fort, die unweigerlich die Aufmerksamkeit des Publikums erregt, und wenn sich dieses nur fragt, was eigentlich mit ihrem Gang los ist. (Deshalb ist es bis heute ein Rätsel, warum das Teil Laufsteg heißt).

Auch wenn Sie sich für einen noch so großen Modemuffel halten, Ihre gesamte Garderobe wird zwangsläufig einmal alle zwanzig Jahre plötzlich en vogue sein. Und Sie könnten damit die ganze Schicki-Micki-Gesellschaft vor Ehrfurcht erstarren lassen. Nur haben sich zu dem Zeitpunkt leider Ihre Neffen und Nichten längst die Klamotten von Ihnen ausgeliehen. Junge Leute durchschauen manchmal die Scheinwelt der Modebranche und kreieren ihr eigenes Streetwear; diese Kreationen sind mega-in und halten die ganze Branche über Jahre hinaus am Leben.

Laufsteg-Mode landet schließlich in der Haupteinkaufsstraße, wo sie den Maßen der Normalbürger angepasst wird. Es ist schon ärgerlich: Da stolziert man im absolut angesagten Minirock aus der Ankleidekabine, und irgendwo in Mailand gibt sich ein endlos langes Model in einem endlos langen Tweed-Rock die Ehre. Bleibt die Gewissheit, vor zehn Jahren selbst lange Röcke getragen zu haben, und damit die Erkenntnis, dass das Model ziemlich lange brauchte, um auf den Trichter zu kommen.

Sport und Training

Krankheit und Gesundheit

Kochen und Essen

Mode und Wellness

Schlafen und Wachsein

Faulenzen und Herumtrödeln

Hecken und Nachbarn

Religion und Politik

Teenager und Studenten

Mixen und Mischen

Männer und Frauen

Liebe und Ehe

Richtig … müde sein

Untersuchungen haben gezeigt, dass man ein Drittel seines Lebens im Schlaf verbringt. Ein weiteres Drittel verbringt man damit, sich vorzustellen, wie schön es wäre, wieder zurück ins Bett zu gehen, und das letzte Drittel schließlich in der Hoffnung, dass es bald Zeit ist, schlafen zu gehen.

Müdigkeit bedeutet, körperlich auf den Beinen, geistig aber noch unter der Bettdecke zu sein. Je weniger man tut, desto schneller wird man müde. Teenager sehen sich oft gezwungen, zurück ins Bett zu gehen, um das strapaziöse Trauma zu verkraften, aufstehen zu müssen. Ist man wirklich müde, führt schon der bloße Gedanke an eine Tätigkeit zu körperlicher Erschöpfung. In der Regel ist es weniger ermüdend, etwas zu tun, als darüber nachzudenken, etwas zu tun.

Lächeln gilt als gesund, weil dadurch viele Gesichtsmuskeln trainiert werden. Versucht man andererseits, die Augen offen zu halten, wenn man erschöpft ist, wird dabei jeder einzelne Gesichtsmuskel in Anspruch genommen, weshalb es unmöglich ist, gleichzeitig zu lächeln. Daher ist es keine Überraschung, dass zuerst der Charme auf der Strecke bleibt, wenn man müde ist. Der Charmeur, der an Schlaflosigkeit leidet, muss erst noch geboren werden. Mit zunehmender Müdigkeit kann man zuerst nichts mehr Charmantes sagen, dann nichts mehr Interessantes, danach nichts mehr Nettes, schließlich nichts mehr Verständliches und zu guter Letzt überhaupt nichts mehr, weil einem die Augen zufielen, würde man den Mund bewegen.

Eine Redensart besagt, hat man London satt, ist man lebensmüde. Das erklärt, warum die Leute in der U-Bahn gewöhnlich selbstmordgefährdet aussehen.

Man sagt auch: «Früh ins Bett und früh wieder raus bringt Weisheit, Gesundheit und Saus und Braus» – daher also die landesweite Schwemme an reichen, philosophisch angehauchten Bäckermeistern. Viel besser wäre das genaue Gegenteil: «Spät ins Bett und spät wieder raus bringt Dummheit, Krankheit und Armut.» Es würde nicht lange dauern, und an jedem Bett prangte eine Warnung des Gesundheitsministeriums: «Schlafen kann tödlich sein.»

Übermüdet schlafen zu gehen ist eine ganz fiese Geschichte, mit der manche Leute zu kämpfen haben. Es ist von vornherein ein aussichtsloser Kampf, sich hin und her zu wälzen und endlich einzuschlafen. Genauso fies ist es, morgens aufzustehen und immer noch müde zu sein. Als komme man sich nach dem Duschen schmutzig vor: Man fühlt sich wahrlich sauber abgezockt.

Manche Menschen machen ein zehnminütiges Nickerchen, und schon sind sie wieder taufrisch. In den meisten Fällen jedoch wirkt ein Nickerchen wie ein regelrechter Müdigkeits-Katalysator. Man genießt das kurze Vergnügen des Einschlafens, wacht dann aber drei Stunden später auf mit einem Kater und Krämpfen, einem trockenen Mund, eingeschlafenen Füßen und verquollenen Augen, während man Sie in Ihrem Büro geduldig zu einer wichtigen Geschäftsbesprechung erwartet und sich fragt, ob Sie vielleicht tot sind.

RICHTIG ... schlafen gehen

Mit dem Schlaf ist es wie mit einer vielbefahrenen Stadtautobahn: Man will sie nicht verpassen, kann es aber auch kaum erwarten, sie wieder zu verlassen. Das Problem beim Einschlafen ist, je mehr man das Ganze forciert, desto geringer ist die Chance, einzuschlafen. Die ganze Kunst besteht darin, sich volle Kraft voraus auf das zu stürzen, was man tagsüber zu erledigen hat. Damit schlägt man gleich zwei Fliegen mit einer Klappe, man wird müde, und die Alltagssorgen treten vorübergehend in den Hintergrund.

Eigentlich sollte man bei Erwachsenen die gleichen Tricks und Kunstgriffe anwenden, mit denen man kleine Kinder zum Schlafen bringt; Regel Nummer eins: Vor dem Schlafengehen jede größere Aufregung vermeiden. Wollen Sie also möglichst schnell im Schlaf versinken, unternehmen Sie zuvor nichts, was Sie nervlich beanspruchen könnte – wie z. B. Sex. Autofahren hat eine wundersam einschläfernde Wirkung auf kleine Kinder. Gleichermaßen ist es ein probates Mittel, sich zum Einschlafen die Fahrt zur Arbeit vorzustellen, zumal sich das ohne weiteres im Halbschlaf erledigen lässt, sodass es keine Rolle spielt, ob man sich geistig bereits im Reich der Träume befindet. Wenn Sie allerdings das Büro links liegen lassen und auf der Autobahn in Richtung Kanalfähre nach drei Stunden virtueller Fahrt nonstop unterwegs sind, wäre es vielleicht besser, auf eine andere Einschlaftechnik umzusteigen.

Schäfchenzählen ist der Klassiker aller Einschlaftechniken. Am besten, man stellt sich junge Lämmer vor, wie sie leichtfüßig über eine niedrige Hecke springen, und nicht schwerfällige, alte Mutterschafe mit verdrecktem Hinterteil, die nach dem fehlgeschlagenen Versuch, eine Steinmauer zu überspringen, grausam notgeschlachtet werden müssen.

Oft bleibt man wach, wenn man sich über etwas Sorgen macht. Wälzen Sie im Geist Probleme, stellen Sie sich vor, dass alle Bilder vor Ihrem geistigen Auge wie in einem Fernseher ablaufen; schalten Sie dann auf Schwarz-Weiß, stellen Sie anschließend um auf ein kleineres Bild, und schalten Sie schließlich aus. Das funktioniert hervorragend, vor allem, wenn Sie den Breitbildfernseher am Fußende Ihres Betts auch ausschalten.

Ein Glas warme Milch wirkt ebenfalls ausgesprochen entspannend, wenn Sie nicht gerade in einer Kneipe sind, wo Sie mit einer derartigen Bestellung höchstens für allgemeine Verstimmung sorgen. Übertreiben Sie es aber nicht mit dem Schlaftrunk – trinken Sie zu viel Milch, müssen Sie mitten in der Nacht raus, weil auch die Milch wieder raus will.

Auch der Schlafanzug kann seinen Beitrag zum Einschlafen leisten. Achten Sie darauf, dass Ihr Schlafanzug dick, kuschelig und vor allem bequem ist. Aus Sicht Ihres Körpers bedeutet das unmissverständlich, dass man weder vorhat, nochmal wegzugehen, noch etwas Aufregendes im Bett ansteht, sodass man genauso gut schlafen gehen kann.

Schlaftabletten sind gefährlich, sind sie doch ein untrügliches Zeichen dafür, dass Sie eher ein Problem mit Ihrem Alltag als mit Ihrer Nachtruhe haben. Drehen Sie eine große Runde mit dem Auto, werfen Sie die Schlaftabletten weg, und zählen Sie Schäfchen auf dem Rückweg.

Sich richtig ... im Bett warm halten

Grundsätzlich gibt es zwei Möglichkeiten, sich im Bett warm zu halten. Variante Nummer eins: Wärme erzeugen durch heiße Leidenschaft. Das klappt zwei Minuten lang vorzüglich, danach schlottert man sich allerdings durch den Rest der Nacht. Davon abgesehen ist diese Variante nicht ungefährlich, da man sich eine üble Erkältung einhandeln kann, wenn man zuerst heißläuft und danach wieder abkühlt.

Die weitaus bessere Variante ist da schon ein Schlafanzug aus gekämmter Baumwolle, der so dick ist, dass er das Geschoss einer Panzerfaust abhält. Frauen lieben geradezu die klassisch kuscheligen Männer-Schlafanzüge; so sehr, dass in der Regel Frauen in den klassisch kuscheligen Männer-Schlafanzügen schlafen. Die langen Woll-Nachthemden für Frauen halten nicht besonders warm, sie gleichen einem Zelt ohne Boden. Ein weiterer Gefahrenherd besteht darin, dass man sich im Schlaf nur zweimal umdrehen muss, um stärker verdreht zu sein als die Zöpfe von Pippi Langstrumpf.

Frauenfüße sind der Hauptgrund, warum Betten sich abkühlen. Wissenschaftliche Untersuchungen haben ergeben, dass die Füße einer Frau mehr Kälte erzeugen als der durchschnittliche Gefrier-Kühlschrank. Die Füße einer Frau funktionieren nach dem umgekehrten Prinzip einer Bettflasche: Tagsüber sind sie warm wie frische Semmeln, nachts aber kalt, künstlich wie Gummi und alles andere als reizvoll.

Um diesem Dilemma zu begegnen, haben Frauen zwei Methoden entwickelt, sich im Bett warm zu halten. Zum einen sind die Füße einer Frau wie ein Wärmedetektor, der jede Wärmequelle in der näheren Umgebung ortet, meist den männlichen Bettgenossen. Um dem Körper eines erwachsenen Mannes die gesamte Wärme zu entziehen, braucht ein normaler Frauenfuß halb so viel Zeit wie ein Tankwart für eine Tankfüllung bleifrei. Die zweite Methode, der sich Frauen bedienen, ist der raffinierte Deckenklau: Die Frau dreht sich herum und zieht dabei die Bettdecke mit sich; diese Übung wird so lange wiederholt, bis sie in fünf Schichten Bettdecke eingewickelt ist.

Um nicht an Unterkühlung zu sterben, haben Männer ihrerseits zur Wärmeerzeugung eine ganze Reihe von Freiübungen fürs Schlafzimmer entwickelt: Aufschlagen der Decke, An-sich-Zerren der Decke, Ausbreiten der Decke, Nach-unten-Ziehen der Decke, um sich die Füße zuzudecken, Nach-oben-Ziehen der Decke, um sich den Oberkörper zuzudecken, Wegziehen der Decke, um das Bett zu lüften, und schließlich im Gästezimmer schlafen.

Nehmen Sie sich in Acht vor Frauen, die schmusen wollen. Eine fatale Mischung aus Füßeln und Deckenklau, die Sie ohne weiteres innerhalb weniger Sekunden hilflos den Elementen ausliefert. Ein klarer Fall für Ihren dicken Schlafanzug, aber den trägt – wie könnte es auch anders sein – Ihre Frau. Um ihn zurückzubekommen, bleibt Ihnen nur eine Möglichkeit, Sie müssen auf Variante Nummer eins zurückgreifen: die zwei Minuten heiße Leidenschaft.

RICHTIG ... träumen

Träume sind wie billige Filmproduktionen: schlechtes Drehbuch, voller überflüssiger Sex- und Gewaltszenen und schludrig geschnitten. Sowie, im Schnitt, ein Zuschauer.

Träume vermitteln Ihnen eine ziemlich genaue Vorstellung davon, was Ihr Geist eigentlich für Dinger drehen könnte, wenn er nicht im eigenen Körper gefangen wäre. Deshalb ist es schon enttäuschend, dass er ausgerechnet von Körperfunktionen wie Stoffwechsel und Verdauung besessen ist.

Freud hatte zum Thema «Träume» viel zu sagen. Alles, was breiter als lang ist, deutet auf ein weibliches Primärmerkmal hin, und alles, was länger ist als breit, auf ein männliches. Allerdings riet Freud seinen Patienten, vor dem Schlafengehen ein Stück Käse zu essen.

Es wird allgemein angenommen, dass sich Träume in Schlaf-Phasen abspielen, in denen schnelle Augenbewegungen auftreten. Tatsächlich jedoch ist das Gegenteil der Fall. Ist man einmal am Träumen, muss das Auge Überstunden leisten, um der Handlung folgen zu können.

In Träumen tauchen mitunter Leute auf, auf die man im wirklichen Leben keinen gesteigerten Wert legt. Laufen Sie diesen Leuten später zufällig über den Weg, erzählen Sie ihnen bloß nicht, dass Sie von ihnen geträumt haben, weil das zwangsläufig so aufgefasst wird, als seien sie in einem aufreizenden Tanga und in eindeutiger Pose auf einem Bettvorleger durch Ihren Traum gehuscht. Erzählen Sie ihnen vielmehr, sie seien laut Ihrem Traumdeutungsbuch so überflüssig wie ein Kropf.

Es gibt unzählige Standard-Träume mit Standard-Interpretationen. Fallen Ihnen beispielsweise im Traum sämtliche Zähne aus, bedeutet das verdrängte Gefühle für Ihren Zahnarzt. Rasen Züge durch Tunnels, ist das so zu verstehen, dass Ihr ausgefülltes

Sexualleben lediglich Ausdruck Ihres heimlichen Verlangens ist, Lokomotivnummern zu sammeln. Laufen Sie nackt die Straße hinunter, ist der Fall etwas komplizierter, vor allem, wenn kreischende Nachbarn auf den Plan treten. In diesem Fall besteht durchaus die Möglichkeit, Sie wachen mit einem grässlichen Kater in einer Ausnüchterungszelle auf.

Für Intellektuelle gibt es kaum etwas Peinlicheres, als sich die Tatsache einzugestehen, dass ausgerechnet die Träume von Dichtern und Denkern oft wie Zeichentrickfilme ablaufen. Es hat schon manchen berühmten Philosophen an den Rand des Wahnsinns getrieben, sich Nacht für Nacht mit Daffy Duck herumplagen zu müssen.

Auf den ersten Blick scheint die Welt im Traum aufregender zu sein als in Wirklichkeit, was aber ein Trugschluss ist. Würde man alles, was man an einem normalen Tag erlebt oder gedacht hat, in einen 30-Sekunden-Trailer packen, würde dabei auch etwas recht Bizarres herauskommen. Denken Sie daran, dass Ihre Träume nur für Sie selbst von Bedeutung sind. Alles, was Sie in seinen Bann zieht, ist für jeden anderen nichts weiter als eine Menge Blödsinn. Sie können allerdings Ihre Träume einem ganz normalen Tagebuch anvertrauen, als hätten Sie genau das an jenem Tag erlebt, wenn Sie Ihren Biographen komplett aus der Fassung bringen wollen.

RICHTIG … aufstehen

Morgens aufzuwachen ist jedes Mal ein bisschen wie eine Geburt: Manchmal geht es sehr schnell und einfach vonstatten, und manchmal ist es blinder Alarm und bedarf mehrerer Anläufe und stundenlanger Anstrengung.

Es gibt einige wenige Menschen, die diese ruhigen, friedvollen Momente kurz vor der Morgendämmerung in vollen Zügen genießen. Niemand weiß so genau, wer diese Leute eigentlich sind, weil der Rest der Menschheit zu dieser Zeit noch tief schläft. Später am Tag findet sich dann ein Indiz für ihre Identität, wenn sie einem kurz nach halb sieben abends eine gute Nacht wünschen.

Ein paar Glückliche haben eine innere Uhr, die sie auf die Minute pünktlich aufwachen lässt; sofort sind sie hellwach und hüpfen aus dem Bett. Es ist toll, wenn Ihr Partner zu diesen Glücklichen zählt und Ihnen das Frühstück ans Bett bringt; nicht ganz so toll ist es allerdings, wenn er die Bettdecke wegzieht und irgendetwas sagt wie: «Raus aus den Federn.»

Leute, die Schwierigkeiten haben mit dem Aufstehen, denken sich alle möglichen idiotensicheren Methoden aus, um aus dem Bett zu kommen. Sehr effektiv ist zum Beispiel ein Wecker, der Tote aufwecken würde, vor allem, wenn man ihn außerhalb der eigenen Reichweite platziert. Wenn er losgeht, sitzt der Schreck jedoch so tief, dass man sich gezwungen sieht, für eine Stunde zurück ins Bett zu gehen, um den Schock zu überwinden.

Viele Leute haben Radio-Wecker, die einen mit ein paar Takten Musik wecken, bevor man die Schlummertaste drückt. Um welches Lied es sich dabei gehandelt hat, wird einem eine Stunde später im Zug klar, wenn man «A Little Bit of Monica» vor sich hin trällert.

Ist man einmal dem Bett entstiegen, gibt es zwei Möglichkeiten, den neuen Tag in Angriff zu nehmen. Entweder waschen, anziehen und in 15 Minuten aus dem Haus. Oder man nimmt ein gemütliches Bad, sucht sich in aller Ruhe seine Kleider aus, setzt einen Tee auf und schaut ein bisschen Frühstücksfernsehen. Das Skurrile an letzterer Variante ist die Tatsache, dass man fast zwei Stunden früher aufstehen muss, um sich diese Muße zu gönnen.

Letztlich läuft natürlich alles darauf hinaus, ob man Frühaufsteher oder Nachtmensch ist. Frühaufsteher stehen zwischen sieben und elf Uhr morgens im Zenit ihrer körperlichen und geistigen Leistungsfähigkeit, Nachtmenschen zwischen sieben und elf Uhr abends. Leider sind in der Regel zwischen sieben und elf Uhr abends alle Büros geschlossen, deshalb ist es offensichtlich, welche der beiden Gruppen die Wirtschaft allein am Laufen hält.

Sind Sie der Überzeugung, nichts auf der Welt bringt Sie morgens aus dem Bett, legen Sie sich einfach Nachwuchs zu. Dann funktioniert das mit dem Aufstehen schnell und problemlos, und zwar sechs- oder siebenmal pro Nacht.

Richtig ... wirklich früh aufstehen

Eine Hand voll Menschen kommt mit drei Stunden Schlaf aus. In den verbleibenden fünf Stunden suchen sie verzweifelt nach Leuten, denen sie erzählen können, wie wenig Schlaf sie brauchen. Die Mehrheit der Normalbevölkerung verbringt täglich zwölf bis vierzehn Stunden im Bett, nicht unbedingt nur zum Schlafen, sondern einfach in der Horizontalen mit der Schmusedecke.

Manche Leute machen die Augen auf, und – schwups! – schon sind sie raus aus dem Bett und ziehen ihr morgendliches Yogaprogramm durch. Von dieser Sorte gibt es nur ganz wenige Menschen, und glücklicherweise sterben sie früh. Aufstehen ist für die meisten Leute ein Prozess, bei dem sie jedes Stadium der menschlichen Evolution durchlaufen, von einem Klumpen Urschleim bis zu einem behaarten, wortkargen Zweifüßler. Für den letzten Evolutionsschritt bis zum Homo sapiens, der aufrecht geht und des Gebrauchs von Werkzeug mächtig ist, braucht man eine weitere Stunde im Badezimmer.

Frühaufsteher haben eine gemeinsame Wellenlänge. Trifft man jemanden auf der Straße vor halb sieben Uhr morgens, gehört es sich, «guten Morgen» zu sagen. Nicht nur aus purer Höflichkeit, sondern auch als Beweis, dass man nicht zufällig um diese Zeit schon wach ist: Eigentlich ist man schon vor zwei Stunden aufgestanden, hat sich ein deftiges Frühstück gemacht und hat schon längst sein Tagwerk in Angriff genommen.

Früh aufbrechen zu müssen zu einer Urlaubs- oder Geschäftsreise kann für Morgenmuffel eine schwere Geburt werden. Den Wecker absichtlich auf eine Zeit zu stellen mit einer Sechs, einer Fünf oder gar einer Vier an erster Stelle ist genauso unmenschlich, wie unter der Dusche den Hebel der Mischbatterie bis zum Anschlag in den blauen Bereich zu schieben. Hat man den Wecker auf 5.45 Uhr gestellt, schaut man paradoxerweise auch um 1.35 Uhr, um 3.18 Uhr und um 4.44 Uhr auf die Uhr. Und weitere 18-mal zwischen 5.00 Uhr und 5.44 Uhr, weil man keine Sekunde zu früh freiwillig unter der warmen Decke hervorkriecht.

Im Sommer früh aufzustehen ist ein Kinderspiel – die Sonne scheint durchs Fenster, Lerchen sitzen auf dem Fenstersims und trällern ihr Lied, und die Cornflakes tanzen lustig im Frühstücksteller. Im Winter ist es draußen stockfinster, Ihr Auto ein einziger Eisblock, und zum Frühstück gibt's Haferflocken, die Sie noch nicht mal mögen.

An einem Werktag im Winter sehr früh aufzustehen, um arbeiten zu gehen, ist derart unmenschlich wie unnatürlich, dass man damit wahrscheinlich gegen die Menschenrechte verstößt. Die ganze Kunst des Frühaufstehens besteht darin, sich schnell anzuziehen. Steigen Sie zuerst in ein paar Pantoffeln und einen dicken Morgenmantel, hätten Sie genauso gut im Bett bleiben können, weil Sie dann vor dem Anziehen immer noch die eklige Kälteschockphase mit Gänsehaut vor sich haben.

Die einzige Möglichkeit, das Aufstehen im Winter erträglicher zu gestalten, besteht darin, seine Unterwäsche auf einem Heizkörper auf Betriebstemperatur zu bringen. Sich dann anzuziehen ist, wie zurück ins Bett zu gehen, mit dem kleinen Unterschied, dass man aufgestanden ist. Als Frau kann man auch einen Gedanken daran verschwenden, sich einen dieser schicken Teekocher zuzulegen, besser bekannt unter der Bezeichnung «Männer».

RICHTIG ... liegen bleiben

Im Leben kann man so selten morgens einmal liegen bleiben, dass man es in vollen Zügen genießen sollte, wenn sich die Gelegenheit dazu bietet. Als Kind steht man gleich auf, gibt es doch immer ganz dringend etwas anzustellen. Hat man dann selbst Kinder, steht man ebenfalls gleich auf, um zu verhindern, dass aus dem tollen Treiben der Kinder eine echte Randale wird. Im Alter ist man sich der Tatsache bewusst, dass der Tod die letzte Ruhestätte ist, und steht deshalb vielleicht auch schon im Morgengrauen auf und streicht den Gartenzaun mit Teerfarbe, wenn man noch rüstig genug ist.

Gelangt man zu der Erkenntnis, das eigene Bett sei wie das Paradies auf Erden, und fasst den Entschluss, sich nicht von der Stelle zu rühren, ist das der erste Schritt, morgens liegen zu bleiben. Handelt es sich um einen Samstagmorgen, einen schulfreien Tag oder den Tag nach Ihrem Tutorium, können Sie sich getrost umdrehen, ein kurzes gutturales Schnurren von sich geben und in Ihrem eigenen lauwarmen Mief liegen bleiben.

Man kann aber auch aufstehen und dabei im Prinzip liegen bleiben. Lässt man sein Hirn nämlich einfach weiterschlafen, öffnet nur ein Auge und bleibt hartnäckig im Schlafanzug, ist es ohne weiteres möglich, das Baby zu füttern, die Katze zu entwurmen, Tee zu kochen, die Zeitung hereinzuholen, ein deftiges Frühstück zu machen und trotzdem danach zurück ins Bett zu gehen, als sei man nie aufgestanden.

Voraussetzung dafür ist, dass sich unter der Bettdecke zumindest noch eine rudimentäre Spur an Körperwärme findet. Hat man nach dem Aufstehen so viele Arbeiten im Haushalt erledigt, dass das Bett inzwischen eiskalt ist, macht man genau genommen ein Nickerchen, wenn man sich wieder hinlegt.

Nehmen Sie Ihre Träume während dieser Phase des Längerim-Bett-Bleibens auf keinen Fall für bare Münze. Die sumpfgasähnlichen Dämpfe, die man nach zwei oder drei Stunden einatmet, haben die gleiche halluzinatorische Wirkung wie eine kleine Tube Klebstoff.

Studenten sind Meister im Liegenbleiben schlechthin. Diplomanden sind in der Lage, bis weit in den Nachmittag hinein zu schlafen, ohne mit der Wimper zu zucken. Für Studenten der Kommunikationswissenschaften ist es oftmals sogar der intellektuelle Höhepunkt ihres Studiengangs. Länger im Bett zu bleiben ist relativ: Liegt ein Bauer am Ende der morgendlichen Wettervorhersage noch im Bett, ist das geradezu abenteuerlich nach den Maßstäben seiner Zunft und löst in der örtlichen Bauernschaft eine besorgte Debatte aus.

Wesentlicher Bestandteil des Liegenbleibens ist der Bettenmief. Also die Mischung aus warmer Luft, warmem Federbett und der eigenen Körperwärme unter der Bettdecke, das erwachsene Pendant zum sicheren Mutterleib. Eine Frühgeburt kann in beiden Fällen äußerst traumatische Konsequenzen haben. Wer seine Beziehung gefährden will, zieht einfach seiner Liebsten mit einem Schlag die Decke weg und lässt sie wie eine fröstelnde neugeborene Ratte aussehen. Allerdings nur für Sekundenbruchteile, dann steht sie nämlich auf und knipst Ihnen die Lichter aus.

Sich richtig ... anziehen

Sich anzuziehen ist eine heikle Sache, und der ungünstigste Zeitpunkt dafür ist frühmorgens. Je hellere und buntere Kleidung man trägt, desto früher steht man auf. Die meisten Nachtmenschen tragen schwarz, da sie völlig unfähig sind, vor 12 Uhr mittags Kleider auszusuchen, die farblich zusammenpassen. Andererseits stehen die Leute mit den übertrieben hellen Farben zu früh auf, müssen sich im Dunkeln anziehen, sodass dabei immer nur lindgrüne Oberteile herauskommen.

Meiden Sie morgens bunte Muster, weil die Suche nach passenden Accessoires ewig dauert. (Ähnelt der Kleiderschrank einer Frau in einem Gardinengeschäft, kann man davon ausgehen, dass sie nicht früh zu arbeiten anfängt.) Außerdem sollten Sie sich ein paar Gedanken übers Wetter machen, unter besonderer Berücksichtigung der Klimaanlage im Büro. Es macht keinen Sinn, mit den Woll-Leggings ins Büro zu gehen, wenn dort eine Raumtemperatur wie in Costa Rica herrscht.

Als ob es nicht schon kompliziert genug wäre, sich anzuziehen, muss man sich erst einmal ausziehen; man ist nicht nur verpennt, sondern erleidet dadurch auch noch einem Kälteschock. Die Versuchung ist riesengroß, sich in den nächstbesten Cordrock zu werfen, weshalb es von außerordentlicher Bedeutung ist, vor dem Schlafengehen keine Cordröcke herumliegen zu lassen.

Sobald man im Adamskostüm dasteht, gilt der nächste Gedanke der Unterwäsche. Für viele Männer eine der leichtesten Übungen, man steigt einfach in die Unterhose, der man sich am Abend zuvor entledigt hat und in die man am nächsten Morgen hineinstolpert; denn bevor die Unterhose nicht vor Dreck steht, tut sie es schließlich allemal. Jüngere Menschen denken beim Anziehen oftmals schon ans Ausziehen, mit dem Ergebnis, dass sie allerlei gefährliche und unpraktische Dessous tragen. Auch ältere Menschen denken beim Anziehen schon ans Ausziehen, allerdings unter tätiger Mithilfe von medizinischem Fachpersonal, und greifen zu den großen, bequemen Wohlfühl-Unterhosen.

Ob man das Unterhemd in die Unterhose steckt oder nicht, ist die nächste Grundsatzentscheidung. Sie fällt einem viel leichter, wenn man zu den albernen Macho-Typen gehört, die gar kein Unterhemd tragen oder – Gott bewahre! – keine Unterhose. Natürlich kann man das Unterhemd über der Unterhose tragen, aber dann sieht man die Konturen des Unterhemds – für Männer die Horrorvorstellung schlechthin.

Oft reißen Frauen morgens zuallererst den Kleiderschrank auf, sehen sich einer Unmenge dichtgedrängter Kleider gegenüber und drehen dann schier durch, weil sie nichts zum Anziehen finden. Deshalb kleiden sich Frauen je nach Gemütszustand, über den sie sich allerdings erst nach dem Anziehen klar werden, und dann ist es zu spät. Männer ziehen einfach das an, was da ist. Jeder hat für alle Fälle einen Satz Kleider, in dem er sich pudelwohl fühlt. Bevor man nach diesen Kleidern sucht, sollte man allerdings daran denken, dass ihr angestammter Platz in der Wäsche ist.

Richtig ... Cerealien essen

Cornflakes-Esser unterteilen sich in solche, die Cerealien mit hohem Zuckeranteil aus purem Ess-Vergnügen genießen, und solche, die auf einen hohen Anteil an Ballaststoffen achten, als müssten sie Energie tanken für einen kraftraubenden Job mit der Abrissbirne. Für Letztere sind Ballaststoffe der Schlüssel ihres Cornflakes-Konsums und der Anteil an Ballaststoffen die wichtigste Information auf der Packung; im Idealfall ist er so hoch, dass man gleich ein Ankertau essen könnte.

Viele Leute machen erst Bekanntschaft mit Müsli, wenn sie unter Verstopfung leiden. In der Werbung ist «Schweiz» das Synonym für «Verstopfung». Nicht alle Müsli-Esser sind Langweiler. Manche garnieren ihr Müsli mit Dörrpflaumen, um das Ganze etwas spannender zu gestalten.

Generell unterscheidet man bei Cerealien solche, die man in eine Schüssel hineinschüttet, und solche, die man in eine Schüssel hineinlegt. Seit Jahren versuchen Zwieback-Hersteller, ihren Kunden den Verzehr von drei Stück auf einmal schmackhaft zu machen. Es gäbe auch viel mehr Leute, die dieser Anregung nachkämen, wenn nur drei Stück gleichzeitig in eine Schüssel passen würden. Leider ist das jedoch unmöglich, und wenn, dann nur hochkant, sodass sie unten einweichen und oben trocken bleiben.

Die goldene Regel besagt, auf keinen Fall jemand anders die Milch dazugießen zu lassen. Man läuft dann Gefahr, dass andere es zu gut meinen mit Ihnen, aber bevor Ihnen das klar ist, schwimmt Ihr Zwieback längst in der Schüssel herum und löst sich schließlich auf in eine undefinierbare Masse. Wie Müsli. Andererseits ist niemand scharf auf das Trockenzwieback-Syndrom, wo es nichts zu kauen gibt, weil alles am Gaumen festklebt.

In vielen Frosties-Packungen findet sich ein kleines Plastik-

Spielzeug. Dies ist unter Umständen nicht ganz ungefährlich, wenn Ihr Kleiner unglücklicherweise nicht nur seine Frosties, sondern auch das Spielzeug aufisst. Andererseits entspricht der Nährwert des Spielzeugs in etwa dem von einem Löffel Frosties. Oftmals ist dieses Spielzeug Bestandteil einer ganzen Serie, die jedes Kind natürlich komplett sein Eigen nennen möchte. In dieser Phase bleibt der Frosties-Verbrauch des Kindes konstant, während die Eltern mit dem Kauf neuer Packungen kaum hinterherkommen; mit dem Ergebnis, dass der Küchenschrank vollsteht mit unzähligen angebrochenen Packungen.

Aber wie viele Packungen man auch kauft, es fehlt natürlich der Rote Drache, um die Sammlung zu vervollständigen. Das ist nicht weiter verwunderlich, da es überhaupt nur einen Roten Drachen gibt, und der steht auf dem Schreibtisch des Kelloggs-Geschäftsführers in Michigan.

Das Tolle an Cornflakes ist, dass man sie überall essen und dabei buchstäblich alles nebenher machen kann; deshalb überrascht es etwas, dass die meisten Leute beim Cornflakes-Essen nichts anderes machen, als die Packungsaufschrift zu lesen. Nach einem Teller Cornflakes sind sie dann auf dem neuesten Stand, wie hoch die täglich empfohlene Menge an Zink ist und warum im Leben etwas fehlt ohne die süßen Cracker.

Richtig … einen schlechten Tag haben

Man sagt, wenn man mit dem falschen Fuß aufsteht, ist der Tag schon gelaufen. In der Regel ist der Tag gelaufen, wenn man entweder zu spät oder zu früh aufsteht – meist, nachdem man intensiv von etwas geträumt hat, woran man normalerweise keinen Gedanken verschwenden würde.

An einem schlechten Tag zieht man die Haustür hinter sich zu, eine Sekunde nachdem man festgestellt hat, dass die Schlüssel auf dem Küchentisch liegen, und eine Sekunde bevor man feststellt, dass auch die Terrassentür abgeschlossen ist. Und will man zum Handy greifen, stellt man fest, dass sich der Partner damit vor fünf Minuten in Richtung Castrop-Rauxel aufgemacht hat.

Erwischt man einen schlechten Tag, dann deshalb, weil ein Unglück selten allein kommt. Der Inbegriff eines schlechten Tages ist, wenn Sie Ihren Job verlieren, zu Hause anrufen, um sich bemitleiden zu lassen, und von Ihrer Frau gesagt bekommen, dass sie auszieht, um mit dem Typen zusammenzuleben, der Sie gerade gefeuert hat, und wenn Sie dann auf dem Heimweg mit Ihrem Auto ausgerechnet denjenigen über den Haufen fahren, der Ihnen eigentlich einen neuen Job anbieten wollte.

An einem ganz gewöhnlichen schlechten Tag beschließt man, von zu Hause aus zu arbeiten, um dann festzustellen, dass am gleichen Tag vor Ihrem Haus der Weltkongress der Presslufthammer-Hersteller stattfindet, während dem Wasser, Telefon und Strom abzustellen sind. Immerhin schafft es wenigstens der Postbote, sich einen Weg durch das Chaos zu bahnen, um Ihnen die Nachricht der Zwangsversteigerung Ihres Hauses zu überbringen.

An einem schlechten Tag ist man von jeder Kleinigkeit genervt, die schiefläuft; diese kleinen Missgeschicke erfüllen durchaus ihren Zweck nach dem Motto: «So kommt eins zum anderen.» Schlechte Tage haben den Vorteil, dass ein normaler Durchschnittstag großartig erscheint. Standen Sie gestern drei Stunden im Stau, dann kommt Ihnen die Tatsache, dass sich die Blechlawine heute mit 30 km/h vorwärtsbewegt, wie ein Sechser im Lotto vor.

Es gibt auch einen interessanten Aspekt an schlechten Tagen, sie dauern scheinbar ewig. Ein schlechter Tag dauert etwa so lange wie drei gute. Der Grund dafür liegt möglicherweise darin, dass schlechte Tage eine gewisse Eigendynamik entwickeln: Es passiert etwas Ärgerliches, man schreit jemanden an, woraufhin noch etwas Ärgerliches passiert, dieses Mal unter tätiger Mithilfe der Person, die man zuvor angeschrien hat.

Ein probates Mittel, um schlechten Tagen vorzubeugen, besteht darin, sich von vornherein keine hausgemachten Probleme aufzubürden. Manche Leute machen aus einer Mücke einen Elefanten und wundern sich dann, dass sie ein Riesenproblem haben.

In der Regel erwischt man alle drei Wochen einmal einen schlechten Tag, mit einer neuen Hiobsbotschaft alle 15 Minuten. Machen Sie das häufiger durch, läuft in Ihrem Leben vermutlich irgendetwas schief. Arbeiten Sie daran, aber nicht an einem schlechten Tag, sonst machen Sie alles nur noch schlimmer.

Sport und Training

Krankheit und Gesundheit

Kochen und Essen

Mode und Wellness

Schlafen und Wachsein

Faulenzen und Herumtrödeln

Hecken und Nachbarn

Religion und Politik

Teenager und Studenten

Mixen und Mischen

Männer und Frauen

Liebe und Ehe

SICH RICHTIG ... die Zeit vertreiben

Wir leben in einer so schnelllebigen Gesellschaft, dass uns panische Angst erfüllt bei dem Gedanken, was wir mit unserer Freizeit anfangen sollen. Dabei könnte man in seiner Freizeit rein theoretisch all das in Angriff nehmen, was man eigentlich schon lange machen wollte, wie z. B. seine Steuererklärung ausfüllen oder die Dachrinne sauber machen. Rein theoretisch deshalb, weil diese Aktivitäten genau genommen genauso viel Planung, Hingabe und Fleiß erfordern wie Hochzeitsvorbereitungen. Drei Stunden werden nicht reichen, um den Papierkram bzw. die Leiter zu finden, ganz davon zu schweigen, etwas Konstruktives zustande zu bringen. Also was soll's?

In Ihrer Freizeit kreisen Ihre Gedanken vielleicht für einen Augenblick um Leute, von denen Sie lange Zeit nichts gehört haben. Vielleicht spielen Sie sogar mit dem Gedanken, sie anzurufen oder ihnen einen netten Brief zu schreiben. Aber bedenken Sie die Folgen, die das unweigerlich mit sich bringt, bevor Sie sich ans Werk machen; man verabredet sich und hat sich viel zu erzählen, und im Nu bleibt nicht viel Freizeit übrig.

Sie könnten auch einen kleinen Spaziergang machen. Machen Sie aber nicht den Fehler, in die gleiche Richtung zu marschieren, in die Sie normalerweise mit dem Auto fahren, weil Sie sonst schließlich unversehens auf einer zweispurigen Schnellstraße herumschlendern. Ihr Spaziergang muss vielmehr einem konkreten Zweck dienen: Eine Zeitung kaufen ist nicht schlecht; einen Brief zur Post bringen ist auch nicht schlecht; schreiben Sie einen Leserbrief an die Zeitung, und schon haben Sie genug Gründe für zwei Spaziergänge; vergessen Sie die Briefmarken, kommt ein Dritter hinzu.

Viele Leute, die sehr wenig zu tun haben, verbringen ihre Freizeit vor dem Fernseher mit dem Nachmittagsprogramm.

Das ist, wie frischgestrichener Farbe beim Trocknen zuzuschauen, allerdings weder so bunt noch so sinnvoll. Außerdem wird man nach drei Stunden einer der beiden Tätigkeiten das unangenehme Gefühl nicht los, dass es wohl Zeit ist, wieder zum Arbeiten zu gehen, vor allem, wenn man von Beruf Maler ist. Bleibt zu erwähnen, dass sich das Nachmittagsprogramm hervorragend dazu eignet, den Turbo anzuwerfen und volle Kraft voraus nebenher staubzusaugen.

Leute, die sehr beschäftigt sind, werden gelegentlich auf dem falschen Fuß erwischt, wenn sie unverhofft freie Zeit zur Verfügung haben, und sind gezwungen, in die dunklen Abgründe ihrer sinnlosen Existenz zu starren. In solchen Fällen kann sich ein Hund als nützlich erweisen. Hunde mögen viele Unzulänglichkeiten haben, existenzielle Ängste gehören sicherlich nicht dazu. Hat Sie der Hund einmal an der Leine, haben Sie alle Möglichkeiten dieser Welt: Sie können jemandem nachjagen, etwas beschnuppern, ein Loch buddeln, etwas zu essen finden oder auch zum Drüberpinkeln. Wie eine Spaß-Version des wirklichen Lebens.

Manche Leute setzen sich etwas zu ehrgeizige Ziele in ihrer Freizeit. Klafft in ihrem Terminkalender eine einstündige Lücke, schon beschließen sie, Spanisch zu lernen. Deshalb verkaufen sich Bücher wie *Spanisch in einer Stunde* so gut, und deshalb sprechen auch so viele Leute ein so rudimentäres Spanisch.

Wird man pensioniert, ist das, als ob man seine gesamte Freizeit auf einen Schlag bekommt. Manche Leute stürzen sich dann noch mehr in Arbeit als zuvor, andere bringen es einfach hinter sich und sterben weg. Wer mit ein paar Stunden Freizeit nichts anfangen kann, für den stellt die Ewigkeit eine gewisse Herausforderung dar.

Richtig … übers Wetter reden

Übers Wetter zu reden ist das Salz in der Suppe unserer Gesellschaft. Wie in Russland der Bruderkuss und eine Flasche Wodka; oder in Amerika, wo man jeden abklatscht und ihm sagt, dass man ihn liebt. Man muss dankbar sein für kleine Gaben.

Die klassische Eingangsfloskel für einen gepflegten Tratsch unter Damen beim Einkaufen lautet entweder: «Schönes Wetter heute», oder: «Was für ein Sauwetter.» Halten Sie sich nicht mit irgendwelchen Zwischentönen auf wie: «Heute ist es aber bewölkt.» Findet sich kein Gesprächsthema, greifen Sie zur Allzweckwaffe «Wetterkapriolen». Für den ungewöhnlichen Fall, dass das Wetter tatsächlich von Interesse ist – machen Sie nicht den Fehler, auch nur ein Wort darüber zu verlieren, selbst wenn es 40 Grad über oder 40 Grad unter null hat; beschränken Sie sich auf die Frage: «Ist es Ihnen nicht zu warm / zu kalt?» Und geht ein leichter Wind, kreischen Sie nicht hysterisch etwas von einem Wirbelsturm, wenn Sie irgendwo dazustoßen; Sie machen sich damit nur lächerlich.

Ist das Thema «Das Wetter heute» ausgeschöpft, kann man zu jahreszeitlichen Betrachtungen übergehen. Auch bei uns gibt es verschiedene Jahreszeiten, allerdings nicht in der üblichen Reihenfolge, sondern eher nach dem Muster einer Pizza «Quattro Stagioni»: von allem ein bisschen; und das oftmals an ein und demselben Tag. Außerdem ist es durchaus nichts Ungewöhnliches, dass der Sommeranfang durch heftige Schneefälle gekennzeichnet ist und sich der Winter mit einer Hitzewelle ankündigt. Daher können wir uns den Luxus erlauben, im jeweils darauffolgenden Frühjahr/Herbst anzumerken: «Wir hatten keinen echten Winter/Sommer.»

Langweiler mit grauen Schuhen haben die atemberaubende Fähigkeit, mit sämtlichen meteorologischen Daten der letzten

Jahrzehnte aufwarten zu können. Merkt man an, es sei recht kalt für die Jahreszeit, lässt ihre Standard-Antwort nicht lange auf sich warten: «Letztes Jahr / vor fünf Jahren / im Jahr der Suezkrise hatten wir um diese Zeit minus 20 Grad.» Da hilft nur der Konter: «Stimmt, aber 1792 war der absolute Hammer.»

Lassen Sie sich nie zu meteorologischen Fachsimpeleien hinreißen: Kein Mensch weiß, was eine Wetterfront ist, Meteorologen schon gar nicht. (Völlig grundlos seinen Barometer anzutippen ist eine der bizarrsten Freizeitbeschäftigungen überhaupt.) Laufen Sie zufällig Ihrem Nachbarn über den Weg und erklären ihm, eine Gewitterfront sei ganz offensichtlich im Anmarsch und mit der sei nicht zu spaßen, dann hört der Spaß auf; und es dürfte für die nächsten 15 Jahre das letzte Mal gewesen sein, dass Sie Ihren Nachbarn zu Gesicht bekommen haben. Machen Sie stattdessen lieber etwas volkstümlichere Anmerkungen, wie etwa: «Die Stechpalme trägt reife Beerenfrucht, der Schlehdorn steht in voller Blüte und ebenso die Schaumzikade» usw. Denn dann können Sie auf jeden Fall die sichere Prognose wagen, ein harter Winter stünde bevor. Selbst nach dem mildesten Winter seit Menschengedenken kommt Ihr Nachbar wohl kaum auf die Idee, bei Ihnen vorstellig zu werden und einen Widerruf zu verlangen.

Richtig … warten

Das Übelste am Warten ist das Warten als solches. Man sagt, es dauert ewig, bis Wasser kocht, wenn man es nicht erwarten kann; dies trifft allerdings nur zu, wenn man vor lauter Warten vergessen hat, den Herd anzustellen.

In der Regel ist es eine langwierige Angelegenheit, bis man die Kunst des Wartens beherrscht. Beim Warten unterscheidet man drei Varianten: Warten, bis man an der Reihe ist, auf einen operativen Eingriff warten, und auf den Mann seiner Träume warten. Es kommt nicht selten vor, dass der Mann Ihrer Träume genau in dem Augenblick auftaucht, wenn Sie im OP-Saal an der Reihe wären und Sie dann umgehend die Entscheidung treffen müssen, entweder zu heiraten oder sich die Gallenblase entfernen zu lassen.

Manche Leute haben mit dem Warten kein Problem, da sie eine Engelsgeduld haben. Allerdings muss klargestellt werden, dass sich das im Allgemeinen auf die Geduld des heiligen Radulf («Der Leidgeprüfte») bezieht und nicht auf die des heiligen Kevin («Der Heißblütige»). Andere warten liebend gerne, weil ihnen das Warten eine Entschuldigung nach Maß fürs Nichtstun liefert. Diese Zeitgenossen warten ihr ganzes Leben lang darauf, dass etwas passiert.

Nach Ihrem Tod finden Sie sich vielleicht in einem großen Wartezimmer wieder. Das ist nicht das Wartezimmer für das Jüngste Gericht. Sie sind bereits verurteilt und befinden sich in der Hölle. Suchen Sie im Zweifelsfall nach dem Riesenstapel *Die Welt der Frau*.

Jeder Erwachsene verbringt im Schnitt 12 Prozent seines Lebens mit warten. Daher stellt sich im Leben per se immer wieder die Frage: «Warum wartet man eigentlich?» Die Antwort lautet, weil Sie jemand warten lässt; und zwar aus dem Grund, weil die

Sache nicht warten kann, in der er gerade unterwegs ist. Das ganze Geheimnis zur Verkürzung der permanenten Wartezeiten besteht also darin, selbst zur Chefsache zu werden, die nicht warten kann.

Richtig ... eine Sonntagszeitung lesen

Kaum ist die Sonntagszeitung im Haus, gibt es immer leichten Zoff, wer den politischen Teil zuerst lesen darf; es gilt der Grundsatz, wer am Zeitungskiosk war, ist zuerst an der Reihe. Kommt die Zeitung per Abo ins Haus, ist derjenige zuerst dran, der sich bereit erklärt, nach unten zu gehen und Tee zu kochen.

Gehen Sie zunächst einmal leer aus, können Sie den Gesellschaftsteil lesen mit so interessanten Themen wie: «geschlechtsspezifische Klischees und Diskriminierung». Und sind Sie ein echter Kerl, lesen Sie den Sportteil mit der Auto-Sonderbeilage.

Als Nächstes widmen Sie sich dem Teil mit den Stellenanzeigen: Sind Sie auf Stellensuche, verbringen Sie den ganzen Sonntag damit, die Stellenangebote genau unter die Lupe zu nehmen; suchen Sie keine Stelle, überfliegen Sie lediglich ein paar Anzeigen und vergleichen das aktuelle Gehalt eines Regierungspräsidenten im Bezirk Ostwestfalen-Lippe mit Ihrem eigenen Salär. Für einen Moment liebäugeln Sie mit einer Karriere in der Kommunalverwaltung, bevor Sie sich ins Gedächtnis rufen, dass die meisten der angebotenen Stellen den vorherigen Stelleninhaber entweder zur Kündigung oder zum Selbstmord trieben.

Haben Sie den Teil mit den Stellenanzeigen schließlich hinters Sofa geworfen, ziehen Sie die bunte Kinderbeilage hervor und geben sie Ihrer Frau mit den Worten: «Hier, für dich.» Diesen Witz müssen Sie 20 Jahre lang konsequent wiederholen, wenn er die gewünschte Wirkung erzielen soll. In einem weiteren Zeitungsteil taucht das Zeichen @ auf: Damit wird auf unverblümte Einblicke in die Welt von Website und Computer hingewiesen. Dieser Teil wird immer umfangreicher und führt uns vor Augen, wie dicht wir an der Schwelle zur digitalen, papierlosen Gesellschaft stehen.

Die bunten Beilagen schnappt man sich immer zuerst, in

der irrigen Annahme, es sei etwas drin. Diese Beilagen müssten eigentlich Sofa-Beilagen heißen, da in 99 Prozent der Fälle in ganzseitigen Farbanzeigen für teure Sofas geworben wird, und auf der Rückseite in kleineren Farbanzeigen für Sofas, die alle 699 Euro kosten. Außerdem fallen in diesem Teil drei weitere Dinge auf. Auf der Vorderseite sind zwei Leute zu sehen, die jeweils über den anderen etwas zu sagen haben, und auf der Rückseite gibt jemand etwas über sich selbst zum Besten. (Ähnlich wie in Boulevardzeitungen, wo es sich allerdings um tierische Darsteller handelt.) Und schließlich sind da noch vier Seiten mit Farbfotos, auf denen die neuesten Trends aus der Welt des Sex-and-Crime zu erkennen sind – nicht selten in Verbindung mit einem Sofa.

RICHTIG … herumtrödeln

Das Beste, was einem in Hausschuhen passieren kann, ist, herumzutrödeln. Im Wesentlichen geht es beim Herumtrödeln darum, Dinge zu tun, die im Grunde genommen überflüssig sind. Oft geht es los mit ein bisschen oberflächlichem Reinemachen: Man räumt ein Telefonbuch weg, findet ein altes Foto, und bevor man sich's versieht, sitzt man auf dem Dachboden und schaut sich seine alten Alben an.

Der Einstieg ist der schwierigste Part beim Herumtrödeln, da man so viele Gänge herunterschalten muss wie sonst nur im Alter oder während einer Rekonvaleszenz. Hat man sich jedoch einmal damit abgefunden, dass nichts Dringendes ansteht, es im Fernsehen nichts Sehenswertes anzuschauen gibt und dass weit und breit niemand zuneigungsbedürftig ist, kann man sich getrost dem Herumtrödeln hingeben.

Beim Herumtrödeln gilt eine Kleiderordnung, die man unbedingt beachten sollte. Pantoffeln oder uralte Hausschuhe sind eine *conditio sine qua non*; eine Wolljacke oder andere klobige Strickerzeugnisse *de rigueur*; und eine Cord- oder wahlweise eine Trainingshose *Ich bin ein Berliner*. Diese Aufmachung erfordert natürlich die absolute Gewissheit, dass man beim Herumtrödeln von niemandem gestört wird, denn wer will schon wie ein Penner dastehen.

Männer sind seit jeher die ungekrönten Könige des Herumtrödelns, man könnte im Grunde genommen auch sagen, der konstruktiven Faulheit. Sie haben sogar eine geheiligte Stätte für diesen Zweck, einen Schuppen nur zum Herumtrödeln. Männer können Stunden, wenn nicht Tage, damit verbringen, Schrauben unterschiedlicher Größe zu sortieren, Teerfarb-Büchsen zu beschriften und alte Teppichfliesen zu verlegen. Sie gehen sogar derart in dieser Tätigkeit auf, dass es praktisch unmöglich ist, sich Zeit zu nehmen für so banale Dinge wie eine undichte Gasleitung im Haus.

Da Frauen ohnehin den Großteil an Hausarbeit erledigen, beschränkt sich ihr Herumtrödeln darauf, die kleineren Arbeiten zu meiden, die um das Haus herum anfallen, und sich lieber einer Packung Schokoladenkekse zu widmen, die, einmal angebrochen, natürlich aufgegessen werden muss. Dies geschieht während der Lektüre einer alten Illustrierten, vorzugsweise mit einem pikanten Artikel über die zerrütteten Familienverhältnisse eines Fernsehstars. Tunkt man die Kekse in eine überdimensionale Teetasse, kann eine Packung bis zu einer Stunde halten, vor allem, wenn man immer nur einen Keks auf einmal isst.

Sind Sie sich unschlüssig, wie Sie Ihr Herumtrödeln am besten anfangen – die zweite Küchenschublade ist immer einen Versuch wert; nicht die mit dem Besteck, sondern die mit den Sicherungen, dem Tesafilm und der Bedienungsanleitung für die Mikrowelle. Kochen Sie sich eine schöne Tasse Tee, und bringen Sie Ordnung in diese Schublade. Stoßen Sie dabei auf ein paar alte Fahrradschlüssel für ein Rad, das sich längst nicht mehr in Ihrem Besitz befindet, während es draußen anfängt zu regnen und im Hintergrund leise das Radio spielt, dann haben Sie den Olymp des Herumtrödelns erreicht.

Richtig ... Dinge sammeln

Es gibt zwei Arten von Sammlungen: faszinierende Gegenstände voller Vielfalt und Schönheit, sprich: die eigene Sammlung, sowie die Anhäufung von altem Plunder, sprich: die Sammlung von jemand anders. In der Regel können sich Männer eher fürs Sammeln begeistern als Frauen. Das liegt daran, dass sie immer noch Jäger und Sammler sind und es ihnen nach wie vor tiefste Befriedigung verschafft, einer Beute nachzujagen, sie zu erlegen und triumphierend ein kleines blaues viktorianisches Arzneifläschchen mit nach Hause zu bringen.

Zwischen Sammeln und Horten existiert nur ein schmaler Grat. Es mag Leute geben, deren Küchenschrank aus allen Nähten platzt mit allen möglichen Marmeladensorten, hübsch beschriftet und sortiert, aber niemand käme auf die Idee, sie als Marmeladensammler zu bezeichnen. Die Regel besagt: Wer seine Sammlung aufisst, ist kein echter Sammler. Dabei führt jede noch so kleine Andeutung eines Verzehrs dazu, nicht als Sammler zu gelten: Briefmarken abzulecken ist ein ganz großes Tabu oder – Gott bewahre – einen wertvollen Brief zu versenden. Unter Lokomotivnummern-Sammlern gilt es als unverzeihliches Verbrechen, die Nummer eines Zuges für seine Sammlung zu notieren, um daraufhin selbigen Zug zu nehmen.

Jede Sammlung weist drei Bestandteile auf. Da sind zunächst die gesammelten Objekte als solche, und zwar eines unmittelbar neben dem anderen. Ein Bierkrug mit Zinndeckel im eigenen Haus und einer in der Nachbarschaft haben nichts mit einer Sammlung zu tun, in diesem Fall handelt es sich vielmehr um zwei einzelne Bierkrüge mit Zinndeckel, die rein gar nichts miteinander zu tun haben. Aus diesem Grund sind der zweite elementare Bestandteil jeder Sammlung eine Vitrine, ein Album, eine Kladde oder flache Mahagoni-Schubfächer. Befindet sich die

Sammlung einmal an ihrem Platz, kommt der dritte und wichtigste Bestandteil ins Spiel: die Systematik. Also das Register, die Auflistung, die Reihenfolge, die Anordnung oder ganz allgemein das allumfassende gedankliche Grundgerüst, das Ihren fünf Matchbox-Autos erst einen Sinn verleiht.

Banal betrachtet sammeln Leute alle möglichen Dinge, um ein Stück Ordnung in unsere chaotische Welt zu bringen. Besessene Sammler führen oft ein chaotisches Leben. Wer sein Haus mit einer halben Million fünf Zentimeter großer Bleisoldaten aus den napoleonischen Kriegen vollgestopft hat, ist mit größter Wahrscheinlichkeit nicht in der Lage, normale zwischenmenschliche Beziehungen aufzubauen. Ganz abgesehen von der ständigen Gefahr einer schweren Bleivergiftung.

Es ist ein unumstößliches Gesetz, dass Leute genau die Dinge sammeln, die ihnen unterbewusst in ihrem Leben fehlen: Briefmarkensammler haben ein Kommunikationsproblem, Lokomotivnummern-Sammlern fehlt es an Macht und Entschlossenheit, Bierdeckelsammlern an Saufkumpanen, und Sammler seltener Fußball-Sendungen vermissen seltene Fußball-Sendungen. Die traurigsten Gestalten von allen sind jedoch die Sammler seltener Vogeleier; sie können ihrem Leben keine schöne oder wertvolle Seite abgewinnen, weshalb sie sich genötigt sehen, die schönsten und wertvollsten Lebewesen auf dieser Welt dieser Werte zu berauben.

Ist die Sammlung eines Tages unglücklicherweise komplett, hat der Sammler ein Problem und sieht sich in seinem Leben nicht selten einer gähnenden Leere gegenüber. Aber glücklicherweise haben Sammler eine Methode entwickelt, um dieses Problem zu umgehen: Mikro-Spezialisierung heißt das Zauberwort; bei dieser Methode spezialisiert sich der Sammler einfach auf ein Untersegment der eigenen Sammlung. Die Kehrseite der Medaille besteht allerdings darin, dass man weltweit der einzig lebende Sammler in diesem Mikro-Segment ist, sodass auch diese Sammlung rasch vollständig sein dürfte. Als letzte Verzweiflungstat legt man schließlich seine Briefmarkensammlung beiseite und fängt an, Pinzetten für Briefmarkensammler zu sammeln.

RICHTIG … puzzeln

Ein Puzzle ist nichts anderes als der Versuch der Machtlosen, ein Stück Ordnung in unsere chaotische Welt zu bringen. Entweder das oder schlicht ein paar lustig geformte Einzelteile, die man zusammensetzt. Ein Puzzle ist wie ein Fläschchen Beruhigungspillen. Schüttelt man die Packung, entsteht das gleiche Geräusch, es beruhigt die Nerven, und normalerweise schafft man nicht alles auf einen Schlag, es sei denn, man ist tief deprimiert.

Durch seine Standardform (jedes Teil sieht aus wie eine Kombination aus heruntergezogenen Mundwinkeln und abstehenden Ohren) passt jedes Teil nur an eine bestimmte Stelle; man kann die einzelnen Teile also nicht einfach hinknallen und dann so tun, als müsse am Schluss dabei eine surrealistische Collage herauskommen. Man muss die einzelnen Teile eines Puzzles mit Behutsamkeit zusammenfügen; der Gebrauch von Hammer, Klebstoff, Schere oder sonstigen Gerätschaften ist ein untrügliches Zeichen dafür, dass das Puzzle in anderen Händen besser aufgehoben wäre.

Ab 200 Teilen aufwärts bewegt man sich im ernst zu nehmenden Puzzle-Bereich; ein Puzzle mit 1000 Teilen hält eine durchschnittliche erwachsene Person für drei Tage von der Straße fern; und eines mit 5000 Teilen entspricht einer Freiheitsstrafe von 30 Tagen. Untersuchungen haben gezeigt, dass in Großbritannien zu jeder Zeit mehr Leute mit einem Puzzle beschäftigt sind als in der Fertigungsindustrie.

Die Leute entwickeln ein Elefantengedächtnis, wenn es um ihr Puzzle geht. Wenn jemand seit vier Jahren damit beschäftigt ist, die Hamburger Skyline aus 5000 Einzelteilen zusammenzupuzzeln, ist er alles andere als erpicht darauf, dass Sie hereinschneien und eine olle Seemöwe auf die Schnelle einfügen. Es macht keinen großen Spaß, ein und dasselbe Puzzle immer wieder zu machen, also braucht man ständig Nachschub an neuen Puzzles. Ein wichtiger Hinweis in diesem Zusammenhang: Kaufen Sie niemals ein Puzzle auf einer Wohltätigkeitsveranstaltung, weil grundsätzlich immer drei Teile fehlen.

Wenn Sie sich jemals gefragt haben, warum Sie eigentlich einen Esszimmertisch mit sechs passenden Stühlen haben, wo doch die Anzahl Ihrer Familienmitglieder und Freunde zusammen weit unter dieser Zahl liegt, werden Sie zu dem Schluss gekommen sein, weil dies der einzige Platz im ganzen Haus ist, wo Sie ungestört ein Puzzle machen können. Und noch ein Tipp: Vergewissern Sie sich, dass Ihr Tisch wirklich größer ist als Ihr Puzzle, oder Sie müssen eine Ecke des Puzzles auf einem separaten Beistelltisch zusammensetzen.

Der Schwierigkeitsgrad eines Puzzles hängt nicht zuletzt von seinem Motiv ab. Blauer Himmel über verwaistem Meer ist der Albtraum schlechthin für jeden Puzzler, zumal wenn aus irgendeinem Grund die Eckteile des Puzzles fehlen. Ohne jegliches Motiv als optischen Anhaltspunkt muss man jedes einzelne Teil an jeder einzelnen Stelle ausprobieren, ein Aufwand, der in etwa der Arbeit zur Entschlüsselung des Enigma-Codes im Zweiten Weltkrieg entspricht. Die Tatsache, dass zwei Prozent der Bevölkerung über siebzig gegenwärtig mit derartigen Aktivitäten beschäftigt sind, hat etwas Beängstigendes. Vielleicht glauben sie, ihr Tun sei von nationaler Bedeutung. Hält es sie vom Crackrauchen ab, dann vielleicht.

Richtig ... einen Schuppen haben

Was für eine Frau ihre Handtasche ist, ist für einen Mann sein Schuppen. Ein Ort intimster Privatsphäre mit allen Utensilien, um den Herausforderungen der Welt von heute gewachsen zu sein. Genauso wenig, wie ein Mann mit einem Minimum an Anstand jemals auf die Idee käme, ungefragt die Handtasche einer Frau zu durchwühlen, würde eine vernünftige Frau auch nur im Traum daran denken, einen Fuß in den Heimwerker-Schuppen eines Mannes zu setzen.

Die Handtasche einer Frau riecht nach Kupfer, Leder und Lavendel. Der Schuppen eines Mannes nach Benzin, Teerfarbe und Rost. Niemand geht davon aus, dass eine Damenhandtasche nach Benzin und Teerfarbe riecht, und es riefe völlig zu Recht einen tiefen Argwohn hervor, wenn der Schuppen eines Mannes nach Leder und Lavendel riechen würde.

Der Schuppen eines männlichen Durchschnittsbürgers ist wie die Zurschaustellung seines Gemütszustandes, weshalb die Anschaffung eines dicken Vorhängeschlosses Priorität hat. Jeder Schuppen muss mit einer Schaufel ausgerüstet und, egal, wie vollgepackt er ist, leicht zugänglich sein, ohne dass man in besagte Schaufel tritt. Zur Grundausstattung gehört auch ein kleiner ausrangierter Aktenschrank mit einem akribisch geordneten Sortiment an Schrauben und Nägeln. Kein Mensch weiß, woher diese Schrauben und Nägel stammen, und kein Mensch weiß, wofür sie jemals Verwendung finden. Ihr Sinn und Zweck bestehen lediglich darin, sortiert und akkurat abgelegt zu werden.

In jedem Schuppen schießen alte Blechdosen ins Kraut wie Pilze aus dem Boden, und, wie Pilze, sind viele davon extrem giftig. In dieser Ansammlung von Blechdosen finden sich natürlich auch Holzbeize und Klarlack, einst zum Beizen und Lackieren des neuerbauten Schuppens gebraucht und seitdem nie wieder.

Der Rasenmäher hat im Schuppen einen Ehrenplatz, so wie der Geldbeutel einen Ehrenplatz in der Handtasche hat. Schließlich ist er ein Symbol der Unabhängigkeit und der Macht über die Launen der Welt da draußen. Also halten Sie sich zurück mit Bemerkungen über die Größe des Rasenmähers eines anderen.

Die goldene Regel besagt, im Schuppen nichts auf den Boden zu stellen, was man an die Wand hängen kann. Zwiebelgebinde, Rechen, Fahrräder oder Paddelboote kann man ausnahmslos aufhängen, was ihrer Qualität sogar förderlich ist, wie die Erfahrung zeigt. Allerdings ist darauf hinzuweisen, dass ein echter Kerl niemals seinen Rasenmäher aufhängt, genauso wenig, wie er Tangas trägt. Man kann vielleicht einen kleinen Plastikföhn aufhängen, aber keinesfalls einen echten Rasenmäher.

In jedem Schuppen ist entweder ein großes Sortiment Kartoffeln eingelagert oder ein großes Sortiment Pornohefte. Beides sollte man nach Möglichkeit nicht verwechseln und an einem Sonntagmorgen voller Stolz mit einem Korb voller Pornohefte in die Küche marschieren. Gleichermaßen ist es von Vorteil, sich von Kartoffeln nicht allzu sehr erregen zu lassen.

Ertappen Sie sich dabei, den Schuppen mit einem Teppich auszulegen und einen Anschluss für Kabelfernsehen zu verlegen, ist es wahrscheinlich an der Zeit, einen Gedanken an den Zustand Ihrer Ehe zu verschwenden. Stellen Sie fest, dass Ihre Frau eigentlich mit einem anderen Mann zusammenlebt und mit ihm zwei weitere Kinder hat, dann verbringen Sie mit an Sicherheit grenzender Wahrscheinlichkeit zu viel Zeit in Ihrem Schuppen.

Richtig ... spazieren gehen

Spaziergänge haben hauptsächlich zwei Beweggründe: zum einen das Bedürfnis nach frischer Luft und zum anderen das Bedürfnis, aus dem Haus zu kommen. Es ist interessant, wie in ein und demselben Haus die Frischluftmenge proportional abnimmt mit steigender Anzahl an angeheirateten Familienmitgliedern. Für einen Spaziergang braucht man nur zwei Dinge: seine Schlüssel und eine alte Jacke. Ertappen Sie sich dabei, wie Sie einen Rucksack packen, dann laufen Sie Gefahr, wandern zu gehen, und das ist ein Extremsport für Rentner.

Die alte Jacke ist auf einem Spaziergang unersetzlich, da ihre Taschen Ihre Lebensgeschichte erzählen wie ein Sammelalbum. Es kommt eine entwertete Eintrittskarte zum Vorschein, aus der Zeit, als Ihre alte Jacke noch neu war und mächtig in. Greifen Sie tiefer in die Tasche, finden Sie den Schlüssel für die Hintertür, für dessen Verlust Sie Ihrer Frau jahrelang übelste Vorwürfe gemacht haben. Mit viel Glück taucht noch ein Bonbon auf, allerdings ohne Bonbonpapier. Die Schutzschicht aus Dreck und Staubflusen lässt sich durch kurzes, energisches Lutschen leicht beseitigen.

Setzen Sie sich vor jedem Spaziergang, so kurz er auch sein mag, ein Ziel, weil Sie sich sonst unschlüssig sind, welche Richtung einzuschlagen ist, wenn Sie die Haustüre hinter sich zugezogen haben. Der Laden an der Ecke ist immer ein dankbares Ziel, dort können Sie Sachen kaufen, die Sie eigentlich schon seit Jahrzehnten kaufen wollten, wie etwa eine Glühbirne für den Spiegel im Badezimmer oder weiße Schnürsenkel für Ihre Tennisschuhe. Es spielt keine Rolle, wenn es in dem Laden diese Artikel nicht gibt, da Sie auf Ihrem Spaziergang ohnehin nichts damit anfangen könnten. Einmal um den Block zu gehen kann nie schaden, vergewissern Sie sich allerdings vorher, dass Sie dafür keinen Stadtplan brauchen. Sonst verlaufen Sie sich und sind stundenlang unterwegs, und jeder Spaziergang verliert schließlich seinen therapeutischen Effekt, wenn man gezwungen ist, nach Hause zu trampen.

Auf einem kurzen Spaziergang erübrigt es sich, die Aussicht zu genießen, schließlich leben Sie hier und sind Teil dieser Aussicht. Anstatt dessen können Sie den Leuten ins Wohnzimmer schauen und sehen, welches Fernsehprogramm läuft. Und haben Sie eine Fernbedienung dabei, müssen Sie noch nicht einmal auf Ihre Lieblingssendung verzichten. Sie können auch die Bekanntmachungen lesen, die an Telegraphenmasten hängen. Meist handelt es sich dabei um Baugenehmigungsanträge zur Erweiterung des Anwesens Nummer 17. Auf diese Art und Weise erfahren schließlich auch Sie etwas über die Baupläne Ihrer Frau.

Auf jedem Spaziergang lauert die Gefahr, jemanden zu treffen, der ebenfalls einen Spaziergang macht. Greifen Sie in diesem Fall auf die klassische Abschüttel-Technik zurück: ein bisschen Smalltalk im Vorbeigehen, um sich schließlich aus dem Staub zu machen und weiterzugehen. Hatten Sie ursprünglich vor, einmal um den Block zu gehen, brechen Sie Ihr Vorhaben an dieser Stelle am besten ab, sonst treffen Sie den gleichen Spaziergänger auf der anderen Seite des Blocks noch einmal; und Ihr Smalltalk-Potenzial ist bereits jetzt bedrohlich ausgeschöpft.

Richtig ... angeln

Ein Angler ist per definitionem ein Mann, der die hässlichste Seite des Wetters der schönsten Seite seiner Frau vorzieht.

Angeln ist eine der beliebtesten Sportarten schlechthin. Eigentlich sind die Fische die Einzigen, bei denen sich die Beliebtheit in Grenzen hält, für sie ist der ganze Sport etwas unter ihrer Würde (bzw. darüber, aus ihrem Blickwinkel).

Für einen Angler ist es Ehrensache, eine gewaltige Ausrüstung zu besitzen und diese mit allem Drum und Dran auf einem betagten Fahrrad durch die Gegend zu karren; man könnte meinen, er sei Mitglied der Kradstaffel des Berliner Polizei-Motorsport-Clubs beim Einzeltraining für eine Pyramidenformation. Was dem Strandgänger sein Badetuch, ist dem Angler seine Rute. Sie dient hauptsächlich dazu, anderen Anglern gegenüber das eigene Revier am Ufer abzustecken, und erst in zweiter Linie dazu, den Fischen einen Tipp unter Freunden zu geben, welchen Bereich sie möglichst meiden sollten. Außerdem besitzen Angler ein riesiges Netz, das eigentlich als Schleppnetz über die Reling eines Hochsee-Trawlers hängen müsste. Dadurch entsteht der Eindruck, als stünde ein gewaltiger Fang bevor. In Wirklichkeit bilden sämtliche Netze aller Angler unter Wasser ein großes Netz, sodass jeder Angler ein bisschen was von dem einen winzigen Fischchen hat, das im Laufe des Tages anbiss.

Viele Angler bringen einen großen Plastikeimer mit lebenden Maden mit. Dieser dient gewöhnlich als kommunikatives Hilfsmittel, da Angler im Kommunikationsbereich notorische Defizite aufweisen. Und die Wuseligkeit der verschiedenen Maden zu vergleichen ist ein einfacher und unverfänglicher Gesprächseinstieg. Außerdem sind die Maden die letzten Zeitzeugen, als man von seiner Frau zum ersten und gleichzeitig letzten Mal mit einem Lunchpaket bedacht wurde.

Was ein echter Angler ist, der verschmäht rauschende Gebirgsflüsse, wo es von Forellen nur so wimmelt; dann könnte er ja gleich sein Netz an der Fischtheke des örtlichen Supermarkts auswerfen. Stattdessen entscheidet er sich für das verschmutzteste ruhende Gewässer weit und breit, unter der theoretischen Annahme, dass die Fische unter diesen Umständen genauso erpicht darauf sind, gefangen zu werden, wie der Angler, etwas zu fangen.

Beim Fliegenfischen handelt es sich um eine fortgeschrittene Variante des Angelns, bei der man die Angelschnur in die Luft auswirft, in der Hoffnung, eine Fliege zu erwischen. Klingt kompliziert, aber die Chance, auf diese Art eine Fliege zu fangen, ist gleich groß, wie einen Fisch zu fangen. Fliegenfischer tragen oft Hüte, die mit bunten Ködern bedeckt sind; dies zeigt, wie oft die Angelhaken von Kollegen beim Auswerfen direkt auf ihrem Hut gelandet sind, und erklärt, warum Angeln unter die Rubrik «gefährliche Sportarten» fällt.

In der Kneipe kann man nicht selten Angler beobachten, wie sie mit weit aufgerissenen Augen und wild gestikulierend lebhafte Geschichten zum Besten geben. In Wirklichkeit haben 90 Prozent aller Angler jedoch nie einen Fisch zu Gesicht bekommen, und dementsprechend groß ist die Überraschung, wenn der dicke, knusprige Backteig drum herum plötzlich fehlt.

Sport und Training ●

Krankheit und Gesundheit ●

Kochen und Essen ●

Mode und Wellness ●

Schlafen und Wachsein ●

Faulenzen und Herumtrödeln ●

Hecken und Nachbarn ●

Religion und Politik ●

Teenager und Studenten ●

Mixen und Mischen ●

Männer und Frauen ●

Liebe und Ehe ●

Richtig … Nachbarn haben

Die lieben Nachbarn haben manchmal die Eigenschaft, Ihnen mehr auf die Pelle zu rücken als jeder, der seine Füße unter Ihren Tisch streckt.

Die besten Nachbarn sind solche, von denen man nichts sieht, hört oder riecht. Und die schlimmsten solche, von denen man weit mehr sieht, hört oder riecht, als einem lieb ist. Es gibt auch die gefährliche Sorte Nachbarn, mit denen man sich derart gut versteht, dass man schließlich gezwungen ist, nach einem Partnertausch eine andere Bleibe zu suchen, um von den Nachbarn wegzukommen, mit denen man einmal verheiratet war.

Grundsätzlich trifft man seine Nachbarn nur zu zwei Anlässen: beim eigenen Einzug und bei deren Einzug. Deshalb spricht vieles für einen Umzug bei Nacht. Der ideale Kompromiss wäre, den Namen der Nachbarn zu kennen, darüber hinaus jedoch nichts über sie zu wissen. Und mit der Floskel: «Morgen, Klaus, wunderschöner Tag heute», können Sie bei einem Nachbarschaftsplausch nichts falsch machen, vor allem, wenn Ihr Nachbar Klaus heißt.

Im Laufe des letzten Jahrhunderts ist die Körpergröße des Durchschnittsnachbarn um 15 Zentimeter gestiegen. An der Höhe von Gartenzäunen hat sich in dieser Zeit jedoch nichts geändert, sodass in vielen Fällen Ihr Nachbar im Stehen Ihr ganzes Grundstück einsehen kann. Ein altes englisches Sprichwort besagt: «My home is my castle», bleibt hinzuzufügen: «und mein Gartenzaun die Burgmauer.» Pflanzen Sie an der Grenze zum Nachbargrundstück Zypressen, kommt das einer formalen gartenbaulichen Erklärung gleich, dass Sie ab sofort zu keiner Zeit mehr vorhaben, noch einmal ein zivilisiertes Wort mit Ihrem Nachbarn zu wechseln.

Früher waren Nachbarn noch Leute, von denen man sich Zucker borgen konnte. Was allerdings genauso anstößig war, wie Bäume zu pflanzen, weil ein Paket Zucker die komplette Monatsration einer ganzen Familie darstellte.

In einer Stadtwohnung hat man Nachbarn einen Stock höher und einen Stock tiefer. Man lernt schnell, sie zu hassen, wenn man ständig ihren Fernseher hört, vor allem, wenn sie auf ganz andere Sendungen stehen. Auf ländliche Verhältnisse übertragen, wäre das in etwa so, als würde die Kuh eines anderen Bauern auf Ihrer Weide grasen, und dann ausgerechnet eine Kuh anderer Rasse.

Manche Menschen, vor allem in Vorstadtsiedlungen, verstricken sich bis zur Besessenheit in die Vorstellung, unbedingt mit den Nachbarn mithalten zu müssen. Das liegt daran, dass Leute, deren Häuser identisch sind, sich von den anderen durch teure Anschaffungen abheben wollen. Dies schlägt sich oft nieder in Autos, die in der Auffahrt stehen, in der Auffahrt selbst und der technischen Raffinesse des automatischen Garagentoröffners. Achten Sie beim Hauskauf darauf, von vornherein zusätzlich 10 Prozent der Hypothekensumme für derartige Zwecke einzukalkulieren. War Ihr Nachbar genauso schlau, gönnen Sie sich 20 Prozent.

Normalerweise gibt es in Ihrem Haus eine Stelle, von wo aus Sie sehen können, was Ihre Nachbarn zu Hause machen. Dies kann der Ausgangspunkt für ein so unbeschwertes wie gesetzwidriges Vergnügen sein, bis Ihnen klar wird, dass es im Haus Ihrer Nachbarn genauso eine Stelle gibt, von wo aus sie sehen können, was Sie zu Hause machen. Gehen Sie rüber, borgen Sie sich Zucker, und finden Sie's raus.

Richtig ... eine Bürgerwehr aufstellen

Das oberste Ziel einer Bürgerwehr besteht darin, die Augen nach verdächtigen Aktivitäten offen zu halten. Oft fällt der erste Verdacht auf den Rentner, der seine Runden dreht und in die Häuser anderer Leute stiert. Bevor Sie Ihren ersten verdächtigen Bürger zur Strecke bringen, sollten Sie daran denken, dass sich nach dessen Festnahme in der Regel herausstellt, dass es sich bei der betreffenden Person um ein Gründungsmitglied der Bürgerwehr Ihres Viertels auf seiner Kontrollrunde handelt.

Üblicherweise betrachtet sich eine Bürgerwehr als den militanten Flügel des Gemeinderats. Nicht selten wird die Gruppe von einem Bürger gegründet, der glaubt, ihre Hauptfunktion bestünde darin, alle Anwohner dazu zu bewegen, ihm beim Aufbau eines kleinen Polizeistaats zuzuschauen.

Mitglieder einer Bürgerwehr sind leicht zu erkennen. Zum einen prangt das kleine Bürgerwehr-Wappen an ihrer Tür. Bei der anderen todsicheren Erkennungsmethode strahlt man ein potenzielles Mitglied mit UV-Licht an. Man wird dann feststellen, dass der Mensch eine unsichtbare Nummer mit seiner Postleitzahl trägt, um sicherzugehen, dass er tatsächlich aus dem Viertel stammt und es sich nicht um einen Herumtreiber aus einem anderen Viertel handelt.

Der Bürgerwehr liebstes Kind ist es, den Anwohnern auf die Finger zu schauen, normalerweise vom Wohnzimmer aus, mit einer Tasse Kaffee, einer Rolle Doppelkekse und einem gewaltigen Fernrohr, mit dem man noch fünf Straßen weiter die Bettlektüre jedes Anwohners lesen kann.

Jedes Bürgerwehr-Mitglied ist darauf geschult, verdächtige Umtriebe auszumachen, oftmals, bevor überhaupt ein Verdachtsmoment besteht. Jeder hat es vor allem auf die Erfassung verdächtiger Lieferwagen abgesehen, da Lieferwagen das bevorzugte Transportmittel von kriminellen Elementen sind bzw. der Arbeiterklasse, wie diese Elemente auch genannt werden.

Dem wachen Auge der Bürgerwehr entgeht im Viertel rein gar nichts. Während der Hund den Gehweg verunreinigt, liest sein Halter den Baugenehmigungsantrag am Laternenpfahl zur Erweiterung des Anwesens Nummer 49, um daraufhin mit der Bürgerwehr gegen das Projekt mobil zu machen für den Fall, es könnte zur örtlichen Crackhöhle werden.

Die Dienstkladde ist der Heilige Gral der Bürgerwehr. In ihr werden alle verdächtigen oder erwähnenswerten Vorfälle festgehalten. Dazu gehört von vornherein grundsätzlich jegliche Art räumlicher Bewegung. Treten Sie der Bürgerwehr bei, sitzt der Schreck tief, wenn Sie feststellen, dass Sie auf Schritt und Tritt verfolgt wurden, seitdem Sie im Viertel wohnen, und dass heimlich ein Psycho-Profil über Sie erstellt wurde, um es mit dem gängiger Verbrechertypen abzugleichen.

In der Regel sind Bürgerwehren harmlos, allerdings sollte es Ihnen zu denken geben, wenn das Tragen von Armbinden und das Singen von Märschen Pflicht sind. Befürchten Sie, die Dinge könnten außer Kontrolle geraten, gründen Sie am besten Ihre eigene Bürgerwehr zur Kontrolle der anderen Bürgerwehren.

RICHTIG ... gärtnern

Ihre Gartengeräte sagen viel aus über Ihre Vorlieben als Gärtner: Blumenkelle und Kleingrubber bedeuten, Sie sind der Primel- und Wicken-Typ; Schubkarre und Sämaschine weisen Sie als den Kartoffel- und Kürbis-Typen aus; und Betonmischer und Steckschlüsselsatz verraten, dass Sie am liebsten einen Ford Sierra aus vierter Hand in Ihrem Garten stehen hätten.

Haben Sie einmal ein paar Stunden draußen an der frischen Luft zugebracht, verspüren Sie einen tiefen inneren Frieden, der lediglich etwas ins Wanken gerät, wenn Sie sich eine Heugabel durch den Fuß gerammt haben. Gartenarbeit hat den großen Vorteil, bestens auf jegliche Gesellschaft verzichten zu können, weshalb es etwas kurios erscheint, wenn jemand plötzlich seinen Garten für die gesamte Öffentlichkeit freigibt, nachdem er ihn jahrelang gehegt und gepflegt hat.

Ein echter Gärtner ist am meisten angetan von seinem Komposthaufen, sprich, von dem Ort, wo man seine Küchenabfälle hinwirft, damit sie verwesen und zu wertvollem Dung für das Gemüsebeet werden. Würde man vorneweg etwas weniger Gemüse anbauen, fielen selbstverständlich auch weniger Küchenabfälle an, und man würde nicht diesen ganzen stinkenden Kompost produzieren.

Gartenarbeit wird zum puren Vergnügen, wenn Sie in Ihrer Lieblings-Cordhose und Lieblings-Strickjacke nach draußen gehen und einfach so tun können, als seien es Ihre Gartenklamotten. Mit ein bisschen Kompost werden aus normalen Kleidern im Handumdrehen Gartenklamotten.

Eines der beliebtesten Rituale im Garten ist das Gartenfeuer, wo man jegliche Art von Gartenabfällen verbrennt, zusammen mit ein paar Kleidern Ihrer Frau, die Sie scheußlich finden. Für ein authentisches Gartenfeuer schichtet man Unmengen feuchtes Laub auf, so steigen riesige beißende Rauchwolken auf, die geradewegs Kurs nehmen auf die frischgewaschene Wäsche Ihres Nachbarn. Denken Sie daran, dass alles im Garten brennt, wenn Sie nur das Verhältnis von einem Eimer Laub zu 25 Liter Kerosin beachten.

Man braucht keine 150 Hektar erstklassiges Ackerland, um passionierter Gärtner zu werden. Es ist verblüffend, was man aus ein paar Terrakotta-Töpfen und ein paar Blumenkästen alles machen kann. Mit etwas Hingabe ist es möglich, eine achtköpfige Familie ausschließlich mit Produkten aus kontrolliert-biologischem Anbau zu ernähren (wenn man erst einmal das Marihuana aus den Terrakotta-Töpfen verkauft hat, versteht sich).

Das Herz jedes Gärtners schlägt höher, wenn er seine Pflanzen wachsen sieht, nicht jedoch, wenn die Pflanzen wild ins Kraut schießen. Unkraut kann über Nacht über einen Meter hoch werden, weshalb Gärtner genau genommen die meiste Zeit damit verbringen, irgendetwas zurückzustutzen, zu verbrennen, einzusprühen oder zu beschneiden, mit einem Wort: die Natur zu vergewaltigen.

Einen echten Gärtner erkennt man daran, dass er mehr an sein Gemüse als an seine Familie denkt, wenn er von zu Hause weg ist, und zuerst in Windeseile durch den Garten rennt und nach seinen Stangenbohnen sieht, wenn er schließlich wieder nach Hause kommt, ohne die verkohlten Trümmer seines Hauses wahrzunehmen.

RICHTIG ... entsorgen

Zur Mülldeponie zu fahren ist in einer Konsumgesellschaft, wie beichten zu gehen. Man fühlt sich danach gleichermaßen erleichtert, was jedoch nicht bedeutet, in Zukunft weniger zu sündigen.

Der größte und belebteste Teil einer Müllhalde ist die Sektion für den Gartenmüll. Nimmt man hier den Container etwas genauer unter die Lupe, weiß man gleich, was die Leute in ihrem Garten am meisten hassen. Ganz oben auf der Hitliste: der Rasen; manche Leute mähen ihren Rasen, füllen mit dem gemähten Gras einen Müllsack gerade mal zur Hälfte und fahren dann 25 Kilometer zur nächsten Müllhalde. Und wenn sie zurückkommen, müsste der Rasen eigentlich schon wieder gemäht werden.

Jeder hat etwas zu Hause, was er hasst und lieber heute als morgen loswerden will. Vielleicht einen alten Fernseher, einen Rasenmäher mit verrosteter Walze oder einen fetten, grantigen und nutzlosen Ehemann. Auf der Müllhalde wird alles mit Freuden angenommen, außer das fette, grantige, nutzlose Teil. Für dessen Entsorgung ist der Scheidungsrichter zuständig.

Nirgendwo sonst auf der Welt verdammen Sie Ihr zweisitziges Sportcabrio so wie auf der Müllhalde. Nach dem Abriss einer kleinen Backsteinmauer müssen Sie ungefähr 700-mal mit einem Backstein im Handschuhfach zur Müllhalde fahren. Leute mit großen, hässlichen Multi-Vans sind der Gipfel der Selbstzufriedenheit, wenn sie aus dem Heck Tonnen Bauschutt ausladen.

Und nirgendwo sonst als auf einer Müllkippe unterhält sich der Durchschnittsbürger zwanglos und unverbindlich mit anderen Leuten, und nur hier ist das Entsorgen von Müll für die meisten Leute der Auslöser allgemeiner Verzückung. Erstens ist es grundsätzlich ein freudiger Anlass, den ungeliebten Gegenstand als solchen loszuwerden; zweitens ein wahres Vergnügen, ihn mit voller Wucht in einen Container zu schleudern; und drittens kommt dabei die Vorfreude auf, nach Hause zu kommen und an seinem angestammten Platz ein hübsches freies Plätzchen vorzufinden.

Vor allem ältere Menschen fühlen sich auf Müllhalden pudelwohl, weil hier ihrer Zerstörungswut keine Grenzen gesetzt sind. Das Geräusch von zerberstendem Glas ist Musik in ihren Ohren, und sie werden fast verrückt vor Freude, wenn sie 20 leere Holunderlikör-Flaschen in den Altglascontainer schmettern.

Auf jeder Müllkippe ziehen ein paar Männer wie Möwen ihre Kreise und reißen sich alles unter den Nagel, was nicht niet- und nagelfest ist. Sie schlagen sich damit durch, sich Ihren kaputten Fernseher zu schnappen, ihn wieder instand zu setzen und an jemanden zu verkaufen, der ihn dann eine Woche später für sie wieder zur Müllkippe bringt.

Manchmal findet sich auf der Müllkippe noch ein weiterer Mülltourist. In der Regel handelt es sich dabei um einen Mann, der knietief in einem Müllcontainer steht und verzweifelt nach dem nutz- und geschmacklosen Stück Dreck sucht, das er am Tag zuvor dort entsorgt hat und das sich als etwas von unschätzbarem ideellen Wert herausstellte, das sich seit Generationen im Besitz der Familie seiner Frau befindet.

Richtig … Rasen mähen

Im Frühjahr mähen mindestens 50 Prozent aller Leute jedes Wochenende ihren Rasen. In südlichen Ländern spielt sich das Leben im Freien ab, auf den Straßen, in Straßencafés und auf öffentlichen Plätzen. Hierzulande werden auf öffentlichen Plätzen Grünflächen angelegt, die zu betreten verboten ist. Rasenflächen und Rasenmähen sind zu einer landesweiten Manie geworden; heute finden sich mehr Pferdestärken in den Heimwerkerschuppen der Nation als vor 100 Jahren in den Pferdeställen.

Viele Leute mit kleinem Garten haben einen elektrischen Rasenmäher, der auf einem Luftkissen über den Rasen schwebt. Es ist nicht weiter verwunderlich, dass man mit einem großen Föhn die gleiche Wirkung erzielen würde; schließlich nutzt auch der beste Rasierapparat nichts, wenn man sich damit lediglich vor dem Gesicht herumfuchtelt.

Leute, die keinen Spaß verstehen, wenn's um ihren Rasen geht, bevorzugen schwereres Gerät mit Benzinmotor und großem Metallmesser, das mit jedem Stein kurzen Prozess macht. Diese Rasenmäher machen vor nichts halt.

Der einzige Nachteil eines Benzinrasenmähers besteht darin, dass man ihn durch Ziehen einer Reißleine startet, was so viel Kraft im Oberkörper erfordert wie Bogenschießen im Mittelalter. Daher ist das Dröhnen eines Rasenmähers nicht selten das ganze Wochenende über zu hören, denn einmal zum Laufen gebracht, wagt es niemand, ihn wieder abzustellen.

Früher wurde der Rasen noch mit Handmähern zum Anschieben gemäht, die heute allerdings immer seltener werden, da sich die heutige Generation nur schwer vorstellen kann, dass das Mähen dieser kleinen, niedlichen Grashalme auch ohne mindestens vier Pferdestärken möglich ist. Außerdem hält sich der klammheimliche Verdacht, dass Ihr Vater nach seiner Pensionierung deshalb so plötzlich gealtert ist, weil er stundenlang schmiedeeiserne Rasenmäher auf abschüssigen Rasenflächen bergauf schieben musste.

Auf wirklich großen Rasenflächen sieht man gelegentlich Männer auf kleinen Aufsitzmähern herumschwirren. Genau genommen mähen diese kein Gras, sondern dienen lediglich als kleine rote Spielzeugtraktoren für erwachsene Männer. Wenn es nach uns Männern ginge, hätte jeder seinen kleinen Traktor und würde damit den Rasen umpflügen, Mist streuen oder Wintergerste säen.

Das Tolle am Rasenmähen ist, dass man, wenn alles geschafft ist und man das gemähte Gras über den Nachbarzaun geworfen hat, die Bestie zurück in den Schuppen stellen und sich ganz entspannt ins Haus zurückziehen kann.

Richtig ... ein Lagerfeuer machen

Technisch gesehen ist ein Feuer ein schneller Oxidationsprozess, de facto jedoch eine wesentlich romantischere Angelegenheit: Es käme wohl niemand auf die Idee, jemanden zum gemütlichen Kuscheln am offenen Oxidationsprozess einzuladen. Feuer machen und Liebe machen basieren auf dem gleichen Grundprinzip, man muss zwei Dinge aneinanderreiben. Es ist ohne weiteres möglich, durch Aneinanderreiben von zwei Holzstücken Feuer zu machen, solange es sich bei dem einen Stück Holz um ein Streichholz handelt und bei dem anderen um eine Streichholzschachtel.

Leute, die unerfahren im Feuermachen sind, glauben scheinbar, man müsse lediglich ein Streichholz an einen Holzscheit halten, und – schwups! – schon flackert das schönste Feuer. Diese Variante funktioniert nur, wenn Sie einen benzingetränkten Holzscheit zur Hand haben. Zweifellos erzielen Sie auf diese Art den gewünschten Effekt, allerdings werden Sie dabei auch zu einer lebenden Fackel, also versuchen Sie es erst gar nicht.

Als Anzünder taugt alles, was leicht Feuer fängt, also Schlafanzüge, Vorhänge, Matratzen und Kinderkleidung. Findet sich in Ihrem Haushalt nichts dieser Art, sammeln Sie Kiefernadeln oder kleine, trockene Moos- und Flechtenstücke. Dabei ist es hilfreich, ein Buch über heimische Flechtenarten mit sich zu führen, um die geeigneten Arten ausfindig zu machen. Bleibt Ihre Suche erfolglos, verbrennen Sie einfach das Buch.

Knüllen Sie, bevor es losgeht, etwas Papier zusammen; verwenden Sie dazu eher Werbepost als Bewerbungsabsagen. Überbauen Sie dann die Papierknäuel mit Kleinholz in Form eines kleinen Wigwams. Und denken Sie daran, es macht keinen Sinn, Ihr kleines Feuer anzuzünden und dann stundenlang im Wald zu verschwinden, um nach mehr Brennmaterial zu suchen.

Kein Feuer brennt ohne Sauerstoff; ideal wäre eine leichte Brise, nicht jedoch ein tosender Sturm, der ganze Feuerwände in die dekorative Hecke Ihres Nachbarn bläst. Herrscht Flaute, legen Sie sich flach auf den Boden und pusten in den Feuerherd, um die Flammen zu schüren. Halten Sie sich allerdings zurück, wenn jemand anders gerade einen Kanister Benzin in die Flammen schüttet, um sie zu entfachen.

Der Geruch eines Lagerfeuers gehört zu den zehn Top-Gerüchen schlechthin. Seit Jahrhunderten zieht dieser Geruch Männer in seinen Bann, ist er doch gleichbedeutend mit Wärme, Nahrung und der Aussicht, dass ihre alten Pantoffeln von ihrer Frau endlich eingeäschert wurden.

Vergessen Sie nicht, dass Feuer zu großer Rauchentwicklung neigen, und zwar proportional zur Reizbarkeit Ihrer Nachbarn. Egal, wann Sie ein Feuer machen wollen, es wird immer einen Nachbarn geben, der meint, ausgerechnet dann seine frischgewaschene Wäsche aufhängen zu müssen. Gehen Sie rüber und machen ihm klar, die Wäsche besser abzuhängen, da frischgewaschene Wäsche jedes noch so schöne Lagerfeuer verhunzen kann.

Bevor man eine Feuerstelle verlässt, ist es wichtig, sich zu vergewissern, dass kein Funke mehr glimmt. Am besten, man pinkelt nach altehrwürdigem Brauch einfach darüber. Aus irgendeinem Grund besteht auf diesem Gebiet noch keine Gleichberechtigung für Frauen, und so wird es auch weiterhin eine absolute Männerdomäne bleiben. Und unmittelbar, nachdem das Werk vollbracht ist, erinnert man sich in der Regel an die Folienkartoffeln.

RICHTIG … ein Dorffest veranstalten

In den Sommermonaten finden in englischen Dörfern Dorffeste in Hülle und Fülle statt, die unter Beweis stellen sollen, dass gnadenlose wirtschaftliche Ausbeutung nicht nur auf das Bankenviertel beschränkt ist.

Wollen Sie ein Dorffest veranstalten, schnappen Sie sich dazu zunächst einmal den Dorfdeppen. Diesem verpassen Sie das Mikrophon einer Beschallungsanlage und bringen ihn dazu, den Verkauf jedes Lotterie-Loses zu kommentieren, und auch jedes Mal seinen Senf dazuzugeben, wenn der Ratte auf den Sack gehauen wird.

«Hau der Ratte auf den Sack» ist die Haupteinnahmequelle auf jedem Dorffest, ein Spiel, bei dem man eine mit Sand gefüllte Socke im freien Fall mit einem Schläger treffen muss, bevor sie den Boden berührt; an einem guten Tag bringt das ungefähr 27,50 Euro und beschwört eine unvorstellbare Brutalität herauf, wenn der hausgemachte Cidre noch ins Spiel kommt.

Finden sich auf einem Dorffest Stände, wo man z. B. das Alter eines Kuhfladens schätzen muss, können Sie davon ausgehen, dass sich das Dorf im Einzugsgebiet einer größeren Metropole befindet. Geht es um ein einfaches Computerspiel oder um die verschiedenen Farben einer Verkehrsampel, dann befinden Sie sich in der tiefsten ländlichen Provinz.

Das Highlight auf jedem Dorffest ist der Kuchenstand, wo man für 40 Cent ein Stück frischgebackenen Kuchen bekommt, der wahrscheinlich in der Herstellung gut und gerne das Vierfache kostet. Leider ist diese Gewinnspanne so hoch, dass sie die professionellen Dorffest-Plünderer auf den Plan ruft. Kommt man zehn Minuten nach seiner Eröffnung auf ein Dorffest, sind diese Zeitgenossen mit ihren bis unters Dach mit Beetpflanzen und kleinen Törtchen vollgestopften Kombis schon wieder auf dem Heimweg. Eigentlich sollte es eine Vorschrift geben, wonach man erst dann Zutritt zum Kuchenstand erhält, wenn man zuvor der Ratte eins auf den Sack gehauen hat.

Oftmals landet man schließlich im Rotkreuz-Zelt, wo man zwei Aspirin bekommt gegen die fürchterliche Schnittverletzung, die man sich bei dem beliebten Traktorspiel «Blind pflügen» zugezogen hat. Und vergessen Sie nicht, sich eine halbe Stunde Zeit zu nehmen, um den Pfadfinder-Wölflingen bei ihrer sorgfältig einstudierten Kampfsport-Vorführung zuzuschauen oder was die Pfadfinder heutzutage eben so vorführen.

Nehmen Sie sich auch einen Augenblick Zeit für den Stand mit den Secondhandbüchern, wo Sie jede Menge alter Handbücher über die Wartung von Wohnwagen und über Sachenrecht finden. Auf jedem Dorffest tauchen immer wieder dieselben Bücher auf; kauft man sich welche, wird man heimlich, still und leise ein Freimaurer.

Absoluter Höhepunkt des Tages ist die Tombola, bei der jemand Ihren schönen Picknickkorb und genau die Liegestühle gewinnt, die Sie eine Stunde zuvor nebst besagtem Korb eigentlich fürs Familienpicknick unter einen Baum gestellt haben.

RICHTIG ... ein Mitteilungsblatt aufziehen

Mitteilungsblätter füllen die publizistische Lücke zwischen einer Zeitung und einer Mitteilung. Außerdem füllen sie Papierkörbe. Mitteilungsblätter sind eine einfache Kommunikationsform für Leute, die nicht in der Lage sind, sich gesellschaftlich angemessen zu unterhalten. Die Grundregel besagt, je langweiliger das Thema, desto aufwändiger das Mitteilungsblatt. Deshalb boomt auch das Internet als virtuelles Mitteilungsblatt für soziale Randgruppen.

Der einzige Garant dafür, dass ein Mitteilungsblatt gelesen wird, ist, dafür zu sorgen, dass jeder, der ein Exemplar erhält, darin auch irgendwo erwähnt wird. Dies ist von so großer Bedeutung, dass man immer eine kleine Spalte für die Auflistung der Leute reservieren sollte, deren Namen in der entsprechenden Ausgabe nicht an anderer Stelle aufgeführt sind.

In den etablierteren Mitteilungsblättern gibt es kleine Anzeigen, wie z. B. die von Herrn Kowalski, «Honig aus eigener Herstellung zu verkaufen». In der Regel findet sich diese Anzeige direkt neben dem ausführlichen Sonderbeitrag über Herrn Kowalski und seine Honigherstellung. Lesenswert natürlich auch der Leserbrief von Herrn Kowalski über Honig und seine Herstellung. Und möglicherweise setzt sich auch der Leitartikel mit der Bedeutung der Honigherstellung für das Gemeinwesen auseinander.

Anzeigen kosten gewöhnlich ca. 30 Cent pro Ausgabe, wobei man einen großzügigen Rabatt erhält, wenn man verspricht, mehr als nur einmal zu inserieren. Leider inserieren nicht allzu viele Leute in Mitteilungsblättern, weil jeder Leser jeden kennt und genau weiß, wer was anzubieten hat, und schon längst zugegriffen hätte, wenn er wirklich gewollt hätte.

Die dritte Ausgabe eines Mitteilungsblattes ist immer die

seltenste. Einfach deshalb, weil die erste Ausgabe bereits alle Neuigkeiten enthält und die zweite alle Richtigstellungen und Widerrufe der ersten, sodass für die dritte Ausgabe absolut nichts an Themen übrig bleibt.

Am längsten halten sich die Mitteilungsblätter mit den größten Leitartikeln. Das liegt daran, dass es Herausgebern egal ist, welchen Arbeitsaufwand sie haben, solange die ersten zwei Drittel des Blattes ausschließlich ihrer Meinung vorbehalten bleiben. Selbstverständlich müssen Meinungsäußerungen im Leitartikel nicht unbedingt beschränkt sein auf den Gegenstand des Mitteilungsblattes. So ist es beispielsweise erstaunlich, wie viel der Herausgeber des Angler-Fachblattes *Der Köder* zu unserer EU-Mitgliedschaft zu sagen hat.

In Mitteilungsblättern ist das journalistische Niveau außergewöhnlich hoch. Schleicht sich nämlich ein Fehler ein bei der Bekanntgabe der Öffnungszeiten eines Wohltätigkeitsbasars, kann das den Unterschied ausmachen zwischen einer erfolgreichen Spendensammlung und einer dauerhaften Störung des Burgfriedens.

Digitale Fotografie und Desktop-Publishing haben die Qualität von Mitteilungsblättern revolutioniert. Es besteht jedoch die Gefahr, angesichts dieser Technologien übereifrig zu werden und die Rubrik für Kinder letztlich wie eine Light-Version von *Vogue* erscheinen zu lassen.

Der Druck ist heutzutage ein recht unkomplizierter Vorgang. Man gibt das Original einfach demjenigen, der im Büro den leistungsfähigsten Kopierer hat. Und tatsächlich sind nach Schätzung des technischen Servicepersonals 90 Prozent der Schäden bei Fotokopiergeräten darauf zurückzuführen, dass jemand während der Mittagspause versucht, auf dem Büro-Kopierer 20 000 Exemplare eines Mitteilungsblattes anzufertigen. Interessanterweise heißt das Mitteilungsblatt für das technische Servicepersonal von Fotokopierern *Der Papierstau.*

RICHTIG ... beim Quiz gewinnen

Bei einem Quiz stellt man nicht nur seine absolute Unwissenheit zur Schau, man bezahlt auch noch einen Preis dafür. Für alle Fragen kommen drei mögliche Antworten in Betracht: Entweder Sie schütteln resignierend den Kopf mit den Worten: «Nein, tut mir leid, ist mir entfallen»; oder Sie äußern laut und selbstbewusst den ersten Gedanken, der Ihnen in den Sinn kommt, und blicken dann leicht ungläubig, wenn klar wird, dass Sie mit Ihrer Antwort meilenweit danebenliegen; oder Sie stützen den Kopf auf die Hände und stoßen wiederholt Obszönitäten aus, als würde Ihre Dummheit auf einmal wehtun.

Wählen Sie den Namen Ihres Rateteams mit Bedacht. Unter dem Namen «Die Intellektuellen» anzutreten ist ein Garant dafür, bereits in der ersten Runde gegen «Die Eierköpfe» den Kürzeren zu ziehen. In einem hart umkämpften Duell scheinen Sie immer Fragen zu bekommen wie: «Wie lautet die chemische Formel der Fotosynthese?», während Ihre Gegner gefragt werden: «Welche Farbe hat Spinat?» Finden Sie heraus, wer dem Quizmaster die Drinks spendiert – es lohnt sich.

Es gibt zwei Arten von Quizmastern. Da ist zum einen der Dilettant, der Fragen und Antworten direkt aus einem Buch abliest. Diese Methode birgt die Gefahr von Verwechslungen, und so will er Ihnen im entscheidenden Augenblick möglicherweise weismachen, Marie Antoinette sei der zweite Mensch auf dem Mond gewesen. Halten Sie dagegen, zieht er Ihnen wegen unerlaubten Widerspruchs 15 Punkte ab.

Andere «professionelle» Quizmaster verbringen eine halbe Ewigkeit damit, ihren eigenen Fragenkatalog zusammenzustellen. Jedes Mal, wenn sie sich eingestehen müssen, etwas nicht gewusst zu haben, bringen sie das zu Papier, nach dem Motto, wenn sie selbst es schon nicht wissen, weiß es auch niemand anders. Und wenn Sie die Antwort *Bismarck* nicht wissen, macht er in einem Ton die Zusatzbemerkung, die *Bismarck* habe 15-Zoll-Kanonen gehabt, als gehöre dies zum Allgemeinwissen.

Vor dem Fernseher ist es sehr einfach, lauthals mit Antworten herauszuplatzen, vor einem völlig fremden Publikum jedoch wesentlich schwieriger. Deshalb haben Sie auch plötzlich keinen blassen Schimmer, wie die amtierende englische Königin heißt. Nach ein paar Drinks können Sie die Frage nicht nur nicht beantworten, Sie verstehen sie noch nicht einmal. Die Eierköpfe, gegen die Sie rausfliegen, mögen zwar einen bescheuerten Namen haben, aber sie alle schlürfen nur Alsterwasser.

Es gehört zu den größten Vergnügungen der Neuzeit, beim abendlichen Fernsehquiz eine Frage richtig zu verstehen. Das Wonnegefühl macht sich schon breit, wenn Sie die Hälfte der Frage gelesen haben und Ihnen klar wird, die Frage nicht nur verstanden zu haben, sondern tatsächlich auch korrekt und vollständig beantworten zu können.

Erklärt Ihnen dann der Quizmaster, Ihre Antwort sei falsch, erleben Sie eine der schmerzlichsten Demütigungen der Neuzeit. Glauben Sie deshalb niemals Leuten, die Ihnen weismachen wollen, ein Quiz in der Kneipe gäbe es nur so zum Spaß. Wer nur so zum Spaß mitmacht, fliegt in der ersten Runde raus. Außerdem ist es erwiesen, dass 98 Prozent aller Kneipenschlägereien etwas mit dem Quiz zu tun haben.

Richtig ... einen Laden für wohltätige Zwecke führen

Jeder mag sich selbst der Nächste sein, und trotzdem gibt es Läden für wohltätige Zwecke. Was für Frauen solche Läden sind, sind Müllcontainer für Männer – der ideale Ort, um Müll zu entsorgen und absolute Schnäppchen zu ergattern.

Die Belegschaft besteht gewöhnlich aus Damen eines gewissen Alters, in der Regel 63. Diese Frauen erklären Ihnen in einer liebenswürdigen Art, dass das Hemd, das wie der Bezug eines Liegestuhls aussieht, wirklich toll und furchtbar preiswert sei. Diese Damen sind auch für die Sicherheit im Laden verantwortlich, und meistens haben sie eine Nahkampfausbildung und beherrschen verschiedene Techniken des lautlosen Tötens.

In Läden für wohltätige Zwecke wird, wie in anderen Läden auch, die beste Ware im Schaufenster ausgestellt. Lassen Sie sich davon nicht abschrecken. Es sind zwei völlig unterschiedliche Dinge, was nach Ansicht der Inhaberin die beste Ware ist und was Ihrer Ansicht nach die beste Ware ist. Davon abgesehen ist das Zeug im Schaufenster wahrscheinlich hoffnungslos überteuert für gut zwei Euro.

Bei weitem das Beste an der Auslage sind die Schaufensterpuppen aus längst vergangenen Mode-Epochen. Oft entdeckt man wunderschöne Schaufensterpuppen aus den Achtzigern in großspurigen kleinen Posen. Ein wahrer Segen, dass den meisten von ihnen der Kopf fehlt. Kein Laden für wohltätige Zwecke wäre vollständig ohne ein Regal voller alter, ausgelatschter Schuhe. Unter diesen findet sich immer ein Paar hochwertige, braune Arbeitsschuhe, die fast aussehen wie neu. Man kann kaum glauben, was man da für ein Schnäppchen entdeckt hat, bis man feststellt, dass sie entweder Größe 36 oder Größe 56 haben.

In Läden für wohltätige Zwecke findet auch die klassische Flughafen-Literatur ihre letzte Ruhestätte. Und zwar in dem zusammenklappbaren Drehständer. Ursprünglich war der Ständer nicht zusammenklappbar, aber man darf nicht vergessen, dass auch er gespendet wurde, da er weitgehend hinüber ist. Hier findet man frühe Werke von Robert Ludlum, von Barbara Cartland und sogar ein oder zwei von Harold Robbins. Auf einer Seite stehen ein paar gebundene Bücher, darunter *Zauberhafter Salatgenuss*.

Meist sind es rein modespezifische Erwägungen, die Kunden dazu veranlassen, einen Fuß in diese Läden zu setzen. Zwischen all den Safari-Jacken mit Gürtel, grünen Polyesterhemden und gehäkelten Liebestötern findet sich gelegentlich auch ein Kleinod wie z. B. ein grüner Polyester-Safari-Liebestöter mit Gürtel. Wie ein Komposthaufen der Mode, aus dem die Avantgarde der Modedesigner ihre Inspiration schöpft für den Look des kommenden Jahres. Das Wunderbare an diesen Läden ist die Tatsache, dass man den Look des kommenden Jahres schon heute tragen kann.

Beim Einkaufen in einem Laden für wohltätige Zwecke kann es Ihnen passieren, dass Sie genau das gleiche Exemplar von etwas entdecken, das Sie gerade eben für 70 Cent im Fabrikverkauf erstanden haben. Es erscheint Ihnen deshalb so vertraut, weil es sich tatsächlich um Ihr Eigentum handelt; aber im Nu war das gute Stück ausgepackt, aufgehängt und mit einem Preisnachlass von 500 Prozent versehen, bevor Sie mit einer Silbe anmerken konnten, dass es sich bei der Einkaufstüte nicht um eine Spende gehandelt hat.

Sport und Training ●

Krankheit und Gesundheit ●

Kochen und Essen ●

Mode und Wellness ●

Schlafen und Wachsein ●

Faulenzen und Herumtrödeln ●

Hecken und Nachbarn ●

Religion und Politik ●

Teenager und Studenten ●

Mixen und Mischen ●

Männer und Frauen ●

Liebe und Ehe ●

Richtig … religiös sein

Wenn Religion Opium fürs Volk ist, dann haben wir es in der Tat mit dem einzigen Drogenproblem zu tun, das immer kleiner wird. Spiritualität – populär wie eh und je – ist der direkte Weg, um mit höheren Mächten in Verbindung zu treten, und zwar per Selbstbedienung und Mausklick. Religion hingegen ist die altmodische, nicht virtuelle Variante, und sie stirbt schneller aus als Postfilialen auf dem Land.

Religion ist nichts anderes, als seine Probleme in die Hände von jemandem zu legen, der vorgibt, Lösungen dafür parat zu haben. Oft machen gläubige Menschen deshalb einen so glücklichen Eindruck, weil sie sich der Last entledigt haben, sich selbst schwierige Fragen stellen zu müssen. Stattdessen können sie auf ihre Heilige Schrift verweisen, in der Regel das Wort Gottes. Die Heilige Schrift kennt viele verschiedene Versionen, je nachdem, welcher Reporter gerade vor Ort war. Man darf auch nicht vergessen, dass das Wort Gottes dreizehnmal von einer Sprache in die nächste übersetzt wurde. Würden Sie sich auf die Bedienungsanleitung für Ihre Mikrowelle verlassen, wenn Sie wüssten, dass sie auf die gleiche Art und Weise zustande gekommen ist?

Religion ist die Erfindung von Menschen, daher auch die Vielzahl an Religionen: jede eine Marke für sich und anders verpackt, jedoch weitgehend mit den gleichen Versprechungen, meist von der Sorte, die vor keinem ordentlichen Gericht standhält. Jede Religion verspricht, wie andere Produkte auch, Ihre Seele porentief rein zu machen und Ihren Charakter von hartnäckigen Flecken zu befreien. Haben Sie sich einmal für eine Religion entschieden, die vorgibt, die beste zu sein, sind Sie geradezu verpflichtet, schlecht über die Religion anderer Leute zu denken. Dies gibt Anlass für jegliche Form von Hass und Unannehmlichkeiten, aber glücklicherweise finden Sie in der Religion Vergebung dafür. Alle gängigen Religionen lehren, dass andere Religionen den falschen Weg weisen, und liegen damit natürlich absolut richtig.

Sind Sie der absoluten Überzeugung, Ihre Religion sei die einzig wahre, spielen Sie möglicherweise mit dem Gedanken, eine Zeit lang eine andere Religion zu testen. Sollten Sie die leisesten Zweifel haben, ist es natürlich das Beste, zu Hause zu bleiben und noch mehr leidenschaftliche Hingabe für Ihre eigene Religion zu entwickeln. Religiöse Hingabe hat die gleiche Wirkung wie Alkohol: Innerlich fühlt man sich danach besser, nach außen gibt man jedoch ein jämmerliches Bild ab, und mit der Zeit treten Abnutzungserscheinungen auf, und man fühlt sich schließlich schlechter als je zuvor.

Nur wenige Religionen gehen auf Frauen zurück. Frauen neigen zum Großteil zur spirituellen Seite, was eine völlig andere Geschichte ist und keine prunkvollen Kirchenpaläste erfordert. Überhaupt gibt es ein weiteres probates Mittel, die Religion auf den Prüfstand zu stellen, für die Sie sich entschieden haben: Nehmen Sie die Auswahlkriterien für Pfarrer unter die Lupe und die Art und Weise, wie diese Pfarrer mit Menschen anderen Geschlechts umgehen. Sollten Ihnen gewisse Zweifel kommen – etwas mehr Leidenschaft bitte, und alles wird gut.

Richtig ... in die Kirche gehen

Ein Gottesdienst ist im Grunde genommen Aerobic in Zeitlupe. Man steht auf, setzt sich hin, tritt vor und dreht sich um, alles mit Musik im Hintergrund und einem Übungsleiter vorne. Jeder hat sogar seine eigene Mini-Aerobicmatte am Stuhl vor sich hängen.

Für unregelmäßige Kirchgänger entpuppt es sich oft als schwierig, dem Geschehen zu folgen. Um Abhilfe zu schaffen, gibt es am Eingang für jeden eine Auswahl an Büchern, Broschüren und Ratgebern. Vergleichbar mit vier Speisekarten in einem Restaurant – hat man sich endlich für ein Gericht entschieden, sind die anderen längst beim nächsten Gang.

Der Gesang beim Gottesdienst gleicht einer etwas intensiveren Form des Wiederkäuens. Der Organist spielt die erste Strophe. Handelt es sich um «Großer Gott, wir loben Dich», stimmen Sie sofort ein. Im Fall von «O Haupt voll Blut und Wunden» warten Sie, bis der Herr mit der lauten Stimme loslegt, und singen dann leise mit.

Die Nummern der Lieder erscheinen auf einer kleinen Anzeige neben der Kanzel. Es gibt nur zwei Arten von Liednummern: einstellige Zahlen und solche im Bereich von 400. Die restlichen Lieder, immerhin mehrere hundert, sind lediglich eine verstaubte Auflistung musikalischer Eintagsfliegen. Wirft man einen flüchtigen Blick auf die 300er-Nummern, findet man die Rubrik der politisch nicht korrekten Lieder, in denen Gott angerufen wird, um ungewaschene Heiden und ledige Mütter durch Schläge zu bestrafen.

Die Predigt ist das Herzstück jedes Gottesdienstes. Bei der Predigt stellt der Priester vor der versammelten Gemeinde eindrucksvoll unter Beweis, warum er richtig lag mit seiner Entscheidung, keine Fernsehkarriere anzustreben. Die Predigt wird auf der Kanzel gehalten – ein erhöhter Bereich, der es dem Priester erlaubt, die Leute auf den hinteren Bänken sehen zu können. Da es sich bei dem Kirchgänger hinten mit großer Wahrscheinlichkeit um ein und dieselbe Person handelt wie bei dem Kirchgänger vorne, ist eine Kanzel in der Regel überflüssig.

Die meisten Gottesdienste weisen in ihrer Liturgie eine Stelle auf, an der man sich zu seinen Sünden bekennen muss. Deshalb finden Gottesdienste auch am Sonntagmorgen statt, sodass man den ganzen Samstagabend zur Verfügung hat, um unter der Gürtellinie zu sündigen. Fänden sie am Dienstagmorgen statt, würde man lediglich die Tafel Schokolade von Montagabend vor dem Fernseher beichten.

Am Ende des Gottesdienstes steht der Priester vorne am Altar und entlässt die Gemeinde mit den Worten: «Gehet hin in Frieden»; verlässt man daraufhin die Kirche in Reih und Glied, steht er plötzlich hinten am Kirchenportal, um jedem die Hand zu schütteln und ein paar Worte zu wechseln. Wenn das kein echtes Wunder ist!

RICHTIG … abergläubisch sein

Ein Hufeisen über der Eingangstür gilt seit jeher als Glücksbringer. Wenn Sie jedoch auf der Leiter stehen, um das Hufeisen festzunageln, gehen alle weiteren Familienmitglieder unter der Leiter hindurch, was leider leicht kontraproduktiv ist. Schwarze Katzen sind verhext und bringen deshalb Unglück, wenn sie Ihren Weg kreuzen. Kreuzt eine schwarze Katze Ihren Weg von vorne, und Sie sitzen hinterm Steuer eines 40-Tonners, könnte in diesem Fall der Katze Unglück ins Haus stehen.

Es gibt eine Menge Aberglauben im Zusammenhang mit Hochzeiten. Oft wird z. B. gesagt, Heiraten bringe Unglück. Selbst vor der Hochzeit gilt es eine ganze Reihe von Dingen zu beachten. So träumt z. B. eine ledige Frau von ihrem zukünftigen Ehemann, wenn sie mit einem Stück Hochzeitstorte unter dem Kopfkissen schläft. Außerdem dürfte sie damit den Mann ernsthaft irritieren, der zu der Zeit mit ihr das Bett teilt.

Mancher Aberglaube beruht auf gesicherten Erkenntnissen aus der Praxis. Man sagt, wenn die Nase juckt, wird man von einem Deppen geküsst. Der Spruch rührt daher, weil die Nase nach dem Kuss eines Bartträgers juckt, gilt ein Bart doch seit Jahrhunderten als unverwechselbares Merkmal von Dorfdeppen.

Zerbricht man einen Spiegel, bringt das sieben Jahre Unglück. Interessanterweise räumt kein Geschäft beim Kauf eines Spiegels eine Garantie von sieben Jahren ein, also muss etwas Wahres dran sein. Schornsteinfeger sind Glückspilze und werden oft zu Hochzeiten eingeladen, um den Wohlstand des Brautpaares zu mehren. Im wirklichen Leben sind Investment-Banker wesentlich größere Glückspilze als Schornsteinfeger, aber aus unerfindlichen Gründen will sie niemand auf einer Hochzeit dabeihaben.

Viele althergebrachte Aberglauben sind ausgestorben. Früher sagte man, ein Fisch wird immer vom Kopf zum Schwanz gegessen, aber wenn man sich einem Fischstäbchen gegenübersieht, könnte sich das als problematisch herausstellen. Trotzdem ist es erwähnenswert, dass es Unglück bringt, Fischstäbchen auf einem Teller über Kreuz zu legen. Ein vierblättriges Kleeblatt bringt Glück, bei genmanipuliertem Mais hingegen kann keine Rede davon sein. Scheinbar existiert hier ein gewisser Widerspruch.

Auch im Zusammenhang mit Salz gibt es jede Menge Aberglauben. Verschüttet man Salz, bringt das Unglück, und man sollte sofort Rotwein darübergießen. In gleicher Weise sagt man in manchen Grafschaften in Südengland, es bringe Unglück, wenn man das Salz vor dem Essig auf seine Pommes Frites streut. In manchen Grafschaften in Nordengland ist es genau umgekehrt. Daher sind – wen wundert's – Ehen zwischen südenglischen Männern und nordenglischen Frauen von vornherein zum Scheitern verurteilt.

Es gibt eine ganze Reihe von Methoden, um Übel oder Unglück abzuwenden. Eine davon ist z. B. eine naturwissenschaftliche Ausbildung, allerdings ist es im Allgemeinen wesentlich effektiver, nicht auf die Fugen des Bordsteinpflasters zu treten. Gegen Holz zu klopfen bringt ebenfalls Glück, außer im Inneren Ihres Sarges – aber dann dürfte Sie das Glück ohnehin schon verlassen haben.

Richtig … esoterisch sein

Esoteriker sind ungefähr so neumodisch, wie es der Opel Omega einmal war. Diejenigen, die noch laufen, zählen zwischenzeitlich zu den Klassikern, und die anderen sind entweder verrostet oder wurden eingestampft. Die einst jungen Esoteriker kommen langsam in die Jahre, und das ärgert sie bestimmt.

Esoteriker tragen Sandalen und haben immer lange, knorpelige Zehen. Damit versuchen sie, Stonehenge ein Denkmal zu setzen, und der Sandalenriemen steht zur Sonnenwende immer in genauer Position zur Sonne. Es ist ausgeschlossen, mit einem ordentlichen Kurzhaarschnitt Esoteriker zu werden. Das Haupthaar muss sich ungestört entfalten können, und zwar ab dem Zeitpunkt, ab dem seinem Träger bewusst wird, dass er im Zeitalter des Wassermanns lebt. Ein richtiger Haarschnitt ist total verpönt, und wenn er sich nicht vermeiden lässt, dann sieht das Ergebnis wie das Haupt einer geflochtenen Strohpuppe aus.

Andererseits sind für einen Esoteriker Perlen in den Haaren das, was die Lederhosen für einen Bayern sind. Die Perlen stellen eine Art primitiven Kalender dar, mit dem der Esoteriker die Tage überblicken kann, bevor es Zeit für seine nächste Dusche ist.

Das Schwierigste am Esoterikerdasein ist, dass man dem richtigen Tee entsagen muss, denn der echte Esoteriker kocht seinen Tee aus Pflanzen, die am Wegesrand wachsen. Egal, wie viele Löffel Zucker Sie nehmen, mit Löwenzahntee fängt der Tag nie gut an.

Fleisch ist das Nächste, was Sie nach dem Tee aufgeben müssen. Machen Sie sich also keine falsche Hoffnung, Sie könnten den Löwenzahntee durch eine leckere Fleischbrühe ersetzen. Viele Esoteriker sind Vegetarier oder Veganer, und es ist der schlimmste Albtraum eines jeden buddhistischen, veganischen Esoterikers, als schottisches Rindvieh wiedergeboren zu werden.

Das Schlimmste am Esoterikerdasein ist die Tatsache, dass alle Esoteriker fürchterliche Tänzer sind. Ein tanzender Esoteriker sieht gewöhnlich aus wie eine Mischung aus einem drehenden Derwisch und einem Wichtel im Trancezustand. Von oben betrachtet, beschreibt eine Gruppe tanzender Esoteriker ähnliche Muster wie Kornkreise.

Esoteriker sind starke Verfechter alter Religionen, vor allem, wenn deren Traditionen bis mehrere tausend Jahre vor Christus zurückreichen. Die Sonne ist für die meisten das anbetungswürdigste Objekt schlechthin. Es ist ziemlich deprimierend, wenn man bedenkt, wie oft sich wohl die Druiden zur Sonnenwende bei Stonehenge versammelt haben und der Regen ihre Feierlichkeiten unterbrochen hat. Kaum verwunderlich also, dass sie ihre Sachen packten und sich ein überdachtes Anbetungsobjekt suchten.

Die beliebteste Fortbewegungsart des Esoterikers ist das Yogi-Fliegen. Die Esoteriker, denen das Fliegen nicht gelingt, besitzen normalerweise ein Auto. Wie sonst sollten sie auch zur nächsten Demo gegen die neue Umgehungsstraße gelangen? Viele Esoteriker ziehen sich irgendwann auf ein Kanalboot zurück. Dort können sie dem unterdrückerischen System des Kapitalismus entfliehen und sich auf einer der größten Errungenschaften der Industriellen Revolution einfach treiben lassen.

RICHTIG ... meditieren

Das Wesentliche beim Meditieren ist, den Kopf von allen lärmenden Alltagsgeräuschen zu befreien und innere Ruhe zu finden. Dies kann man in den meisten örtlichen Freizeitzentren, obwohl es manchmal schwierig ist, einen Parkplatz zu finden.

Es ist besonders wichtig, dass man den richtigen Ort zum Meditieren findet. Dieser befindet sich weit weg von Arbeitsplatz, Kindern, Hochspannungsleitungen, Verkehr, Einkaufszentren, Freunden, Computern und Telefonen. Komischerweise erreicht man diesen Zustand der inneren Ruhe fast automatisch, sobald man sich von all diesen Dingen entfernt. Nun geht es nur noch darum, diesen Effekt nicht mit der unbequemen Schneidersitzhaltung zu zerstören.

Im Zustand intensiver Meditation ist es möglich, vom Boden abzuheben. Da gibt es zum einen das freie Schweben, wobei man ein paar Zentimeter vom Boden abhebt. Zum anderen gibt es das wilde Schleudern quer durch den Raum als Folge eines fürchterlichen Krampfes im Fuß bei dem Versuch, seine Beine in Rekordzeit aus dem Schneidersitz zu entknoten.

Es ist wichtig, beim Meditieren lockere, bequeme Kleidung zu tragen. Ein Schlafanzug wäre fast perfekt, wenn es nur nicht so schwierig wäre, den Kopf richtig frei zu bekommen bei der ständigen Angst, es könnten einem die Eier zum Schlitz heraushängen. Auch der Sprechgesang erleichtert das Meditieren. Die stetige Wiederholung des «Om» kann zu einem tranceähnlichen Zustand führen, entweder deshalb, weil Ihr Schädel tatsächlich zur Ruhe gekommen ist oder weil Ihnen Ihr entnervter Mitbewohner den Schädel gerade eingeschlagen hat.

Die richtige Atemtechnik ebnet den Weg zu Ruhe und Meditation. Es gibt eine spezielle Technik, bei der man zuerst einatmet und dann, nach dem Einatmen, wieder ausatmet. Es dauert

Jahre, bis man diese Technik wirklich beherrscht, aber die Mühe lohnt sich allemal. Je tiefer der Atemzug, desto größer der Effekt. Man sollte jedoch unbedingt vermeiden, während heftiger Atemübungen zu telefonieren.

Ohne Guru werden Sie es beim Meditieren nicht weit bringen. Ein Guru ist jemand, der seine Beine viel spektakulärer als Sie im Schneidersitz verknoten kann. Der oberste Guru kann sogar die Beine hinter seinem Körper verknoten. Egal, wie gut es Ihnen gelingt, sich beim Meditieren vom Alltag zu entfernen, es scheint interessanterweise nie zu gelingen, den Gurus zu entkommen. Vor allem dann nicht, wenn der Guru Ihnen jene geheimnisvolle Technik beigebracht hat, die sich Einzugsermächtigung nennt.

Die Meditation öffnet in vielen Fällen die Tore zu östlichen Religionen. Ruhe und innerer Friede sind wichtige und anziehende Bestandteile der östlichen Religionen, weshalb es besonders unverständlich ist, warum die Anhänger dieser Religionen das ständige Bedürfnis verspüren, in großen Einkaufszentren wild aufs Tamburin zu klopfen.

Es ist ratsam, sein Mobiltelefon beim Meditieren auszuschalten, wobei es auch möglich ist, beim Meditieren einen solch tranceähnlichen Zustand zu erreichen, dass man das Klingeln des Telefons nicht mehr hört. Viele Männer erreichen einen solch tranceähnlichen Zustand, wenn man sie bittet, den Abwasch zu erledigen, den Hund spazieren zu führen, einen zu heiraten usw.

RICHTIG ... Politik machen

Jedermann weiß, dass man bei einem Abendessen nicht über Politik reden sollte, weil man damit nur andere Leute verärgert. Somit sind Menschen, die sich dafür entscheiden, ihr Leben der Politik zu widmen, wild entschlossen, andere Leute tagtäglich zu verärgern. Sich in einem Zwei-Parteien-Staat einer Partei zu verschreiben heißt, sich freiwillig einer Hälfte seines Gehirns zu entledigen. Somit ist es kaum verwunderlich, dass Politiker oft etwas schwachsinnig erscheinen.

Wer es in der Politik zu etwas bringen möchte, muss sehr jung anfangen, was bedeutet, dass man den Lebensabschnitt verpasst, wo man als Jugendlicher auf dem Weg der eigenen Meinungsfindung ständig von einem Extrem zum anderen wechselt. Menschen gehen oftmals deshalb in die Politik, weil sie ihren Kindern ein besseres Leben sichern wollen. Belohnt werden sie damit, dass sich ihre Kinder garantiert auf der anderen Seite des politischen Spektrums ansiedeln werden.

Junge Politiker machen ihre ersten Gehversuche in der Lokalpolitik. Hier geschehen so skurrile Dinge wie leidenschaftlich geführte Parteilinien-Diskussionen über das Budget des Gemeinderats, die erhitzt auf irgendwelchen Parkbänken geführt werden, welches einer der Gründe dafür ist, dass es in Großbritannien keine Parkbänke gibt. Zu Wahlkampfzeiten bringen politische Menschen Plakate an ihren Häusern an. Damit beabsichtigen sie, die politische Meinung eines jeden sofort zu ändern, der gerade an ihrem Haus vorübergeht. Was sie jedoch tatsächlich damit erreichen, ist, dass jedermann, der gerade an ihrem Haus vorüberkommt, sie augenblicklich von seiner Gästeliste fürs nächste Abendessen streicht.

Ein politischer Mensch muss die Fähigkeit besitzen, mit großer Leidenschaft, Überzeugung und Ernsthaftigkeit über alles zu sprechen, ausgenommen die eigentliche Frage. Ein politischer Mensch muss außerdem uneingeschränkte Loyalität gegenüber dem Parteivorsitzenden zeigen, unabhängig davon, wer es in dieser Woche gerade ist. Ein politischer Mensch muss zu guter Letzt in enger Verbindung mit den Bürgern stehen (was jedoch nicht bedeutet, dass er mit so vielen wie möglich schlafen muss).

Es gibt nur drei Sorten von Menschen, die an britische Haustüren klopfen: Klempner, religiöse Fanatiker und Politiker, und allesamt klopfen mit dem Versprechen an, die eine oder andere Sache in Ordnung zu bringen. Sie sollten jedoch unter keinen Umständen einen von ihnen hineinbitten, es sei denn, Sie sind sehr, sehr einsam oder haben ein Problem mit Ihrer Waschmaschine. Sie sollten immer daran denken, dass Politiker in den Gelben Seiten aufgelistet wären, wenn sie wirklich so wichtig wären.

Wenn Sie wirklich die Welt verändern wollen, dann können Sie aktiv werden und medienfreundliche Schritte unternehmen, oder Sie können die Medien auch einfach kaufen. Eine andere Möglichkeit wäre, geschäftlich erfolgreich zu sein und Politiker einfach einzukaufen. Selbstverständlich würden Sie Politiker niemals direkt bezahlen, Sie müssen nur das tun, was sonst keiner tut: sie zum Abendessen einladen.

RICHTIG … wählen

Gewöhnlich haben Politiker weder genug Persönlichkeit, um Buchhalter zu werden, noch genügend Prinzipien, um Immobilienmakler zu werden. Unser gesamtes System funktionierte so viel besser, wenn wir unsere Stimme denjenigen geben könnten, die wir nicht an der Macht sehen wollen. Sicherlich würde das manchen Politiker dazu ermutigen, sich ruhig zu verhalten und wenig von sich zu geben.

Taktisches Wahlverhalten bedeutet, dass ein Ehepartner die Stimme des anderen Ehepartners durch Abgabe seiner Stimme aufhebt. Die meisten Ehen würden wohl nach dem Wahltag in die Brüche gehen, hätten wir keine geheimen Wahlen. Manche Menschen möchten ihre Wahl gar so geheim halten, dass sie erst gar nicht zur Wahl erscheinen und lieber zu Hause bleiben. So wird niemand jemals erfahren, wen sie gewählt hätten, mit Ausnahme der Gestapo-Typen, die am Ende mit 3 Prozent vertreten sind.

Der Grund für die geringe Wahlbeteiligung bei den meisten Wahlen ist die Tatsache, dass Wahlurnen an Orten aufgestellt werden, wo man normalerweise kaum hingeht – wie zum Beispiel in der Bücherei. Würden die Wahlurnen in der Villa von jemandem aufgestellt, und könnte man sich in aller Ruhe ein wenig umschauen, dann wäre der Wähler sofort an Ort und Stelle.

In Großbritannien haben wir ein großartiges Wahlsystem: Wir gehen in eine Wahlkabine, stimmen für die Person, die wir als Premierminister sehen wollen, und bekommen dafür irgendeinen Dorftrottel zum lokalen Abgeordneten. So kommt es, dass die Aktuelle Stunde eher wie eine Tolle Stunde erscheint.

Eine Wahlkabine sieht aus wie eine Mischung aus einem Pissoir und einem Fotoautomaten, und jedermann verspürt das Bedürfnis, darin etwas Dummes oder Obszönes zu tun, und etwas anderes steht tatsächlich selten zur Wahl. Was das Wahlverfahren anbetrifft, sind wir den Amerikanern immer noch weit voraus: Wir benutzen einen kleinen Bleistift und malen ein Kreuz in ein Kästchen.

Wenn Sie eine Wahlkabine betreten und die Liste der Kandidaten lesen, haben Sie vielleicht das Glück, einen Namen wie «Dampfendes Puddinghirn III» zu erblicken. Es ist eine der Errungenschaften der Demokratie, dass es total Durchgeknallten gestattet wird, sich zur Wahl aufstellen zu lassen. Es gibt Länder, in denen so ein Name niemals auf dem Wahlzettel erscheinen würde, es sei denn, es wäre der einzige Name auf dem Wahlzettel, und dann müsste man ihn verdammt ernst nehmen.

Der Mensch durchlebt eine politische Pubertät, die genauso überwältigend ist wie die körperliche Pubertät. Man wacht plötzlich eines Morgens auf und stellt fest, dass man dem linken oder rechten Sektor angehört. Egal, wie viel Wahlhilfe geleistet wird, Sie werden immer links oder rechts wählen, ungeachtet der Frage, welcher Affe gerade an der Spitze des jeweiligen politischen Spektrums steht. Seltsamerweise tendieren die meisten dazu, mit wachsendem Alter einmal über das politische Spektrum zu gleiten. Da Politiker jedoch genau das Gleiche tun, wird es wahrscheinlich nie jemand bemerken.

RICHTIG ... tagen

Ein Ausschuss wird von einer kleinen Gruppe von Menschen gebildet, die Probleme erfinden und Entscheidungen vermeiden wollen. Alles, was einen Haushalt hat, hat auch einen Ausschuss. Ausschüsse sind im Prinzip eine Art Verhütungsmittel, denn sie schützen den Haushalt vor der Empfängnis von neuen Impulsen.

Ein Ausschuss kann nicht effektiv arbeiten, wenn die Ausschussmitglieder sich gegenseitig hassen. Traurigerweise ist aber genau das oftmals der Fall, denn meistens ist es so, dass Ihr Erzfeind sofort einem Ausschuss beitritt, dem Sie angehören, um damit zu verhindern, dass Sie etwas bewirken oder Macht über etwas erlangen könnten.

Sogleich gibt es dann eine Kluft zwischen den Anhängern der beiden Ausschussmitglieder, die sich hassen, womit sich bei jeder Diskussion, und sei es nur über die unwichtigsten Kleinigkeiten, zwei Lager bilden. Diese Art von Ausschuss ist der Prototyp der Ausschüsse im englischen Unterhaus.

In jedem Ausschuss gibt es einen Vorsitzenden. Ein Vorsitzender sitzt auf einem besonderen Sitz, der nur dann wirkungsvoll ist, wenn er am Tischende aufgestellt ist. Ein Ausschussvorsitzender hat in der Besatzungszeit mit hoher Wahrscheinlichkeit mit den Nazis sympathisiert und hätte bedenkenlos auch deren Uniform angezogen. Jeder, der sich freiwillig für den Posten des Ausschussvorsitzenden zur Verfügung stellt, sollte automatisch von diesem Amt ausgeschlossen werden.

Ausschüsse tagen nach bestimmten Verfahrensweisen, welche nach drei Kriterien festgelegt werden: Wie vergeudet man am effektivsten Zeit, wie stellt man sicher, dass die Ausschussarbeit keinesfalls Spaß macht, und wie schwächt man den Lebenswillen der Ausschussmitglieder. Eine dreistündige Ausschusssitzung, bei der ausschließlich Verfahrensweisen und keinerlei Inhalt zur Sprache kommen, ist bei weitem keine Ausnahme. Es gilt die eiserne Regel: Wer am meisten über Verfahrensweisen weiß, der weiß am wenigsten über alle anderen Themen. Es gibt tatsächlich Menschen, die Ausschüsse mögen, aber der echte Kenner entscheidet sich für den Unterausschuss.

Die DNA jeder Sitzung ist das Protokoll. Die Hälfte jeder Ausschusssitzung besteht aus der Verlesung des Protokolls der letzten Sitzung. Es ist, als ob man die vergangene Sitzung nochmals durchlebt, und bietet die einmalige Gelegenheit, sich nochmals anzuhören, wie sich die ergebnislosen Diskussionen der letzten Sitzung bis lange nach Mitternacht hinzogen. Der Protokollführer sollte demzufolge eine gesunde Mischung aus Werbetexter, Diplomat und Eheberater sein. Als Anwalt könnten Sie mit dieser Art von Arbeit astronomische Summen verdienen.

Die Tagesordnung ist sozusagen der Leuchtturm jeder Ausschusssitzung, denn jeder versucht, sich von ihr fernzuhalten. Das, worauf es bei einer Sitzung wirklich ankommt, ist alles, was nicht auf der Tagesordnung steht. Hier stoßen altbewährte Verfahrensweisen an ihre Grenzen, und es werden ungestört bösartige Angriffe verübt. Wahrhaftige Boshaftigkeiten erkennt man sofort an der Einleitung: «Bitte protokollieren Sie das nicht.»

RICHTIG ... revoltieren

Ein richtiger Revolutionär muss sich zunächst um ein interessantes Styling seiner Gesichtsbehaarung kümmern. Glatzköpfigkeit ist ein großer Pluspunkt, Bärte sind Klasse (je buschiger, desto besser), Schnauzbärte sind okay, sollten aber unbedingt so unverkennbar sein, dass sie in der Weltgeschichte niemals kopiert werden.

Wenn es Ihnen gelingt, die Menschen davon zu überzeugen, Sie ernst zu nehmen, obwohl Sie ein totaler Knallkopf mit einem Bürstenschnauzer sind oder einem Bart, der so dicht ist, dass ein Vogel darin nisten könnte, dann stehen die Chancen ganz gut, dass man auch Ihre durchgeknallten Ideen ernst nehmen wird. Hässlichkeit steht einer Karriere als Revolutionär nicht im Weg, da Sie als Revolutionär nicht unbedingt als Modell für Bestellmode jobben werden.

Es ist wichtig, im richtigen Moment im Exil zu leben. Wo Sie leben, ist egal, ausgenommen Amerika, wo man Gefahr läuft, vom Lebensstil eingeholt zu werden und Sie eines Morgens aufwachen könnten, um festzustellen, dass aus Ihnen ein revolutionärer und charismatischer IT-Berater geworden ist. Außerdem sollten Sie darauf achten, dass in Ihrem Exilland seinerseits nicht gerade eine Revolution stattfindet, denn das könnte sich als sehr demotivierend erweisen. Am besten gehen Sie in die Schweiz oder nach Großbritannien. Wenn Sie dann die Arbeiter auf einem Revolutionszug anführen und alle «Freiheit», «Gerechtigkeit» usw. schreien, können Sie immer denken: Lasst es uns den Schweizern gleichtun!

Als Revolutionär sollten Sie sofort Charme gegenüber Tieren, Kindern, Bauern und Arbeitern zeigen, doch um die Leute zu motivieren, sollten Sie unbedingt auch eine Menge sexuelle und soziale Absonderlichkeiten an den Tag legen. Impotenz ist kein Problem, denn auch die Vernichtung der Mittelschicht kann Ihnen ein Machtgefühl verleihen. Das zügellose Frönen Ihrer sexuellen Bedürfnisse kommt immer gut an, besonders bei den männlichen Arbeitern und Bauern (es sei denn, Sie frönen Ihrer Bedürfnisse mit ihnen). Sie sollten wenigstens ein schockierendes Laster unter Verschluss halten, um spätere Biographien lesenswert zu gestalten.

Für einen Revolutionär ist es wichtig, tiefgründige Aussagen zu machen. Der Inhalt ist nicht so wichtig, irgendeine Analogie wäre gut. Wenn Sie täglich etwas sagen wie: «Gerechtigkeit ist eine leicht verderbliche Frucht», oder: «Freiheit ist die Visitenkarte der Wahrheit», dann bleibt bestimmt irgendwann etwas im Gedächtnis der Menschen hängen.

Die eigentliche Revolution sollte unbedingt nach einem klaren Muster verlaufen. Zunächst sollten Sie in den Bergen oder auf einem langen Marsch kämpfen. Details sind nicht so wichtig, aber es sollte auf jeden Fall etwas sein, was für Ihre Anhänger unbequem ist und sich später gut in einen Wandteppich einweben lässt. Sobald Sie sich für ein Styling Ihrer Gesichtshaare entschieden haben, sollten Sie die Berge verlassen und die Barrikaden bemannen. Bemannte Barrikaden auf vorörtlichen Nebenstraßen sind nicht sehr effektiv, achten Sie darauf, Ihre Barrikaden in der Nähe von Touristenattraktionen aufzustellen. Das ist wichtig wegen der Fotos, auch die Nähe zu Straßencafés ist wichtig für eine effiziente Strategieanalyse nach den Kämpfen. Und nun ist der Zeitpunkt erreicht, an dem Sie zur Machtübernahme schreiten sollten: Ziehen Sie eine langweilige Uniform an, legen Sie sich eine richtig blöde Kopfbedeckung zu, und leiten Sie die Revolution ein (fakultativ).

Richtig ... demonstrieren

Hin und wieder zeigt sich die Bevölkerung so verärgert, dass sie sich entschließt, zu demonstrieren. Das bedeutet in der Regel, in Massen nach Berlin zu fahren, festzustellen, wie wenig öffentliche Toiletten es gibt, und mit Tausenden von Einkaufstüten wieder nach Hause zu fahren.

Sprechchöre sind ein wichtiger Bestandteil jeder Demonstration. Hier gilt die eiserne Regel, die Sprechchöre auf einsilbige Wörter zu reduzieren. So ist z.B. «Wann wollen wir es haben? – Jetzt!» gut, «Wann wollen wir es haben? – Sogleich!» dagegen weniger. Sobald es mehr als eine Silbe gibt, kommt der Verdacht auf, es gäbe Verhandlungsspielraum.

Auch Transparente sind sehr wichtig. Das Erstellen von vielen Standardtransparenten können Sie sich jedoch sparen, da das Fernsehen doch immer nur das eine geistreiche zeigt. Achten Sie jedoch darauf, dass auf dem einen geistreichen Transparent keine Schreibfehler auftauchen, sonst könnten Sie den Eindruck erwecken, die Demonstration würde von einer Horde Schwachsinniger geführt.

Falls Sie mit Jugendlichen demonstrieren, sollte unbedingt ein hübsches Mädchen auf den Schultern seines heißen Liebhabers sitzen. Zeitungsverleger bedienen sich dieses Stilmittels, um die Größe der Menge zu zeigen. Gleichzeitig zeigt es die Ernsthaftigkeit der Sache, wenn sich eine attraktive junge Frau dazu bewegen lässt, zu demonstrieren. Auch süße Kinder, die Transparente tragen, welche sie weder schreiben noch verstehen können, sind wichtig. Was Sie unbedingt vermeiden sollten, ist ein Arbeiter mit einem Transparent, auf dem «Zahl mir meinen gerechten Lohn» steht, denn das wird niemals Eindruck machen.

Ziviler Ungehorsam ist bei jeder Demonstration unverzichtbar. Am einfachsten ist es, Sie parken irgendwo, wo die Polizei

Sie abschleppen muss. Eine gute Möglichkeit wäre z. B. Parken in zweiter Reihe, was der täglich demonstrierte Protest auf den Straßen unserer Großstädte ist.

Wenn Sie sich an einem unpassenden Ort niedergelassen haben, ist es wichtig, dass Sie nicht sofort aufspringen, nur weil Sie jemand höflich darum bittet. Wenn Sie dann von ein paar gelangweilten Polizisten behutsam davongetragen werden, haben Sie genug Gesprächsstoff, um Ihre Enkelkinder bis an Ihr Lebensende zu langweilen. Es gibt Menschen, die ihren Kopf mit Sekundenkleber am Bürgersteig befestigen. Solch extreme Maßnahmen sind jedoch nicht nötig, es sei denn, die Sache berührt Sie wirklich, und Sie nehmen es in Kauf, dabei Ihren Kopf zu verlieren.

Demonstrationen sollten in einem Park beginnen und von dort über ein paar Touristenattraktionen zu irgendeinem Regierungsgebäude führen. Wenn Sie mit Ihrer Sache wirklich Eindruck schinden wollen, dann sollten Sie den Demonstrationszug über die Überholspur einer Stadtautobahn führen, allerdings wäre das natürlich kein sehr stimmungsvoller Ausflug. Zu guter Letzt ist es natürlich wichtig, eine angemessene Anzahl von Menschen bei einer Demo dabeizuhaben. Eine Dorfhalle wirkt mit 80 Menschen vielleicht voll, aber in London z. B. ist das die durchschnittliche Anzahl der Fahrgäste im Aufzug zur U-Bahn.

Sport und Training ●

Krankheit und Gesundheit ●

Kochen und Essen ●

Mode und Wellness ●

Schlafen und Wachsein ●

Faulenzen und Herumtrödeln ●

Hecken und Nachbarn ●

Religion und Politik ●

Teenager und Studenten ●

Mixen und Mischen ●

Männer und Frauen ●

Liebe und Ehe ●

Richtig … cool sein

In dem Lebensabschnitt zwischen Kindheit und Familiengründung ist es eminent wichtig, cool zu sein. Allerdings ist es auch unglaublich schwierig, cool zu sein, da es keine verbindlichen Spielregeln dafür gibt. Man kann noch nicht einmal selbst darüber befinden, ob man nun cool ist oder nicht – das erledigen andere.

Ein paar grundsätzliche Dinge liegen aber durchaus in Ihrer Macht. Hören Sie zuallererst einmal auf, permanent notorisch gute Laune zu verbreiten. Kein Mensch mit einem freudigen, ansteckenden Lachen ist cool; es ist oberste Priorität, sich selbst in höchstem Maße ernst zu nehmen, wenn man cool sein will. Lachen ist was für Leute, die nichts kapieren. Schauen Sie also finster drein, und betrachten Sie den Lauf der Dinge mit der Attitüde: «Hört sich ja ganz witzig an, aber ich bin da anderer Meinung.» Niemand wird Sie ernst nehmen, wenn Sie sich nicht selbst ernst nehmen.

Vergessen Sie als Nächstes Ihren flotten, federnden Gang. Coole Menschen verlieren nie die Bodenhaftung, da auf ihren Füßen tonnenschwer die Last der Verantwortung ruht, cool zu sein. Lassen Sie sich den federnden Gang operativ entfernen, und ersetzen Sie ihn durch einen schlurfenden. Überflüssig zu erwähnen, dass coole Leute beim Gehen die Arme stillhalten. In der Tat ist selbst die geringste Bewegung mit den Armen tabu, will man nicht den Eindruck erwecken, Führer einer Pfadfindergruppe zu sein.

Erwecken Sie auch nie den Eindruck, Sie hielten etwas für eine prima Idee. Es könnte z. B. eine prima Idee sein, ins Kino zu gehen, aber wenn Sie cool sind, würden Sie das zuallerletzt vorschlagen. Für derartige Entscheidungen müssen sich schon die Uncoolen opfern. Coole Leute können sich erst dann dazu herablassen, ins Kino zu gehen, nachdem sich die uncoolen mit ihren Vorschlägen blamiert haben, auch wenn Ins-Kino-Gehen schon Stunden zuvor der erste Vorschlag eines engagierten, aber leider uncoolen Bekannten war, der jetzt zu Hause sitzt und still vor sich hin weint.

Die Kleidung ist ein ganz entscheidender Faktor fürs Coolsein. Gewöhnliche Klamotten, pflegeleicht und robust, haben nicht das Zeug dazu. Will man sich cool kleiden, wandelt man immer auf dem schmalen Grat zwischen Skurrilem von gestern und Lachnummern von morgen. Haben Sie einmal definitiv beschlossen, cool zu sein, ist dieser Grat etwas leichter begehbar. Sie können dann einen Eimer als Kopfbedeckung tragen und sind in den Augen Ihrer weniger coolen Freunde immer noch cool, zumal diese am Tag darauf alle einen Eimer auf dem Kopf tragen werden. (So funktioniert die Modebranche.)

Frische Luft und Sonnenschein sind Ihrer Coolheit abträglich, weil sie für gute Laune sorgen und Ihre coolen Klamotten überflüssig machen. Deshalb sind coole Leute oft Langschläfer und Nachtmenschen. Es besteht jedoch kein Grund, keine Sonnenbrille zu tragen, nur weil es dunkel ist. Denn wie gesagt, jeglicher Blickkontakt ist völlig uncool und wird als eindeutiges Zeichen von Schwäche interpretiert.

RICHTIG … intellektuell sein

Will man sich einen intellektuellen Touch geben, erreicht man das im Nu mit der Bemerkung: «Tatsächlich?», nachdem jemand anders etwas gesagt hat. Tatsächlich?

Bei Menschen ist es wie bei den Fischen: je tiefgründiger die Gefilde, desto abstoßender das Äußere. Tragen Sie keine hellen Farben, wenn Sie als Intellektueller durchgehen wollen. Intellektuelle tragen immer Schwarz, um damit ihre großen, unergründlichen Tiefen zu demonstrieren. Paillettenkleider haben den gegenteiligen Effekt.

Betreiben Sie Konversation, ist es für einen Intellektuellen verpflichtend, mit der ein oder anderen ausländischen Floskel aufzuwarten, vorzugsweise Floskeln, von denen bis dato noch nie jemand etwas gehört hat. Befinden Sie sich nicht gerade in allerseichtester Gesellschaft, werden Sie wohl mit *«Frère Jacques, dormez-vous?»* nicht davonkommen.

Dabei eignet sich ein hohles, hämisches Lachen ausgezeichnet, um noch intellektueller zu wirken. Sagt jemand etwas völlig Unverfängliches wie z. B.: «Im Laden an der Ecke gibt es bestimmt Staubsaugerbeutel», zeigt ein hohles, hämisches Lachen, dass Sie aufgrund langjähriger, schmerzvoller Erfahrung schon lange wissen, dass man es sich im Leben nicht ganz so einfach machen kann.

Selbst wenn Sie offensichtlich falschliegen, können Sie die Situation immer noch retten mit der Bemerkung: «Das schon, aber gibt es einen Laden im Beutel?», oder: *«Plus ça change, plus ça Hoover bag.»* Zwar macht weder das eine noch das andere irgendeinen Sinn, aber wenn Sie es intellektuell genug rüberbringen und schwarz gekleidet sind, nimmt jeder an, es würde für Sie Sinn machen auf einem derart abgehobenen Niveau, auf das vorzustoßen er nicht in der Lage ist.

Auf jede Frage mit der Standardfloskel: «Kommt darauf an, was Sie damit meinen», zu antworten, ist eine weitere vorzügliche Methode, Ihre vielschichtige Bildung und überragende Intelligenz unter Beweis zu stellen. Überstrapazieren Sie jedoch diese Floskel nicht, sonst könnte Sie irgendwann jemand auf dem falschen Fuß erwischen mit der Gegenfrage: «Was meinen Sie mit meinen?» Und dann können Sie sich erst recht den Kopf zerbrechen, bis er raucht.

Unverzichtbares Accessoire für jeden Intellektuellen ist ein schwieriges Buch, vornehmlich eines russischen Schriftstellers, der sich dem Spezialgebiet Armut, Elend und Tod verschrieben hat. Am besten, Sie kaufen sich dieses Buch gebraucht, denn selbst wenn Sie nicht über Seite zwei hinauskommen, hat es immer noch den Anschein, als würden Sie es zum fünften Mal lesen, um auch die letzten Geheimnisse seines intellektuellen Tiefgangs zu ergründen.

Ebenso unverzichtbar für einen intellektuellen Touch ist es, jegliche Ballsportarten zu meiden. Aktivitäten wie den Ball hochhalten, prellen, köpfen oder dribbeln sind absolut unvereinbar mit einer coolen Tiefsinnigkeit. Der andere Feind des Tiefsinns und seiner Vertreter ist das Wort «Schwachsinn». Egal, wie man es auch dreht, es macht keinen Sinn, und selbst ein «Tatsächlich?» fordert nur das letzte Wort heraus: «Aber sicher!»

Richtig … hart sein

Im neuen Jahrtausend haben viele junge Männer eine großartige neue Methode der Selbstdarstellung entdeckt: hart sein. Das Erste, was man sich dazu aneignet, ist ein harter Gang. Ein leichtfüßig wippender Schritt taugt hierfür nicht, es sei denn, es sieht so aus, als würde man Anlauf nehmen und zu einem Korbleger im Basketball ansetzen. Es ist ein Muss für harte Männer, die Arme beim Gehen leicht auszustellen, als hätten sie unter den Armen riesige Muskelpakete. Ebenso sollte man leicht breitbeinig gehen, als hätte man Genitalien elefantösen Ausmaßes mit sich herumzutragen (es ist unmöglich, hart zu sein und X-Beine zu haben).

Die Autos harter Jungs haben fette Reifen und ein dickes Auspuffrohr. In chronischen Fällen sind abgedunkelte Scheiben ein Muss, sodass niemand hineinsehen kann. Wahrscheinlich sitzen die harten Jungs ohnehin mit einer rosaroten, flauschigen Strickjacke im Wagen, aber genauso wahrscheinlich lohnt es sich nicht, der Sache auf den Grund zu gehen.

Ein sprachliches Feuerwerk abzubrennen ist nicht gerade das Ding der wirklich harten Jungs. Es reicht völlig aus, «Wohin schweift gerade Ihr Blick?» in verschiedenen Variationen sagen zu können und die anschließende Pointe zu beherrschen, und zwar in Form eines Faustschlages oder, will man Bier, Hundeleine oder Tussi nicht loslassen, mittels eines Kopfstoßes.

Kämpfen ist ein essenzieller Bestandteil des Hartseins. Für Männer, die hart sein wollen, mag es zwar peinlich sein, aber jeder Kampf kann eine ganze Menge Schaden anrichten und nicht unbedingt zu den eigenen Gunsten enden. Unter dem Strich ist es jedenfalls viel besser, sich lauthals darüber auszulassen. Das bedeutet, man kann beim Einkaufen aus Versehen mit jemandem zusammenstoßen und daraus dann eine dramatische Straßenschlacht machen, wenn man seinen Kumpels davon berichtet.

Man möchte meinen, dass echt harte Männer auf echt harte Frauen stehen. Weit gefehlt. Gewöhnlich stehen sie auf echt sanfte und niedliche Wesen, um hervorzuheben, was für harte Kerle sie selbst sind. Das ist ihre Art, das Outing ihrer weiblichen Seite zu demonstrieren.

Tätowierungen sind der schnelle Weg, die eigene Härte zur Schau zu stellen, es sei denn, man lässt sich an seinem Junggesellenabschied tätowieren, was mit einem «Klaus ist mein Schatz» auf dem rechten Bizeps endet. «Ich liebe meine Mami» ist auch für die pathologischen Fälle absolut in Ordnung und impliziert in keiner Weise, man sei ein Muttersöhnchen. Aber auch in diesem Fall lohnt es sich nicht, der Sache auf den Grund zu gehen, vor allem, wenn sich das Tattoo im Gesicht befindet.

Muskeln und Waffen sind die Währung der Härte, und im Allgemeinen verfügt man über das eine oder das andere. Kleine Männer ohne Muskeln haben sehr scharfe, spitze Messer, die sie gerne in regelmäßigen Abständen zur Schau stellen. Größere Männer trainieren sich gerne Muskeln an, um diese in eng anliegenden T-Shirts zur Schau zu stellen. Allerdings sollte man daran denken, dass es sich dabei um eine Ausstellung in eigener Sache handelt, auf der man sich ohne Einladung befindet, und dass man möglicherweise gefragt wird, wohin sein Blick gerade schweift.

RICHTIG … kämpfen

Die meisten Männer waren nie in eine Schlägerei verwickelt und würden auch gar nicht wissen, wie sie sich in einem solchen Fall zu verhalten hätten. Der Mann von heute macht höchstens noch Bekanntschaft mit nackter Aggression bei einem besonders festen Händedruck oder einer außergewöhnlich scharfzüngigen E-Mail. Ein Gerichtsverfahren ist das moderne Pendant zu dem althergebrachten Mit-jemandem-vor-die-Tür-Gehen. Der einzige Unterschied besteht darin, dass man dafür richtig zur Kasse gebeten wird und dass das Tischtuch für immer zerschnitten ist.

Sind Sie in echte Kampfhandlungen verwickelt, müssen Sie unterscheiden zwischen einer harmlosen Rangelei, bei der es eigentlich um ganz andere Dinge geht, und einer handfesten Schlägerei, bei der es darum geht, dem anderen Verletzungen zuzufügen. Um Ersteres handelt es sich, wenn Sie reden wie ein Wasserfall und sich gezielte Beleidigungen ausdenken zum Thema Herkunft, sexuelle Neigungen und Schönheitsoperationen oder mit einem unmittelbar bevorstehenden Krankenhausaufenthalt drohen. Letzteres ist der Fall, wenn Sie zu einer Waffe greifen. Apropos, selbst die unverschämteste Beleidigung schützt Ihren Kopf nicht vor einem heranfliegenden Feuerlöscher.

Eine richtige Schlägerei kennt keine Spielregeln. Zetteln zwei nette Kerle eine an, sagt es schon alles, wenn sie ihre Fäuste erheben. Dadurch wird die Deckung unterhalb der Gürtellinie sträflich vernachlässigt und der Weg frei für einen blitzschnellen Tritt mit dem Stiefel in Richtung Weichteile.

Wenn im Fernsehen einer dem anderen einen Faustschlag verpasst, hört es sich jedes Mal an, als würde ein Scheunentor zufallen. Sollten Sie tatsächlich einmal jemanden wegfausten wollen, wird Ihnen dieses Geräusch nicht zu Ohren kommen, vor allem, weil Sie laut aufschreien: «Verdammte Scheiße, ich hab mir die Hand gebrochen!»

Der Kopfstoß ist eine ganz seltsame Geschichte bei einer Schlägerei. Immerhin ist es gerade der Kopf mitsamt seinem Inhalt, den es in erster Linie zu schützen gilt. Kopfstöße auszuteilen macht genauso viel Sinn, wie jemanden mit den Eiern verprügeln zu wollen. Greift Sie jemand mit einem Kopfstoß an, zielen Sie bei Ihrem Gegenangriff nicht auf seinen Kopf, da Sie aller Wahrscheinlichkeit nach hier am wenigsten kaputtmachen können. Denken Sie daran, dass im Allgemeinen das Ego eines Mannes sein empfindlichstes Körperteil ist.

Im Sport kommt es oft zu Kampfszenen. Rugby ist praktisch nichts anderes als eine durchorganisierte Schlägerei, bleibende körperliche Schäden sind beim Badminton an der Tagesordnung; und es gibt eine ganze Reihe schauerlicher Geschichten über Wutausbrüche von Welfenprinzen selbst in den elitärsten Golfclubs. Auch beim Boxen kann es zu Kampfszenen kommen, es sei denn, der Kampf wurde von einem professionellen Boxveranstalter organisiert.

Es ist wesentlich schwieriger, aus einer Schlägerei herauszukommen, als hineinzugeraten. Hat man jemanden einmal im Schwitzkasten, was soll man dann mit seinem Kopf anstellen? Das Gesicht bleibt gewahrt, wenn jeder den anderen am Kragen packt und ihn wegstößt, mit Wut auf den Lippen. In diesem Stadium ist es ganz praktisch, jemanden dabeizuhaben, der die Sache aus nächster Nähe verfolgt und Ihnen sagt, dass es Ihr Kontrahent nicht wert sei. Achten Sie genau darauf, dass es sich dabei nicht um einen Freund handelt, der meint, jeder sei es durchaus wert und Sie sollten sich sofort auf ihn stürzen.

Richtig … Möbel umstellen

Möbel umstellen ist eine preisgünstige Therapieform, zieht man die Kosten für die Krankengymnastik ab, um Ihren Rücken zu kurieren nach Ihrem Versuch, den vollgepackten Bücherschrank umzustellen.

Als Erstes stellt man das Bett um. Sie können es direkt unters Fenster stellen, was den Vorteil hat, sich auf das Bett knien und den Lauf der Dinge da draußen verfolgen zu können. Der Nachteil besteht darin, dass jeder da draußen auch den Lauf der Dinge in Ihrem Bett mitverfolgen kann. Außerdem sehen Sie sich im Winter unterm Fenster permanent kalter Zugluft ausgesetzt und holen sich womöglich noch den Tod. Andererseits hört man in den seltensten Fällen, dass der Leichenbeschauer das Ableben der Dahingeschiedenen auf zu leichte Kleidung oder ein offen stehendes Fenster zurückführt, also dürfte es kein allzu großes Problem sein.

Mit dem Bett die Zimmertür zu verbarrikadieren dürfte wohl die unklügste und aufsässigste Variante sein. Ihre Privatsphäre bleibt dadurch zwar hundertprozentig gewahrt, aber Sie müssen gewisse Einschränkungen in Kauf nehmen, wenn das Essen fertig ist. Zwei weitere geniale Ideen, die sich als nicht besonders langlebig erweisen, sind zum einen, das Bett diagonal zu stellen (außer Sie haben viele andere dreieckige Möbelstücke), und zum anderen, das Bett in die Raummitte zu stellen. Hat Ihr Bett keine Lehne am Kopfende, werden Sie das befremdliche Gefühl nicht los, wie auf Ihrer eigenen Totenbahre zu liegen.

Nehmen Sie das Umstellen Ihres Kleiderschranks nur dann in Angriff, wenn Sie es wirklich ernst meinen mit der neuen Raumgestaltung. Besondere Vorsicht ist geboten, wenn es sich um einen Einbauschrank handelt. Wollen Sie Ihren Kleiderschrank umstellen, müssen Sie zunächst seinen gesamten Inhalt aufs Bett legen. Lassen Sie sich dabei nicht zu einer Aussortierungsaktion Ihrer Kleider hinreißen, da Ihnen leicht die Puste zur Neugestaltung des Zimmers ausgehen könnte, wenn Ihre Kleider hübsch sortiert sind, der Schrank selbst jedoch noch mitten im Zimmer steht.

Passen Sie auf, dass Sie es mit der Neugestaltung nicht übertreiben. Ertappen Sie sich dabei, wie Sie Bodendielen, Rohrleitungen oder tragende Wände versetzen, sind Sie wahrscheinlich übers Ziel hinausgeschossen. Außerdem ist die Aussicht mehr als gering, Vollzug melden zu können, bevor es Zeit zum Schlafengehen ist. Vergessen Sie nicht, dass der Chef des Hauses – Eltern, Gattin, Wärter – immer genau dann aufkreuzt, wenn alle Sachen *nicht mehr* ordentlich an ihrem alten Platz und *noch nicht* ordentlich an ihrem neuen Platz stehen.

Eine der größten Einschränkungen beim Umstellen von Möbeln ist die Tatsache, dass man nicht alles allein bewerkstelligen kann. Dennoch ist es erstaunlich, was eine Person allein mit Hilfe von improvisierten Hebebalken aus Besenstielen, Rampen und einem Satz Rollen aus Konservendosen mit weißen Bohnen alles umstellen kann.

Ist das Werk schließlich vollbracht, und die Möbel stehen an ihrem neuen Platz, sollten Sie einen letzten Check machen, um zu sehen, wo die Lichtschalter, Steckdosen und Telefonbuchsen sind. Zum Schluss bleiben nur noch kleinere Nachbesserungen, um sicherzustellen, dass das Licht brennt, die Steckdosen unter Strom stehen und die Telefonbuchsen angeschlossen sind, und – Simsalabim! – steht alles wieder haargenau an seinem ursprünglichen Platz.

SICH RICHTIG … rasieren

Einer der Gründe, warum so viele Männer jeden Morgen den nervigen Riesenzirkus mit dem Rasieren auf sich nehmen, ist darin zu sehen, dass der Zirkus unweigerlich noch riesiger und nerviger wäre, aufs Rasieren zu verzichten und sein Dasein als Mann mit Bart zu fristen.

Da das Rasieren nicht gerade zu den erbaulichsten Aktivitäten im Leben gehört, sehen es manche Männer für ein paar Tage nicht so eng und tragen einen Drei-Tage-Bart. Sie bilden sich ein, auf diese Art als harter, einsamer Cowboy wahrgenommen zu werden. In Wirklichkeit sehen sie aus wie ein schmuddeliger, kleiner Proll. Für eine Frau fühlt sich ein Kuss mit Bartstoppeln an, als würde ihr jemand minutenlang eine Schleifmaschine ins Gesicht drücken.

Heutzutage gibt es alle möglichen Rasiergele, -lotionen und -cremes. Lotionen haben den Vorteil, dass man sieht, an welcher Stelle man das Rasiermesser schwingt, allerdings gleitet man auch sehr schnell ab, und eh Sie sich's versehen, blutet Ihr Ohr auf dem Boden still vor sich hin. Wollen Sie es Ihrem Vater gleichtun, greifen Sie am besten zu weichgeschlagenem Seifenschaum und tragen ihn auf mit einem Rasierpinsel aus Dachsborsten; allerdings dürfte diese Variante von einer Spezies mit einem gewissen Argwohn betrachtet werden – den Dachsen. Gele haben den Vorteil, dass sie einen weiten Aktionsradius haben, in der Regel bis zum nächsten Vorhang, da sie meist unter hohem Druck stehen.

Es ist ein absolutes Rätsel, warum jemand irgendwann einmal auf die Idee kam, ein Rasiermesser zu benutzen, mit dem man sich ohne weiteres die Kehle durchschneiden kann; schließlich setzt sich auch niemand ins Auto, um gegen einen Baum zu fahren, oder benutzt ein Kondom, um Nachwuchs zu zeugen.

Wegwerf-Rasierer heißen so, weil man durch ihren ständigen Erwerb einen beträchtlichen Teil seines verfügbaren Einkommens wegwirft. Diese Rasierer verfügen über einen Rasierkopf mit zwei, drei oder sogar vier Klingen und rasieren angeblich so gründlich, dass man praktisch den Kieferknochen sehen kann. Es wird natürlich mit keinem Wort erwähnt, dass man durchaus die gleiche Wirkung erzielen kann, wenn man mit seinem einfachen Rasierer mit nur einer Klinge mehrmals über die gleiche Stelle fährt. Wenn man beim Rasieren die Haut straff halten will, muss man eine ganze Reihe Grimassen schneiden, für die man als Kind jedes Mal eins hinter die Ohren bekommen hätte.

Männer sind immer etwas enttäuscht darüber, für wie wenig Rasuren ihnen ein durchschnittlicher Rasierer reicht. Die erste Rasur ist phantastisch, aber schon die zweite fühlt sich an wie mit einem rostigen Sägeblatt. In der Zwischenzeit hat sich nämlich Ihre geliebte Frau damit die Beine rasiert, was, rasiertechnisch gesprochen, der Abholzung des Amazonasgebiets entspricht.

Würde Ihnen jemand auf offener Straße Aftershave ins Gesicht schütten, würden Sie ihn völlig zu Recht wegen Mordversuchs mit einer tödlichen Waffe belangen, dennoch dringen aus den Badezimmern landauf, landab die Schmerzensschreie von Männern, die sich reinen Alkohol in ihr zartes, blutiges Antlitz spritzen. Als Alternative können Sie eine milde Feuchtigkeitscreme mit Ylang-Ylang-Extrakten auftragen. Aber wenn die Unterminierung Ihrer Männlichkeit schon derartige Ausmaße annimmt, können Sie sich genauso gut einen Bart wachsen lassen.

RICHTIG … niedergeschlagen sein

Die vier apokalyptischen Reiter der Niedergeschlagenheit sind Müdigkeit, Langeweile, Regen und ein niedriger Blutzuckerspiegel. Jeder für sich kann zu Niedergeschlagenheit geringeren Ausmaßes führen, während alle vier zusammen Sie zu einem wirklich nervigen Arschloch werden lassen. Eigentlich ist Niedergeschlagenheit nichts von Bedeutung, aber sie kann die Welt verändern und sie vor allem zu einem schrecklichen Ort werden lassen, an dem sich alles und jeder gegen Sie verschworen hat, um Ihnen das Leben zur Hölle zu machen.

Sind Depressionen mit einem schwarzen Hund vergleichbar, fühlt man sich wie ein begossener Pudel, wenn man niedergeschlagen ist. Will heißen, bei normalerweise fröhlichen Menschen wird das sonnige Gemüt vorübergehend abgeschaltet. In der Regel wird Niedergeschlagenheit ausgelöst durch eine Kleinigkeit, die schiefgeht, wie z. B., wenn man den Bus verpasst, sich die Zehe aufreißt oder bei einer Wohltätigkeitstombola leer ausgeht, obwohl man 80 Prozent der Lose gekauft hat.

Man sagt dann Dinge wie: «Bei meinem Glück verpasse ich bestimmt den nächsten Bus.» Hat man den nächsten Bus ohne Probleme geschafft, sagt man: «Bei meinem Glück sitzt bestimmt jemand auf dem besten Platz oben ganz vorne.» Ist auch dies nicht der Fall, und alles verläuft weiterhin völlig unproblematisch, quält man sich weiter im Text. «Bei meinem Glück wird bestimmt das obere Deck abgerissen, wenn der Bus unter einer niedrigen Brücke durchfährt.» Solange die Phase der Niedergeschlagenheit anhält, ist es schlichtweg unmöglich, etwas positiv und heiter zu sehen.

Niedergeschlagenheit äußert sich in körperlichen Symptomen. Erstes Anzeichen ist das ausgelatschte Pantoffel-Syndrom, das es dem Betroffenen unmöglich macht, einmal ums

Haus zu laufen, ohne zu schlurfen. Zum Zweiten wird man von einer weinerlichen Stimme befallen, die jedes Wort zum Gejammer werden lässt nach dem Motto «Mach ich nicht», «Kann ich nicht» oder «Will ich nicht».

Ein niedergeschlagener Mensch findet nichts mehr lustig. Vor allem die Dinge nicht, die ihn normalerweise zum Lachen bringen. Seinen Lieblingswitz findet er plötzlich erbärmlich und kindisch, ebenso alle seine Freunde und seine Familie. Es gibt aber ein wirkungsvolles Zwei-Stufen-Programm, um den Betroffenen aufzumuntern. Stufe eins: Meiden Sie den Jammerlappen einfach, da alles, was Sie tun oder sagen, ohnehin kindisch und erbärmlich ist. Stufe zwei: Gehen Sie in die Küche, und kochen Sie eine warme Mahlzeit. Machen Sie Pfannkuchen zum Nachtisch, wenn es sich um einen besonders schweren Fall von Niedergeschlagenheit handelt. Bleibt der gewünschte Erfolg aus, handelt es sich entweder um einen Fall von klinischer Depression, oder Ihre Kochkünste taugen nichts.

Eine hoch riskante Aufmunterungs-Strategie besteht darin, den Betroffenen an Niedergeschlagenheit zu übertreffen. Es ist so gut wie unmöglich, dass zwei Menschen zur gleichen Zeit im gleichen Raum niedergeschlagen sind, weil Niedergeschlagenheit immer relativ ist. Jeder will den anderen aufmuntern und auf andere Gedanken bringen, was den Nebeneffekt hat, dass er schließlich selbst auf andere Gedanken kommt. Deshalb sind erfolgreiche Komiker oft depressiv. Sie bringen einen nicht nur zum Lachen, sondern man ist auch heilfroh, dass man nicht so niedergeschlagen ist wie sie und dass man eine Freundin, einen Job und ein ganz normales Leben hat.

Richtig … Männer von Jungen unterscheiden

Tief im Innern glauben Jungen, dass sie schon Männer sind; tief im Innern wissen Männer, dass sie noch kleine Jungen sind. Jungen möchten schnell erwachsen werden und all das besitzen, was Männer haben; Männer möchten nochmal jung sein und all das besitzen, was Jungen haben. Jungen wollen sich Muskeln antrainieren; Männer wollen abnehmen. Jungen überziehen ganze Wände mit Mädchen- und Autopostern; Männer mit Spachtelmasse und Deckfarbe. Jungen bügeln Hemden, um abends auszugehen; Männer bügeln Hemden, um morgens arbeiten zu gehen.

Jungen haben keinen Respekt vor Frauen, weil sie zu verweichlicht und mädchenhaft sind; Männer wollen ihren Job nicht verlieren. Jungen reden über Sex; Männer reden beim Sex. Jungen sind mit ungefähr siebzehn sexuell am aktivsten; Männer sind ungefähr um Viertel nach zehn abends sexuell am aktivsten. Jungen halten ihre Eltern für Außerirdische, die keine Ahnung von Kindererziehung haben und deren Wohnungseinrichtung alles über ihren schlechten Geschmack sagt; Männer wissen, was sie ihren Eltern und deren guter Erziehung zu verdanken haben, auch wenn sich bei der Wohnungseinrichtung über Geschmack streiten lässt. Männer machen Familienplanung; Jungen sind das Ergebnis von Familienplanung.

Jungen tragen Kleidung, die zu ihrer individuellen Persönlichkeit passt; Männer tragen Kleidung, die von der Größe her passt. Jungen haben einen dynamischen, großspurigen Gang; Männer nehmen ein Taxi. Jungen fahren mit kleinen Autos unglaublich schnell in Vororten herum, um Mädchen zu treffen und Eindruck auf sie zu machen; Männer fahren mit großen Autos unglaublich schnell auf Autobahnen herum, um Finanzchefs zu treffen und Eindruck auf sie zu machen. Jungen lieben ihre Autos; Männer die Beitragsrückerstattung ihrer Autoversicherung.

Jungen verbringen ganze Wochenenden auf dem Motorrad; Männer hinter einem Rasenmäher. Jungen spielen Fußball; Männer schauen Fußball. Jungen sind nachts aktiv und schlafen tagsüber; Männer sind tagsüber aktiv und schlafen nachts. Jungen trinken acht große Bier und fallen um elf ohnmächtig um; Männer trinken eine Tasse Tee und fallen um halb elf ohnmächtig ins Bett. Jungen wissen, dass Rauchen schlimm ist; Männer wissen, dass es noch schlimmer ist, damit aufzuhören. Jungen albern mit ihren Kumpels herum; Männer treffen sich zum Abendessen mit einem befreundeten Ehepaar.

Jungen missbrauchen Feuerlöscher; Männer installieren Rauchmelder. Jungen haben einen Rucksack; Männer Flugmeilen. Jungen gehen gerne weg; Männer kommen gerne heim. Jungen schaffen 50 Liegestütze und stemmen 150 Kilo; Männer schaffen 50 Stunden die Woche und stemmen eine 150 000 Euro-Hypothek. Jungen werden wütend und suchen Streit; Männer aktualisieren ihren Lebenslauf. Jungen wissen alles besser und pfeifen auf Lebenserfahrung; Männer lassen Jungen Lehrgeld bezahlen. Jungen glauben, dass die Welt ihnen zu Füßen liegt; Männer wissen, dass man im Leben nichts geschenkt bekommt.

RICHTIG ... Student sein

Es gibt zwei Typen von Studenten: erwachsene Studenten und normale Studenten. Normale Studenten sind nicht erwachsen.

Zu Beginn eines Studiums hat man die Entscheidung zu treffen, ob sich das Leben fortan um Kaffee oder Alkohol dreht. Entscheidet man sich für Alkohol, betrinkt man sich regelmäßig bis zur Besinnungslosigkeit. Dies ist ein essenzieller Bestandteil der beruflichen Ausbildung. Das erste Jahr verbringt man in der Studentenkneipe, wo das Bier preiswert ist; das zweite Jahr zwischen Exmatrikulation und seiner versifften Studentenbude; und das letzte Jahr in der Reha, auch bekannt als Bibliothek.

Alternativ dazu kann man sich auch mit gleichgesinnten Kommilitonen auf einen Kaffee treffen und sich austauschen. Gelegentlich hauen diese Gesprächsrunden mächtig auf den Putz und lassen eine Packung Schokoladenkekse herumgehen. Manche Leute lernen im ersten Semester an der Uni beim Kaffeetrinken ihren späteren Ehepartner kennen und schreiben ihre Seminararbeiten händchenhaltend. Erzählt ein Kommilitone, Typ Kaffeetrinker, wie viel LSD jeden Tag durch seine Hände geht, kann man sicher davon ausgehen, dass er einfach nur Chemie studiert.

Eine der befreiendsten Erfahrungen des Studentenlebens ist die Erkenntnis, dem tyrannischen Unterdrückungsregime seiner Eltern entkommen zu sein (das heißt, nachdem Ihre Eltern Sie mitsamt Ihrem Geraffel an der Uni abgesetzt haben). Die meisten Leute nutzen die Gelegenheit, um ein lässiges Leben zu führen, andere machen den Fehler, sich selbst ernst zu nehmen. Das bedeutet, sie engagieren sich entweder in einer politischen oder einer religiösen Studentengruppe: Politik an der Uni heißt saufen mit Wut im Bauch, Religion Kaffee trinken und beten.

Arme Studenten müssen von weißen Bohnen aus der Dose und Toastbrot leben, allerdings würde sich an ihrer Ernährung auch nichts ändern, wenn sie etwas besser betucht wären, weil ihre Kochkünste dies nicht zulassen. Rufen sie einmal pro Semester zu Hause an, um ihre Mutter um Geld zu bitten, heißt dieses Menü immer «Frisches Obst und Gemüse». Um Geld zu bitten ist eine studentische Kunstfertigkeit. Man wählt den geeigneten Zeitpunkt sorgfältig aus, verpasst sich einen Heroin-Chic-Look, und schon macht sich bei der eigenen Mutter das blanke Entsetzen breit, das Leben ihres Kindes stünde auf des Messers Schneide (trotz all dem Obst und Gemüse).

Die goldene Studentenregel besagt, in der ersten Woche mit niemandem allzu freundschaftliche Beziehungen zu knüpfen; stellt sich nämlich heraus, dass es sich um einen dieser nervigen Streber aus der Kaffeetrinker-Fraktion handelt, wird man ihn während der nächsten drei Jahre nicht mehr los. Gleichermaßen hat man das zweite Jahr wahrscheinlich sinnlos vergeudet, wenn man im Nachhinein genau sagen kann, was man in dieser Zeit gemacht hat. Anders das dritte Jahr. Im dritten Jahr stehen die Prüfungen an und auch die ersten Vorstellungsgespräche, in denen man behauptet, nichts anderes gemacht, als eifrig studiert und drei Jahre lang eindrucksvolle Projekte organisiert zu haben. Für manche Leute ist allein der Gedanke an Arbeit zu viel, und so gehen sie auf Tauchstation, auch bekannt als Promotion.

RICHTIG … erwachsen werden

Erwachsen zu werden ist so wahnsinnig schwer, dass die meisten Menschen beschließen, sich das nicht anzutun.

Pech in der Liebe ist ein essenzieller Bestandteil des Erwachsenwerdens. Zuerst ist man felsenfest davon überzeugt, dass die Welt noch nie etwas so Wunderbares gesehen hat wie diese eine Liebe, auch wenn sie damit verbunden ist, endlos in Cafés herumzuhängen und mit Zuckertütchen herumzuspielen. Dann ist es vorbei mit der Liebe, und man begreift, dass nicht alle Frauen einen so bedingungslos lieben wie die eigene Mutter.

Als Nächstes folgt das wirtschaftliche Aha-Erlebnis, wenn man den Baum nicht findet, auf dem Geld wächst, und gezwungen ist, sich einen Job zu suchen. Und man plötzlich in einem überfüllten Zug für Pendler von einem Gefühl des Gruppenzwangs befallen wird.

Um erwachsen zu werden, ist es unerlässlich, seine gesamte Garderobe in einen Rucksack zu stopfen und irgendwohin zu gehen, wo die Kulisse prächtig und die soziale Sicherheit das Gegenteil ist. Auf seinem Trip wird man um eine ebenso kurze wie überflüssige Beziehung nicht herumkommen, genauso wenig wie um eine Art Selbstverstümmelung (Tattoo, Piercing, schrecklicher Haarschnitt), und man muss auch die Erfahrung machen, wie jemand einen erbärmlich übers Ohr haut und einem damit freundlicherweise vor Augen führt, wie schlecht die große, weite Welt doch ist ohne Mama und Papa.

Und klar, man muss natürlich auch von zu Hause weggehen, um zu kapieren, dass sich Toiletten nicht von selbst reinigen, dass Kochen das magische Bindeglied zwischen Einkaufen und Essen ist und dass seine Eltern nicht nur auf der Welt sind, um einen vor seinen Kumpels in Verlegenheit zu bringen. Außerdem braucht man gewisse Qualitäten unterhalb der Gürtellinie, um als Erwachsener durchzugehen: Man muss in der Lage sein, ein automatisches Drehkreuz in der U-Bahn-Station angstfrei zu passieren; man muss einmal einen Schluck Cidre aus einer Plastikflasche dankend abgelehnt haben; und man muss 90 Prozent seines Spielzeugs auf dem Dachboden verstaut haben.

Erwachsen zu werden bedeutet die Erkenntnis, dass das Leben ein Geben und Nehmen ist und nicht nur aus Letzterem besteht. Dann versteht man, dass man erst etwas sein Eigen nennen kann, wenn man es wirklich erlangt hat. Im Job, in der Liebe und in Geldangelegenheiten hat jeder einen automatischen Vertrauensvorschuss: Man mag dessen Höhe nicht kennen, aber er kann, wie eine geringe Anzahl an Spermien, die eigene Zukunft entscheidend beeinflussen. Die schwierigste Lektion, die es zu lernen gilt, besteht darin, zu verstehen, dass man auch in der Lage sein muss, loszulassen, wenn einem etwas ganz innig am Herzen liegt (und das bezieht sich jetzt nicht auf mit Helium gefüllte Luftballons).

Schließlich kann man anhand seines bevorzugten Sitzplatzes in einem Doppeldecker-Bus überprüfen, wie erwachsen man tatsächlich ist: Kinder sitzen oben ganz vorne; Teenager oben ganz hinten; Erwachsene oben in der Mitte; ältere Leute unten ganz hinten; und ganz alte Leute unten ganz vorne. Finden Sie sich unten ganz vorne links wieder, sind Sie erwachsen und Busfahrer.

Sport und Training

Krankheit und Gesundheit

Kochen und Essen

Mode und Wellness

Schlafen und Wachsein

Faulenzen und Herumtrödeln

Hecken und Nachbarn

Religion und Politik

Teenager und Studenten

Mixen und Mischen

Männer und Frauen

Liebe und Ehe

Richtig … gesellig sein

Sozialisierung sollte man nicht verwechseln mit Sozialismus. Sozialisten tummeln sich gerne auf dem Tätigkeitsfeld gesellschaftlicher Bedürfnisse, und Promis sind die wahren Bedürftigen dieser Gesellschaft, wenn es darum geht, sich auf gesellschaftlichem Parkett zu tummeln.

Will man gesellig sein, braucht man Freunde, aber Freunde hat nur, wer gesellig ist; daher ist es mitunter recht verzwickt, von welcher Seite aus man die Sache in Angriff nimmt. Glücklicherweise gibt es Vereine, die Leuten, die keine Freunde haben, die Möglichkeit bieten, andere Leute zu treffen, die auch keine Freunde haben. Unter diesen sticht der Verein der Wanderfreunde hervor, der auf dem Prinzip beruht, dass ständige Fortbewegung jegliche Konversation überflüssig macht.

Eingefleischten Stubenhockern liefern Fernsehserien das gesellschaftliche Leben maßgeschneidert frei Haus. Mit all den Vorteilen, über Leute ablästern zu können, ohne mit ihnen persönlich zu tun zu haben.

Will man sich wirklich unter die Leute mischen, bedeutet das, immer wieder auf neue Menschen zuzugehen, eine Art emotionale Promiskuität. Leute, die sich darauf gut verstehen, haben den Dreh heraus und betreiben immer genau so viel Konversation, um sich jemanden warmzuhalten, ihn aber nie ganz einzunehmen. Sie sind sozusagen die Erdnussflips der Geselligkeit.

Will man gesellig sein, führt kein Weg vorbei an Alkohol. Es ist kein Zufall, dass religiöse Orden, die Alkohol strikt verbieten, oft stille Messen abhalten. Alkohol hat den großen Vorteil, dass man sich nicht mehr um die Meinung anderer Leute schert, wenn man einmal sein Quantum intus hat; so kann man sich unbeschwert verbrüdern mit völlig fremden Menschen, Polizisten und Betonpfosten.

Ein Abendessen eignet sich hervorragend, um gesellschaftlichen Umgang zu pflegen, außer man sitzt am Kopfende des Tisches und hat es auf einer Seite mit einem leeren Stuhl und auf der anderen mit dem Hinterkopf von jemandem zu tun. Manche Leute zieht es oft dorthin, wo viele Menschen sind, um gesellschaftlichen Umgang zu pflegen. Gewissermaßen das homöopathische Prinzip des gesellschaftlichen Umgangs: Man erzielt den größten Gesamteffekt innerhalb einer Gruppe, je verträglicher die soziale Einzeldosis ist, die man jedem Gruppenmitglied verpasst.

Biertrinken gehen hat mit gesellschaftlichem Umgang nichts zu tun, hier handelt es sich lediglich um Abhängen mit seinen Kumpels. Champagner trinken deutet auf einen wichtigen Anlass hin, und wahrscheinlich befindet man sich auf einer offiziellen gesellschaftlichen Veranstaltung. Ertappt man sich jedoch beim Weintrinken, stehen die Chancen zehn zu eins, dass man geselligen Umgang pflegt.

Ebenso, wenn man sich in der Nähe eines Büfetts wiederfindet. Hat man ein Glas Wein in der einen und einen vollen Teller in der anderen Hand, gibt es nur eine Möglichkeit, einen Hähnchenschlegel zu essen: Man packt die fleischige Seite mit den Zähnen und schüttelt den Kopf energisch hin und her. Auf diese Art wird man satt und hält sich gleichzeitig unerwünschte Gesellschaft vom Leib.

Genau genommen haben nur sehr wenige Menschen ein ausgeprägtes Sozialleben. Kinder müssen ins Bett, Eltern müssen sie ins Bett bringen, alte Menschen wollen ins Bett, und frisch Verliebte wollen nicht mehr raus aus dem Bett. Von daher sind Menschen mit einem ausgeprägten Sozialleben per definitionem Leute, die eine gestörte Beziehung zu ihrem Bett haben.

Richtig ... andere Leute sich wohlfühlen lassen

Sinn und Zweck von Geselligkeit ist der Wohlfühl-Effekt bei den Menschen. Man kann nichts falsch machen mit der Bemerkung: «Du siehst aber müde aus.» Das Leben ist hart, und jeder meint, er arbeite entweder zu viel oder schlafe zu wenig. Ist jemand frisch aus dem Urlaub zurück, kann man jederzeit mit einem Augenzwinkern anmerken: «Viel geschlafen hast du aber nicht gerade», eine Variante, bei der man genauso wenig falsch machen kann. Legen Sie jedoch nie mit der Bemerkung los: «Gut siehst du aus», da Sie damit Ihr Gegenüber der Möglichkeit berauben, sich über sein beschwerliches Leben zu beklagen. Und abgesehen davon sind seine roten Wangen wahrscheinlich ohnehin nur das Ergebnis eines verheerenden Drogen-Cocktails.

Bei Kindern unter zwölf macht sich ein: «Mein Gott, bist du gewachsen!», ganz gut, verkneifen Sie sich diese Bemerkung jedoch unter allen Umständen bei Frauen zwischen sechzehn und sechzig. Einem Männerfreund gegenüber kann man schon einmal ausfällig werden, und zwar je enger die Männerfreundschaft, desto wüster. So können Sie einem wirklich guten Freund durchaus entgegenschleudern: «Alles klar, altes Arschloch?», allerdings macht man sich dadurch sicher keine neuen Freunde.

Fragen Sie die Leute, was sie denken. Es ist traurig, aber wahr, dass die meisten überhaupt nichts denken, aber furchtbar gern reden, was sie für ein und dasselbe halten. Manche Leute haben ein oder zwei Standardmeinungen, die sie sich hart erarbeitet und etwas verfeinert haben, und kosten jede Gelegenheit in vollen Zügen aus, wenn sie damit aufwarten können. Bieten Sie solchen Leuten eine derartige Gelegenheit, dürfen Sie sich nicht beklagen, wenn sie die Gelegenheit tatsächlich am Schopf packen.

Es hat eine entspannende Wirkung auf andere Leute, wenn man ihre Körpersprache nachempfindet. Wenn jemand z.B. krumm dasitzt, sollte man nicht aufrecht dastehen, weil er sonst das Gefühl hat, man würde über ihn richten. Gehen Sie dabei allerdings nicht zu weit. Kocht jemand Kaffee, gibt es keinen Grund, danebenzustehen und das Kochen von Kaffee zu imitieren.

Es wirkt auf jeden einschüchternd, wenn man ihn um Längen überragt, versuchen Sie also, wenn möglich, unter Augenhöhe zu bleiben. Sprich: Setzen Sie sich hin, oder stehen Sie zumindest in gebückter Haltung da, aber führen Sie das Ganze nicht ad absurdum; besuchen Sie jemanden im Krankenhaus, macht es keinen Sinn, sich neben dem Bett auf den Boden zu legen. Der Patient fühlt sich dadurch aller Wahrscheinlichkeit nach nicht besser, zumal er zunächst einmal Ihre Anwesenheit gar nicht wahrnimmt und sich ohnehin schon verdammt schlecht fühlt nach einer 48-stündigen Operation.

Die effektivste Methode, um bei jemandem den Wohlfühl-Effekt zu erzielen, besteht darin, ihm das Gefühl der Überlegenheit zu geben. Das erreicht man am besten, indem man sich selbst als dumm, schwermütig oder unglücklich darstellt (die meisten Leute haben Ihnen ohnehin schon immer mindestens zwei der drei Eigenschaften zugeschrieben). Am schnellsten jedoch vermittelt man jemandem das Gefühl der Überlegenheit, indem man mit dem Kopf frontal gegen einen niederen Querbalken an der Decke kracht. Im Nu sieht man sich seiner Würde, seiner Fassung und seiner Intelligenz beraubt, während buchstäblich jeder andere den Anschein erweckt, er habe sein Leben fest im Griff. Für den Fall, dass Sie besonders hochgewachsen sind, ist außerdem auf einen Schlag das Problem gelöst, andere um Längen zu überragen; zumindest vorübergehend, während Sie krampfhaft Ihren Kopf halten und sich vor Schmerz krümmen.

RICHTIG … auf eine Party gehen

Bei den Zwei- bis Siebenjährigen haben Partys Hochkonjunktur, absolutes Highlight: die Torte. Zwischen siebzehn und zweiundzwanzig ist wiederum Party-Time, absolutes Highlight: Herumknutschen. Und schließlich erfreuen sich Partys auch bei den Sechzig- bis Fünfundsiebzigjährigen großer Beliebtheit, wobei die Torte ein Comeback feiert. Danach sterben die Männer langsam weg und mit ihnen der Spaß.

Heutzutage gibt es keine größere Herausforderung, als auf eine Party zu kommen, wo man niemanden kennt und sich alle mit ihren Busenfreunden prächtig amüsieren. An dieser Stelle haben Sie drei Möglichkeiten. Erstens, Sie gehen auf der Stelle nach Hause und sehen fern – wahrscheinlich die beste Option. Allerdings wird Sie dann der Gedanke quälen, dass es mit Sicherheit die Party Ihres Lebens war, auf der Sie die Frau Ihrer Träume kennengelernt und mit ihr bis in die frühen Morgenstunden Champagner getrunken hätten (und irgendjemand anders die Plastikflasche Cidre, die Sie mitgebracht haben).

Zweitens, Sie betreten den Raum forschen Schrittes, sagen «Entschuldigung» und drängen sich an verschiedenen Grüppchen vorbei, als stünden «Ihre» Leute nur ein paar Schritte weiter und würden schon sehnsüchtig auf Sie warten. Entschuldigen Sie sich immer wieder, bis Sie an einer Wand angelangt sind, dann drehen Sie sich um und machen sich auf den Rückweg. Wiederholen Sie dieses Procedere so lange, bis Sie auf jemanden treffen, der in gleicher Mission unterwegs ist, oder bis es Zeit ist, nach Hause zu gehen.

Drittens, Sie marschieren im Stechschritt quer durch den Raum und steuern zielstrebig den Tisch an, auf dem die Knabbereien platziert sind. Dort angelangt, täuschen Sie einen Riesenhunger vor und fangen mit den geraspelten Karotten an. Kennen

Sie niemanden auf der Party, werden Sie mehr davon essen als bis dato in Ihrem ganzen Leben. Und sollten Sie eine Schüssel mit Erdnuss-Käse-Flips vorfinden, denken Sie daran, dass Sie wahrscheinlich von Kopf bis Fuß orangefarben eingestaubt sind, wenn die Schüssel leer ist.

Der Knabbertisch ist die Tankstelle für Party-Gespräche, oftmals der ideale Ort, um mit Leuten ins Gespräch zu kommen, die um jeden Preis der Unterhaltung entfliehen wollen, von der Sie gerade herkommen. Eine gute Eröffnungsfloskel ist immer: «Weißt du, von da drüben aus hab ich gedacht, die geraspelten Karotten seien Erdnuss-Käse-Flips.» Seien Sie jedoch nicht überrascht, wenn dies gleichzeitig die letzten Worte sind, die Sie anbringen können.

Es gibt nur drei coole Arten, eine Party zu verlassen: entweder gestützt auf seine Kumpels oder mit einer Granate von Frau im Arm, oder man tut so, als würde man weiterziehen in Richtung eines coolen Nachtclubs. Aber vergessen Sie nicht, es ist verdammt schwer, so zu tun, als würde man weiterziehen in Richtung eines derartigen Etablissements, vor allem nüchtern, mutterseelenallein und von Kopf bis Fuß orangefarben eingestaubt.

Richtig … ins Gespräch kommen

Es gibt zwei Sorten von Menschen: Die eine Sorte weiß, wie man bei einem gesellschaftlichen Anlass richtig ins Gespräch kommt, während die andere den ganzen Abend wie Dussel an der Wand stehen und leidenschaftliches Interesse an der Aufhängung der Vorhänge vortäuscht. Mit den richtigen Menschen ins Gespräch zu kommen bedeutet eine Art soziales Aussieben: Es ermöglicht interessanten Menschen, andere interessante Menschen kennenzulernen, und langweilige Menschen können viel über verschiedene Aufhängungen von Vorhängen erfahren.

Natürlich ist es kein Kunststück, einfach jemanden anzusprechen. Die wahre Kunst besteht darin, ein Gespräch mit einer Person zu beenden, damit Sie mit einer interessanteren Person sprechen können. Dies gelingt Ihnen am besten, indem Sie die Person, mit der Sie gerade sprechen, einer anderen, ebenso langweiligen Person vorstellen. Langweilige Menschen unterhalten sich gerne mit anderen langweiligen Menschen, denn es nimmt ihnen den Druck, interessant und amüsant sein zu müssen. Kaum haben sie das Lösungswort «Ich hasse Partys» ausgesprochen, haben sie binnen Sekunden ihr gemeinsames Interesse an Bahnlinien entdeckt.

Es ist sehr wichtig, zu lernen, wie man andere unterbricht. Wenn Sie höflich neben zwei Menschen stehen und darauf warten, dass sie ihr Gespräch beenden, laufen Sie Gefahr, wie ein UN-Beobachter zu wirken. Denken Sie immer daran, dass mindestens einer der beiden nur auf den richtigen Moment wartet, um zu entkommen. Sie erkennen sofort, welcher von beiden das ist, denn nur eine tausendstel Sekunde, nachdem Sie das Gespräch unterbrochen haben, wird einer der beiden ans andere Ende des Raumes flüchten. Nun kommt es nur noch darauf an, dass Sie dem Richtigen folgen.

Profis wissen, dass es nicht möglich ist, interessante Gespräche zu führen und dabei Cocktailwürstchen zu essen. Deshalb können Sie sicher sein, dass die interessanteste Person des Abends sicherlich nicht diejenige sein wird, die ein Glas Wein in einer Hand hält und versucht, dabei vom Papierteller zu essen, den sie in der anderen Hand hält.

Wenn Sie jemanden an der Backe haben, der Sie zu Tode langweilt, schalten Sie einfach den Schleudersitz einer jeden Unterhaltung ein und sagen: «Würden Sie mich bitte kurz entschuldigen?» Dann verlassen Sie Ihren Gesprächspartner und tun so, als seien Sie auf dem Weg zu einer sehr wichtigen Mission. Sie müssen sich nur ein paar Meter entfernen und danach bloß so dastehen, denn die eiserne Regel besagt, dass man niemals eine Person ansprechen darf, die soeben ein Gespräch mit Ihnen beendet hat. Natürlich ist ein derartiges Ende eines Gesprächs immer etwas verletzend, egal, wie höflich es gestaltet wird. Wenn Sie jemandem sagen, wie nett die Unterhaltung mit ihm war, dann senden Sie eine klare Botschaft: Noch netter wäre es gewesen, sich mit jemand anderem zu unterhalten!

RICHTIG ... Cocktails trinken

Cocktails sind die flüssigen Berührungspunkte zwischen Alkohol und Moderner Kunst. Zumindest ist das eine Überzeugung, zu der Sie nach ein paar Cocktails gelangen.

Die Zutaten eines Cocktails kann man in zwei eindeutige Kategorien einteilen: die Zutaten, die Ihnen den Boden unter den Füßen wegziehen, und jene, die Ihren Vitamin-C-Haushalt aufstocken. Mit anderen Worten: Hochprozentiges und Säfte. Trinken Sie also Piña Coladas, dann wissen Sie wenigstens, dass Sie Ihren täglichen Bedarf an Vitaminen abdecken, wenn Sie unter der Bar im Koma liegen.

Für Cocktails werden alle erdenklichen Früchte verwendet, je exotischer, desto besser. Auch Gemüse wird verwendet, wobei Gurke und Sellerie am häufigsten auftauchen. Seien Sie jedoch gewarnt: Wenn der Barmann Ihnen etwas mit Steckrüben oder Kartoffeln serviert, dann ist das kein Cocktail, sondern Currysuppe.

Auch Eis in verschiedener Form findet in Cocktails Verwendung: zerkleinertes Eis, angeknackstes Eis sowie normale Eiswürfel. Achten Sie auf die ungewöhnlichen blauen Eiswürfel. Und benachrichtigen Sie sofort das Gesundheitsamt, denn die blauen Eiswürfel gehören unter die Klobrille.

Viele Cocktails haben eindeutig anzügliche Namen, wie z. B. *Long John*, was immer wieder für stundenlange Unterhaltung sorgt, wenn Sie einen beim Barmann bestellen. Denken Sie immer daran, dass es, egal, was Ihre Freunde Ihnen auch erzählen, garantiert keinen Cocktail mit dem Namen *Ein harter Schlag in die Visage* gibt, also sollten Sie auch keinen bestellen.

Wie unterscheidet man zwischen einem Glas rosa Katzenentwurmungsmittel und einem Cocktail? Ein Cocktail weist normalerweise ein paar Verzierungen auf, wie z. B. einen kleinen Schirm, einen Sektquirl oder eine Scheibe Obst. Meiden Sie Barmänner, die sich ihr Kunststudium hinter der Theke finanzieren. Diese Sorte Barmann hat die Tendenz, ihren Cocktail in eine Art Blumenschau zu verwandeln – ein Genuss fürs Auge, aber umständlich zu trinken.

Irgendwann werden Sie ein Stadium erreichen, in dem eine gewisse Anzahl von Verzierungen Ihnen beim Trinken ernsthafte Schwierigkeiten bereitet. Glücklicherweise gibt es diese langen, spiralförmigen Strohhalme, die Ihnen Ihr Getränk durch fünf Kilometer farbiges Plastik zuführen. Sie können einmal kräftig ziehen und in Ruhe einen Freund am anderen Ende der Bar begrüßen, um rechtzeitig zu Ihrem Glas zurückzukehren, bevor die Flüssigkeit tatsächlich Ihren Mund erreicht.

Schließlich können Sie sicher sein, dass Sie genug hatten, wenn Sie ein herrliches Gefühl der Erhabenheit ergreift, Sie sich aber außerstande fühlen, es zu formulieren.

RICHTIG ... Witze erzählen

Witze sind die Chicken Nuggets jeder Unterhaltung. Man hat ein ständiges Verlangen danach, aber sie haben einen faden Nachgeschmack und wenig Ähnlichkeit mit Hähnchen.

Die Anzahl an Witzen, die man sich merken kann, ist umgekehrt proportional zu unserem natürlichen Charme und Esprit. Die Männer, die für jede Gelegenheit den passenden Witz parat haben, sind genau die Zeitgenossen, denen man bei keiner Gelegenheit über den Weg laufen möchte. Normale Leute können sich meist immer nur einen Witz merken, und der ist in der Regel absolut witzlos, wie etwa: «Warum sind Glasaugen aus Glas? – Damit man durchgucken kann!»

Es gibt nur einige wenige Witze, die wirklich witzig sind. Die Wahrscheinlichkeit ist sehr groß, dass man solche Witze schon gehört hat, dagegen ist die Wahrscheinlichkeit sehr gering, dass sie auch richtig erzählt werden. Deshalb drückt es oftmals etwas auf die Stimmung, wenn jemand einen Witz erzählen will.

In der Regel werden Witze nur von Männern erzählt. Weil Frauen echte Kommunikation bevorzugen. Männer müssen aufstehen, um witzig zu sein; Frauen können das im Sitzen. Unterbricht man einen Mann mitten im Witz, zeugt das von ausgesprochen schlechten Manieren und kommt der Unterbrechung seines Abschlages beim Golf gleich oder seinen Kopulationsbemühungen kurz vor ihrem erfolgreichen Abschluss. Erzählt ein Mann einen Witz, genießt er den flüchtigen Augenblick, in dem die ganze Welt ihm nicht nur zuhört, sondern ihn vielleicht sogar noch witzig findet.

Tut ein Mann so, als würde er über den Witz eines Freundes lachen, hat das fast die Qualität eines vorgetäuschten Männerorgasmus. Um sein Lachen am Ende des Witzes in jeder Beziehung glaubwürdig erscheinen zu lassen, antizipiert man am besten die wahnsinnig witzige Pointe, bevor sie fällt. Der Versuch, aus dem Stand einfach loszulachen, hört sich an wie die Fehlzündung eines Autos.

Tief im Inneren wissen Witze erzählende Männer, dass sie nicht witzig sind. Deshalb belassen sie es nie bei einem Witz. Sie erzählen immer drei auf einmal, sodass sie nahtlos zum nächsten übergehen können, wenn sich einer als Rohrkrepierer erweist. Manchmal fügen sie nach einem Witz sogar an: «Ist nicht besonders witzig, oder?» Widerstehen Sie der Versuchung, zu sagen: «Nein, aber wenigstens konsequent.» Nehmen Sie sich im Büro vor Männern in Acht, die per E-Mail ihren täglichen Witz zugeschickt bekommen. Wie andere ihren morgendlichen Espresso, so brauchen sie ihren morgendlichen Witz, um auf Touren zu kommen.

Ist Ihnen klar, dass ein Witz ansteht, nehmen Sie am besten so schnell wie möglich Reißaus. Fragt man Sie, ob Sie den mit dem Gürteltier schon kennen, antworten Sie, ohne zu zögern, mit: «Ja.» Interessanterweise wird Ihnen daraufhin der gesamte Witz erzählt bis auf die Pointe, um zu sehen, ob es sich um ein und denselben Gürteltier-Witz handelt. Werden Sie genötigt, ihn zu erzählen, saugen Sie sich einfach massenhaft irgendwelche Gürteltier-Storys aus den Fingern, bis das ganze Gürteltier-Thema gänzlich unwitzig wird.

Richtig ... Selbstvertrauen haben

Das Leben ist eine Frage des Selbstvertrauens. Wer genug Selbstvertrauen hat, der kommt mit allem davon. Aber Selbstvertrauen ist, wie Erdöl, eine knappe Ressource. Ist man reichlich damit ausgestattet, erfreut man sich einer großen Beliebtheit und eines noch größeren Reichtums, ohne einen Finger rühren zu müssen. Im gegenteiligen Fall nicht. Scheinbar ungerecht, aber dann ist Selbstvertrauen, wie Erdöl, einfach ungerecht verteilt.

Selbstvertrauen ist wie eine Persönlichkeitserektion. Manche Menschen sind in der Lage, ihr Selbstvertrauen beinahe unendlich lange aufrechtzuerhalten; andere für ungefähr zwölf Sekunden, bevor sie wieder dem Gefühl anheimfallen, unbedeutend und peinlich zu sein. Alkohol ist Viagra fürs Selbstvertrauen. Er hilft Ihnen, die drei großen Hindernisse zu überwinden, die einem gesunden Selbstvertrauen im Weg stehen: Ihre Selbstzweifel, Ihr mangelndes Selbstwertgefühl und Ihre hoffnungslos unterentwickelte Persönlichkeit.

Wahres Selbstvertrauen ist die unerschütterliche Überzeugung, dass das Universum Ihnen zu Füßen liegt. Selbstvertrauen ist ein ausgesprochen süffiger Cocktail aus einer köstlichen Mischung von Optimismus, Charme und Energie. Vielleicht nicht besonders gehaltvoll, aber überaus ergiebig.

Man unterscheidet zwei Arten von Selbstvertrauen: natürliches Selbstvertrauen, das daherrührt, dass man in einem liebevollen Elternhaus aufgewachsen ist, mit Eltern, die ihr Kind jedes Mal mit Lob überschütteten, wenn es mit einem Filzstift etwas auf ein Blatt Papier kritzelte; und unnatürliches Selbstvertrauen, das durch Filzstift-Schnüffeln entsteht.

Partys sind die Nagelprobe fürs Selbstvertrauen; klingt etwas seltsam, wenn man davon ausgeht, dass auf einer Party ohnehin nur gutgelaunte Menschen vertreten sind und sich bestens amüsieren. Erstens gehört eine ordentliche Portion Selbstvertrauen dazu, eine Party zu veranstalten und fest daran zu glauben, dass jemand aufkreuzt. Zweitens gehört eine ordentliche Portion Selbstvertrauen dazu, auf eine Party zu gehen und sich mit völlig fremden Menschen zu unterhalten, die alle viel attraktiver und selbstbewusster sind als man selbst. Drittens gehört eine ordentliche Portion Selbstvertrauen dazu, eine Party zu verlassen, wenn man zu der Erkenntnis gelangt ist, dass man mit Abstand am attraktivsten und selbstbewusstesten ist.

Ein Extremfall sind Märtyrer: Sie strotzen vor Selbstvertrauen im Glauben an ihre Sache, weil sie den Tod nicht fürchten. Allerdings ist das nicht die Art von Selbstvertrauen, mit der man sich auf Partys beliebt macht. Auf Partys macht man sich vielmehr beliebt, wenn man das Leben nicht fürchtet. Interessanterweise verrät ein Blick in die Biographie von Märtyrern, dass sie in ihrer Jugend oftmals auf Partys nicht besonders beliebt waren.

Daher gibt es nichts Schlimmeres, als sein Selbstvertrauen zu verlieren. Wer über ein gesundes Selbstvertrauen verfügt, dem liegt die Welt zu Füßen; aber schon im nächsten Moment verschwört sie sich gegen ihn, wenn ihn sein Selbstvertrauen verlassen hat. Das Ganze ist eine Gratwanderung, ohne Netz und doppelten Boden.

Ohne Selbstvertrauen ist es um 90 Prozent schwieriger, das Leben zu meistern, als mit Selbstvertrauen. Die hohe Kunst, Selbstvertrauen zu gewinnen oder verlorengegangenes Selbstvertrauen wiederzuerlangen, erfordert allerdings ein unerschütterliches Selbstvertrauen.

Sich richtig … verkleiden

In den meisten Ländern gibt es eine Nationaltracht, in England Maskenbälle. Andere Nationen verkleiden sich, um stilvoll und elegant auszusehen. Engländer verkleiden sich, um auszusehen wie Barney, der Dinosaurier.

Der Gorilla ist die einfallsloseste aller Verkleidungen. Jeder weiß genau, *was* Sie sind, also fragt Sie noch nicht einmal jemand danach; und niemand weiß, *wer* zum Teufel Sie sind, also spricht auch niemand mit Ihnen. Ein Gorillakostüm zu tragen macht nur Spaß, wenn man uneingeladen auf eine Party geht.

Männer wählen für ihre Motto-Partys gerne Themen wie: «Nutten und Priester». Das bedeutet, die Frauen haben alle als Prostituierte verkleidet zu erscheinen und die Männer ihren Kragen umzudrehen. «Schuluniform» ist auch ein beliebtes Party-Motto. Heißt im Klartext, die Frauen verkleiden sich wie die schärfste Braut der ganzen Klasse, und die Männer binden sich einen größeren Krawattenknoten.

Die besten Motto-Partys sind die mit phantasievollen Themen, die einen gewissen Interpretationsspielraum lassen, wie etwa: «Earth, Wind and Fire». Dann verkleiden sich die Leute als Leadgitarrist von Mud, als Dose Baked Beans oder als Anlage zur Einkommensteuererklärung. Schlagen Sie sich aber nicht mit Ihren eigenen Waffen bei der Kostümierung für eine Party dieses Mottos. Sie könnten weiße Schuhe und eine weiße Kappe tragen sowie einen wirklich scheußlichen, blau-grünen Pullover, um die Erde aus der Perspektive des Weltraums darzustellen. Allerdings besteht dann durchaus die Möglichkeit, dass die Leute schlichtweg glauben, es handle sich um Ihre normale Kleidung, und Sie nachdrücklich meiden.

Auf jeder Motto-Party sind drei Arten von Leuten vertreten: solche, die sich viel Mühe gegeben haben mit ihrem Kostüm aus

Pappkarton, an dem mit Reißnägeln alle möglichen Küchengeräte befestigt sind; diese Leute verbringen den ganzen Abend damit, sich und ihr Kostüm in Schuss zu halten. Außerdem Leute, die sich keinerlei Mühe gemacht haben, sich lediglich das Ende eines Hosenbeins in ihre Socke stopfen und dann behaupten, sie seien *Long John Silver*; und schließlich Leute, die sich zwar auch keinerlei Mühe gemacht, dafür aber beim Kostümverleih ein Vermögen ausgegeben haben und als Ludwig XIV. erscheinen.

Es ist ausgesprochen kurzweilig, den ganzen Abend die Kostümierung der letzten Gruppe mit Absicht falsch zu deuten. Fragen Sie einfach, ob es sich um eine Schuluniform handelt, die Uniform einer Politesse oder um ihren ganz normalen Schlafanzug.

Es ist erstaunlich, wie vielseitig verwendbar ein schwarzes Oberteil und schwarze Hosen sein können, wenn Sie Torschlusspanik haben: Durch simples Hinzufügen eines Schildes verwandeln Sie sich im Handumdrehen in den Schwarzen Tod, das Schwarze Loch von Kalkutta, Blutwurst, Black Sabbath usw. Stellen Sie fest, dass niemand außer Ihnen kostümiert erschienen ist, hat dieser Aufzug noch einen weiteren Vorteil. Sie reißen sich dann einfach das Schild herunter, und schon gehen Sie als jemand durch, der cool ist und viel Schwarz trägt.

RICHTIG ... beliebt sein

Es ist beruhigend, zu wissen, dass 90 Prozent aller Männer und Frauen, die in der Schule als die beliebtesten galten, sich heute in psychiatrischer Langzeitbehandlung unter ständiger Aufsicht befinden. Leider trifft dies nicht zu, aber es ist ein reizvoller Gedanke.

Die meisten Menschen wären gerne beliebter. Aber genau genommen eigentlich nur beim anderen Geschlecht. Und haben sie schließlich tatsächlich einen Vertreter des anderen Geschlechts gefunden, um das Sofa, Pizza und Erbanlagen zu teilen, scheren sie sich nicht mehr um ihre Beliebtheit und tragen fortan Hausschuhe.

Zum Thema Beliebtheit stellt sich die entscheidende Frage, ob man bei Leuten beliebt ist, die man gut leiden kann, oder bei Leuten, die man nicht leiden kann. Viele Menschen haben einen ganzen Haufen Freunde, von denen sie keinen einzigen leiden können. Diese Freunde haben es in Wirklichkeit nur darauf abgesehen, den neuesten Tratsch zu erfahren, um Gesprächsstoff für den Tratsch mit anderen Freunden zu haben, die sie genauso wenig leiden können.

Besonders beliebt können Sie sich machen, wenn Sie andere Leute so behandeln, als seien Sie bereits schrecklich beliebt. Wenn Sie also das nächste Mal Peter, den Langweiler, zufällig treffen, geben Sie ihm das Gefühl, er sei interessant und sähe gut aus. Zwangsläufig wird er Sie dann auch für interessant und gutaussehend halten, und schon sind Sie bei ihm mächtig beliebt. Bedienen Sie sich dieser Methode allerdings mit der gebührenden Vorsicht, sonst werden Sie spätnachts von Peter, dem Langweiler, heimgesucht.

Verwechseln Sie Beliebtheit nicht mit Liebe. Beliebtheit kann man sich erkaufen, und sei es nur bei Leuten, die scharf auf Ihr

Geld sind. Und verwechseln Sie Beliebtheit ebenso wenig mit Ruhm. Ruhm bedeutet, bei Menschen beliebt zu sein, die Sie nicht einmal kennen. Wenn diese Menschen Sie aus der Ferne götzenhaft verehren, ist es oft ziemlich erschreckend, sie höchstpersönlich kennenzulernen.

Alkohol ist Ruhm in flüssiger Form. Nach zwei großen Bieren sind Sie nicht nur davon überzeugt, dass Sie von allen gemocht werden, sondern Sie verstehen auch langsam, warum – sind Sie doch offensichtlich so geistreich, gutaussehend und unterhaltsam. Mutter Natur trägt dann in Form eines Katers ihren Teil dazu bei, Ihnen ins Gedächtnis zu rufen, wie schwer es doch ist, permanent geistreich, gutaussehend und unterhaltsam zu sein.

Meinen Sie es tatsächlich ernst damit, beliebt sein zu wollen, müssen Sie zunächst öfter ausgehen. Es gestaltet sich nämlich recht schwierig, sich in Ihrem Schuppen beliebt zu machen (obwohl sich manche Leute in der Tat größerer Beliebtheit erfreuen, wenn sie sich dort aufhalten). Außerdem müssen Sie auch einmal lachen können, am besten zuerst über sich selbst. Gehen Getränke und Witze am Anfang des Abends auf Ihre Kosten, überträgt sich das für den Rest des Abends auch auf andere Leute.

Das Anforderungsprofil, um beliebt zu sein, wechselt von Generation zu Generation: Als Teenager gilt es, cool zu sein und abzuhängen; als Mittzwanziger, witzig zu sein und Partys zu feiern; und ab dann, einfach nur nett zu sein und die Sache am Laufen zu halten.

Richtig ... tanzen

Männer legen in Diskotheken einen steifen Tanz aufs Parkett, brauchen dann das nächste Bier und lümmeln sich noch mehr auf ihrem Stuhl. Nach acht weiteren Drinks raffen sie sich schließlich auf, fordern eine Frau auf und vollführen Bewegungen, die jeder vernünftige Schiedsrichter als Sperren ohne Ball abpfeifen würde.

Manche Frauen gehen auf die Tanzfläche und tanzen allein mit in die Luft gestreckten Armen. Versuchen Sie auf keinen Fall, mit ihnen zu tanzen, da sie ganz offensichtlich in etwas wahnsinnig Sinnliches versunken sind und nicht begeistert wären, wenn Sie sie sich schnappen und herumwirbeln würden. Davon abgesehen gleichen sie ein paar Schwänen, denen der See abhanden gekommen ist.

Rave ist dagegen eine recht unkomplizierte Angelegenheit: Man nimmt einfach eine kleine Pille und lässt sich von der Musik leiten. Nach dem Tanzen stellt man fest, dass man drei Stunden lang genau die gleiche Bewegung gemacht und zwölf Kilo abgenommen und dass man vergessen hat, wo man wohnt.

Auf Hochzeiten und Familienfesten können sämtliche Generationen ihre tänzerischen Fähigkeiten zur Schau stellen. Legen Sie die Sex Pistols auf, und die über Sechzigjährigen werden auf der Stelle zu einem netten kleinen Quickstepp ansetzen, den sie während des Blitzkrieges perfektioniert haben.

Eltern, die die sechziger Jahre des vergangenen Jahrhunderts bewusst miterlebt haben, besinnen sich dann auf die abgefahrenen Bewegungen, mit denen sie versucht haben, aus der Freien Liebe für sich Kapital zu schlagen. Und holen sich genauso einen Korb wie damals. Die meisten Menschen, die auf die Tanzfläche gezerrt wurden, bevorzugen den klassischen Schleifschritt, bei dem man behutsam von einem Fuß auf den anderen wechselt und angestrengt auf den Boden stiert, als habe man gerade zehn Cent verloren.

Leider haben ausgerechnet die Leute, die auf der Tanzfläche die lächerlichste Figur abgeben, am meisten Spaß beim Tanzen und verspüren einen geradezu unnatürlichen Drang, ihren Körper zu der Musik von Gloria Gaynor zu bewegen. Auch wenn sie sich prächtig amüsieren mögen, aber für alle anderen sehen sie aus wie Rumpelstilzchen.

Oft fällt ein hässliches Ehepaar auf, das einen Tanzkurs gemacht hat. Während alle anderen locker herumtanzen, bestechen diese beiden durch eingesprungene Wurfeinlagen und schleudern sich gegenseitig auf der Tanzfläche herum, als würden sie an einem Hammerwurf-Wettbewerb teilnehmen.

Die Einzigen, die nicht tanzen, sind die Jugendlichen, und für genau die wurde die Disco eigentlich organisiert. Vor lauter Coolheit sind sie wie gelähmt, und keiner der gespielten Songs ist auch nur annähernd angesagt genug, um diesen Zustand zu überwinden. Es ist auch immer ein bedauernswerter junger Mann anwesend, der die fixe Idee hat, Sinn und Zweck des Tanzens bestünden darin, andere Leute anzurempeln. Nichts räumt die Tanzfläche schneller als er, und ein paar Sekunden später taucht das ältere Ehepaar wieder auf mit seinem netten kleinen Blitzkrieg-Quickstepp.

Sport und Training

Krankheit und Gesundheit

Kochen und Essen

Mode und Wellness

Schlafen und Wachsein

Faulenzen und Herumtrödeln

Hecken und Nachbarn

Religion und Politik

Teenager und Studenten

Mixen und Mischen

Männer und Frauen

Liebe und Ehe

Richtig ... eine Kontaktanzeige verfassen

Abkürzungen sind sehr gebräuchlich in Kontaktanzeigen. WDGK ist die einzige, die Sie wirklich kennen müssen; sie bedeutet, dass die betreffende Person Fan einer seltenen Form von Country-Musik ist, die nur von einem ganz bestimmten amerikanischen Radiosender gespielt wird. Streichen Sie die betreffende Person umgehend von Ihrer Liste.

Man findet auch N/R (Nichtraucher) oder S/M (Sadomasochist). Verwechseln Sie die beiden Abkürzungen, könnte sich Ihre erste Verabredung extrem schwierig gestalten, vor allem, wenn Sie sich eine Zigarette anstecken, nachdem Sie um ein Haar zu Tode geprügelt wurden. Dann könnte die Situation eskalieren.

Seien Sie sehr, sehr vorsichtig, wenn Sie sich mit jemandem verabredet haben, der behauptet, einen ASFH zu haben bzw. einen ausgeprägten Sinn für Humor. In Wirklichkeit müsste direkt dahinter eigentlich die Abkürzung stehen WMELFKMPSV (wenn man es lustig findet, komplette Monty-Python-Sketche vorzutragen).

Im Allgemeinen sollten Sie Abkürzungen vermeiden, da der Eindruck entsteht, Sie seien ein Geizhals, der versucht, die Anzahl der Wörter zu reduzieren, oder Sie befänden sich schon so lange auf Partnersuche, dass Sie inzwischen eine Art verzweifelte Kurzschrift verwenden. Wenn Ihre kleine Anzeige lediglich aus einer Aneinanderreihung von Großbuchstaben besteht, wird außerdem der Eindruck erweckt, Sie hätten die Persönlichkeit eines Windbeutels (wenn dem so ist, dann nichts für ungut).

Die meisten Menschen zieren sich etwas, wenn es um Kontaktanzeigen geht, versuchen Sie also, Ihre Identität nicht versehentlich preiszugeben; «Thronfolger sucht gleichgesinntes Geschöpf» wäre z. B. eine Katastrophe. Versuchen Sie, bei Ihrer Selbstbeschreibung Klischees zu vermeiden: «attraktiv» bedeutet nur, dass Ihr Gesicht halbwegs symmetrisch ist; «lebhaft», dass Sie einen Pulsschlag haben; «Spaß», dass Sie nicht ständig in Tränen aufgelöst sind. Vergaloppieren Sie sich aber auf der anderen Seite nicht mit dem ganzen Beschreibungskram; «pikaresker Shaw-Verehrer und Gourmet» hört sich für die meisten Leute an wie ein totaler Schlappschwanz.

Lesen Sie aufmerksam durch, was die Leute wollen: «Freundschaft, vielleicht auch mehr» bedeutet Sex, wenn du mir sympathisch bist; «Spaziergänge auf dem Land» Sex im Heuschober; «Romantik» Sex nach dem Abendessen; «Gespräche» Sex auf dem Sofa; «reisen» Sex auf einer Fähre; «lachen» Sex nach einem Witz; «gemütliche Abende zu Hause» Sex, Sex und nochmals Sex; «langfristige Beziehung» Sex, wenn du meine Eltern kennengelernt und eine enge Beziehung zu meinen vier Kindern aufgebaut hast. Seien Sie sehr, sehr vorsichtig, wenn jemand einfach damit herausrückt und schreibt, er suche eine «körperlich sehr anstrengende Beziehung»; in diesem Fall besteht die ernsthafte Gefahr, dass es sich um einen verkappten Wanderer handelt.

Haben Sie das eine Antwortschreiben auf Ihre Anzeige eine Zeit lang durchgesehen, beschließen Sie vielleicht, diesen ungewöhnlichen Menschen persönlich treffen zu wollen. Halten Sie sich dabei an folgende einfache Regeln: Verabreden Sie sich an einem öffentlichen Ort (heißt im Klartext: nicht in Ihrem Schlafzimmer); weihen Sie einen Freund über Ihr Vorhaben ein (damit er es all seinen Bekannten weitererzählen kann); tragen Sie etwas leicht Erkennbares (nicht Ihre lila Tweed-Jacke). Und sagen Sie Ihrem Date nicht, Sie hätten ein eingerolltes Exemplar der *Frankfurter Rundschau* dabei, wenn Sie die Anzeige in der *Süddeutschen* aufgegeben haben.

Sich richtig ... verabreden

Mit Ausnahme der Armee ist ein Date wohl das Schrecklichste, was man sich im Leben freiwillig antun kann. Ein Date hat zwei gleichermaßen grässliche Seiten: um ein Date zu bitten, und das Date selbst. Denken Sie daran, auch wenn es Ihnen noch so schlechtgeht, weil sich jemand nicht mit Ihnen treffen will – die gute Nachricht ist, dass Ihnen das Date selbst erspart bleibt.

Was ein Date so schrecklich macht, ist das Gewicht der hohen Erwartungen, die daran geknüpft sind. Dabei besteht durchaus die Chance, dass Sie jemanden Gleichgesinnten treffen, heiraten, Kinder kriegen und nebeneinander beerdigt werden. Allerdings ist die Chance genauso groß, dass die Person, mit der Sie sich treffen, aussieht, als sei sie soeben von den Toten auferstanden.

Der schwierigste Part bei jedem Date ist der erste Satz zur Begrüßung. Schaffen Sie es, «Du siehst phantastisch aus» zu sagen, ist das schon die halbe Miete. Spielen Ihnen die Nerven einen Streich, kann daraus leicht «Siehst du aber fett aus» werden, und schon ist der Lack ab für den Rest des Abends.

Die Kleiderwahl für das erste Date nimmt ungefähr viermal so viel Zeit in Anspruch wie das eigentliche Date selbst. Die goldene Regel besagt, die Kleider zu tragen, in denen man sich am wohlsten fühlt, sofern es sich nicht gerade um einen Wollstrampler handelt. Vor dem zweiten Date ist es dann an der Zeit, sich ein schickes neues Outfit zuzulegen, wenn man die Gewissheit hat, dass sein Gegenüber es zu schätzen weiß.

Haben Sie sich zum Abendessen verabredet, denken Sie daran, immer getrennt zu bezahlen. Und zwar halbe-halbe und nicht anteilig auf den Cent genau, je nach Anzahl der Satay-Spieße, die Ihr Date verdrückt hat. Sagen Sie einer Frau nie, sie habe viel mehr gegessen als Sie und müsse daher ein paar Euro mehr berappen, wenn sie schon ein so guter Esser sei.

Wenn Konversation nicht unbedingt Ihre Stärke ist, bietet es sich an, beim ersten Date ins Kino zu gehen. Allerdings sollten Sie sich der Tatsache bewusst sein, dass in festen Beziehungen acht Prozent aller kontroversen Auseinandersetzungen daherrühren, dass sich die Partner nicht auf einen Film einigen können. Bestehen Sie auf einem Thriller mit vielen Gewaltszenen, dürfen Sie nicht erwarten, dass Ihr Date an Ihrem Ohrläppchen knabbert und Süßholz raspelt, während auf der Leinwand einer dem anderen den Kopf wegpustet.

Ein Drink ist mitunter ein gutes Mittel zur Entspannung. Pendeln Sie sich auf einem Alkoholpegel ein, der Ihnen das Gefühl gibt, mit fortschreitendem Abend immer intellektueller zu werden, und der Ihre Partnerin in gleichem Maße immer schöner erscheinen lässt. Treffen sich schließlich Intellekt und Schönheit, öffnet sich ein Zeitfenster von ungefähr 30 Sekunden, innerhalb dessen Sie die Möglichkeit haben, die Knutscherei unter Dach und Fach zu bringen.

Normalerweise geht man am besten davon aus, dass Knutschen beim ersten Date keinesfalls auf der Tagesordnung steht. Männer vermitteln dadurch den Eindruck, sie seien ziemlich cool und unbeeindruckt, was gar nicht so schlecht ist – vor allem, wenn sie in peinlichster Weise gekatzbuckelt haben, um das Date überhaupt zu bekommen.

Sich richtig … einschmeicheln

Es ist nicht allzu schwer, sich nachhaltig einzuschmeicheln, schon gar nicht für jemanden wie Sie. Die ganze Kunst besteht darin, Ihr Gegenüber nichts anderes spüren zu lassen als ein Gefühl der Wärme, das langsam von seinem Körper Besitz ergreift. Ein Sprichwort besagt, dass man mit Schmeicheleien jedes Ziel erreicht. Seien Sie also vorsichtig, sonst könnten Sie sich unversehens in Castrop-Rauxel wiederfinden, nur weil Sie jemandem ein Kompliment wegen seiner Frisur gemacht haben.

Es ist ausgesprochen schwierig, sich mit einer Sache bei jemandem einzuschmeicheln, von der er längst weiß, dass er sie beherrscht. Es macht überhaupt keinen Sinn, sich einem legendären Opernsänger zu nähern mit den Worten: «Sie haben eine tolle Stimme.» Er weiß, dass seine Stimme toll ist, und kann getrost auf Ihren Kommentar verzichten. Sagen Sie ihm stattdessen, Sie hätten selten einen so anmutigen Gang gesehen wie seinen, energisch und dennoch sinnlich, und er wird jedes Mal an Sie denken, wenn er die Bühne betritt. Um Schmeicheleien fachmännisch anzubringen, bedarf es des entsprechenden Handwerkszeugs. Manchmal ist es am besten, sie mit einer Kelle dick aufzutragen. So können Sie z. B. jedem Mann sagen, er sei das attraktivste und begehrenswerteste menschliche Wesen überhaupt, und er wird es Ihnen glauben, obwohl schwerwiegende Tatsachen ganz offensichtlich vom Gegenteil zeugen.

In manchen Fällen sollte man Schmeicheleien handhaben wie ein Stilett, sprich: Das Opfer spürt erst, wie ihm geschieht, wenn es zu spät ist. Aber es ist natürlich Zeitverschwendung, wenn Sie eine geschlagene halbe Stunde darauf verwenden, sich auf so subtile Art und Weise bei jemandem einzuschmeicheln, dass dieser schließlich von dannen zieht in dem Glauben, Sie seien eigentlich ein ziemlicher Langweiler.

Bei langweiligen Menschen schmeichelt man sich am leichtesten dadurch ein, dass man so tut, als sei alles interessant, was sie von sich geben. Werfen Sie Ihren Kopf zur Seite, schauen Sie Ihr Gegenüber andächtig an, und sagen Sie in regelmäßigen Abständen: «Das ist faszinierend!» Passen Sie aber auf, dass der Rest Ihres Körpers nicht einschläft. Denn wer will schon, dass all seine schmeichlerischen Bemühungen von mörderischen Nadelstichen im Fuß zunichte gemacht werden.

Versuchen Sie, Leute zu bestärken in Dingen, denen sie sich noch nicht einmal bewusst sind. Im Büro könnten Sie z. B. sagen: «Die Art und Weise hat mir gut gefallen, wie du in dieser Besprechung geschwiegen hast, Peter. Das war ein guter Schachzug.» Oder Sie sagen mitten in einer Besprechung: «Das war Brigittes Idee», obwohl Brigitte zeit ihres Lebens noch nie eine Idee hatte. Moniert sie das, sagen Sie ihr einfach, durch ihr Kopfnicken habe sie diese Idee geradezu impliziert.

Es ist Sinn und Zweck von Schmeicheleien, seine Mitmenschen besser zu behandeln als sie sich selbst. Manche Menschen sind so selbstverliebt, dass fortgeschrittene Techniken erforderlich sind. Versuchen Sie, ihnen klarzumachen, dass sie mit sich zu hart ins Gericht gehen. Für selbstverliebte Leute käme dieser Rat einem besorgniserregenden Defizit gleich, und Sie könnten als deren Berater fungieren, um ihre Selbstverliebtheit zu steigern.

Der Erfolg von Schmeicheleien lässt sich anhand deren Feedbacks messen: «Meinst du wirklich?» bedeutet, die betreffende Person nimmt alles für bare Münze; «Danke» bedeutet, die betreffende Person durchschaut die Schmeichelei; und «Red keinen Quatsch» bedeutet, versuch es später noch einmal.

Richtig ... flirten

Flirten ist Vorspiel, allerdings in der Vertikalen. Es kommt immer dann zu Flirt-Szenen, wenn zwischen zwei Menschen offensichtlich die Chemie stimmt, aber noch keine chemische Reaktion stattgefunden hat. Jeder flirtet gern, weil es ihn daran erinnert, dass er auf das andere Geschlecht eine anziehende Wirkung haben könnte, hat oder einst hatte.

Beim Flirten verrichten die Augen den Großteil der Arbeit. Blickkontakt ist absolut unerlässlich. Kein Mensch würde bemerken, dass Sie mit ihm flirten, wenn Sie ganz und gar den Eindruck erwecken, tief in die Lektüre einer Zeitung versunken zu sein. Andererseits will niemand andere Leute permanent anstarren, ohne zu zwinkern. Würde dies doch den Eindruck erwecken, man sei entweder Optiker nach Feierabend oder stünde kurz davor, sein Gegenüber zu erstechen, oder beides.

Beim Flirten schaut man jemanden einen Tick länger an als unter normalen Umständen, hält den Blickkontakt 3,4 Sekunden lang und schaut dann weg. Entscheidend ist dann, praktisch unmittelbar darauf wieder den Blickkontakt zu suchen. Erwidert Ihr Gegenüber den Blickkontakt, haben Sie die Gewissheit, auf der Siegerstraße zu sein. Erwidert er ihn nicht und hat genau genommen in Kanada ein neues Leben begonnen, ist wahrscheinlich etwas schiefgelaufen.

Hat man den Blickkontakt einmal hergestellt, und die Zeit ist reif für ein paar Takte Körpersprache, kann man zu den «unabsichtlichen» Berührungen übergehen. Das heißt im Klartext, man stößt zufällig mit jemandem zusammen und hält etwas länger Körperkontakt, als es streng genommen nach den Gesetzen der Physik notwendig wäre. In diesem Stadium sind die Schlüsse, die man daraus zieht, wesentlich gravierender als der eigentliche Körperkontakt, und es wäre falsch, sich schon am Ziel zu wähnen.

Es gehört auch zum Flirten, auf eine charmante Art Leuten gegenüber unwahrscheinlich taktlos zu werden. Kommt man damit tatsächlich davon, ist dies ein eindeutiges Indiz dafür, dass man beim anderen gut ankommt. Es ist durchaus erlaubt, den anderen «erbarmungslos», «frech» und «unverschämt» zu nennen. Dagegen ist es verboten, ihn als «laut», aggressiv» oder «hässlich» zu bezeichnen.

Am besten flirten Leute, die in einer festen und glücklichen Beziehung leben. Natürlich flirten sie nicht mit ihrem Partner, aber ihr gegenseitiges Vertrauen ist groß genug, um mit anderen zu flirten. Aus eigener, bitterer Erfahrung sind ihnen auch die Konsequenzen bekannt, wenn man es beim Flirten zu weit treibt: Man landet schließlich in der nächsten festen und glücklichen Beziehung.

Manche Menschen sind geborene Flirter, und alles, was sie sagen oder machen, scheint einer Einladung zum Sex gleichzukommen. Andere haben keine Ahnung vom Flirten und müssen Spezialkurse besuchen, wo man das richtige Zwinkern lernt. Damit können Männer nicht viel anfangen, da sie nur auf unmissverständlichere Signale reagieren wie z. B. aufreizende Bewegungen eines knackigen Hinterns; Zwinkern hat für sie jedoch den kuriosen Effekt eines Stroboskops, und so kommen sie sich vor, als würden sie gerade in einem alten Stummfilm mit Rudolph Valentino flirten.

Richtig ... Anziehungskraft auf Männer haben

Männer haben sexuell und emotional das Niveau eines jungen Hundes, sodass es recht unkompliziert ist, sie anzuziehen. Ein Pfiff genügt, und schon ist er mit einem Satz zur Stelle und stürzt sich freudig erregt auf sein Frauchen; streicheln Sie ihm dann noch den Bauch, haben Sie einen Freund fürs Leben. Achten Sie auch darauf, dass er regelmäßig sein Futter bekommt, damit die Liebe ewig währt; und übertragen Sie ihm gelegentlich einfache körperliche Tätigkeiten, damit er seine Tapferkeit unter Beweis stellen kann. Für einen Hund hieße das, einen Stock zu apportieren; für einen Mann, ein Marmeladenglas zu öffnen, bei dem der Deckel etwas fester sitzt. Oder Sie probieren aus, wie leidenschaftlich Ihr Mann bei der Sache ist, und schauen, ob er wohl einen Stock apportiert.

Der aufgeklärte Mann von heute respektiert die Frau als moralisch, wirtschaftlich und sozial gleichberechtigt; und je größer ihre Oberweite, desto größer sein Respekt. Hübsch anzusehende Brüste in einem großzügigen Ausschnitt reichen schon aus, um jeden Mann anzuziehen, in dessen Adern Blut fließt. Das ist die gute Nachricht; die schlechte Nachricht ist, dass sie wirklich jeden Mann anziehen, in dessen Adern Blut fließt.

Daraus folgt, dass für Frauen die Schwierigkeit darin besteht, nur auf solche Männer attraktiv zu wirken, die auch sie attraktiv findet. Glücklicherweise sind zwei geballte Kräfte im Spiel, wenn es darum geht, anziehend auf Männer zu wirken: das äußere Erscheinungsbild einer Frau und das Ego eines Mannes. Vergessen Sie nicht, dass das Ego eines Mannes genügend Raum bietet, um über etwaige Unzulänglichkeiten im äußeren Erscheinungsbild einer Frau großzügig hinwegzusehen.

Der Schlüssel liegt darin, Komplimente zu machen, die völlig an den Haaren herbeigezogen sind, und auf deren durchschlagende Wirkung zu vertrauen. Bringen Sie es z.B. fertig, dem Durchschnittsmann Dinge zu sagen wie: «Deine sexuelle Ausstrahlung bringt mich fast um den Verstand», und dabei keine Miene zu verziehen, wird er es Ihnen nicht nur anstandslos glauben, sondern auch für den Rest seines Lebens davon überzeugt sein, allen gegenteiligen Anzeichen zum Trotz, mögen diese auch noch so offensichtlich sein.

Männer verlieren sich gerne in Äußerlichkeiten – dies aber mit ihrer ganzen Kraft und Zuwendung. Ihnen Komplimente zu machen für diese äußerlichen Dinge ist ein probates Mittel, um sie in Ihren Bann zu ziehen; und die Palette ist reichhaltig, suchen Sie sich etwas aus: Auto, Stereoanlage, Modelleisenbahn, Computer, Heimwerkerschuppen, Brieftauben, Yacht oder sein Willi.

Rein theoretisch stehen Männer auf Pin-up-Girls, in der Praxis nehmen sie jedoch alles, was sie flachlegen können. Im Grunde genommen wüssten die meisten Männer nicht einmal, womit sie anfangen sollten, wenn sie ein leibhaftiges Pin-up-Girl vor sich hätten. Stattdessen muss eine Frau das gewisse Etwas haben, damit ein Mann sie unwiderstehlich findet. Vielleicht ist Ihnen gar nicht bewusst, dass Sie dieses gewisse Etwas haben, bis Ihnen klar wird, dass die Frau, wegen der er Sie verlassen hat, genau das gleiche gewisse Etwas hat.

Sich rar zu machen ist eine klassische Methode, um den Mann aus der Reserve zu locken, auf den Sie es abgesehen haben. Manche Männer lieben den Kick dieser Treibjagd, und Sie sollten dabei den Part des Jagdsaboteurs übernehmen und nicht nur als Fuchs herhalten. Zeigt ein Mann keinerlei anfängliches Interesse, und Sie machen sich dennoch rar, macht das einen äußerst seltsamen Eindruck. Und Sie werden feststellen, dass Sie merkwürdigerweise auf einmal attraktiv sind für Männer, die auch einen äußerst seltsamen Eindruck machen.

Richtig ... Anziehungskraft auf Frauen haben

Das entscheidende Kriterium, um Erfolg bei Frauen zu haben, ist ein unerschütterliches Selbstbewusstsein, und das erlangt man nur, wenn man Erfolg bei Frauen hat. Folglich machen sich die meisten Männer wie besessen ans Werk. Ein selbstbewusster Mann hat auf eine Frau seit jeher eine große Anziehungskraft; sein Selbstbewusstsein signalisiert ihr, dass er, wenn nötig, ohne weiteres den Kampf mit einem wilden Mammut suchen und ihn erlegen würde. Manche Frauen fühlen sich von leidgeprüften seelischen Krüppeln angezogen, die sich nicht binden können, weil sie glauben, dass die Zeit all ihre Wunden heilt. Wird sie aber nicht, schließlich wirken diese Männer gerade wegen ihrer geschundenen Seele so attraktiv auf Frauen.

Auch Frauen mögen es, wenn ihr Selbstvertrauen gestärkt wird. Machen Sie deshalb Komplimente in allen möglichen Variationen über ihre Frisur, ihr Gewicht, ihre Augen oder ihre Schuhe und Kleider; «Diese neuen Schuhe passen ausgezeichnet zu deiner tollen Frisur» kommt z. B. gut an, «Durch dein Gewicht sehen deine Schuhe zwei Nummern größer aus» eher weniger gut.

Romantik hat für Frauen einen hohen Stellenwert, vor allem, wenn Sie die Frau mit einer romantischen Geste voller Charme überraschen, die sehr persönlich und überaus geistreich ist. Im Idealfall gehören zu einer romantischen Geste einige, wenn nicht sogar alle der folgenden Gegenstände: Papiertaschentücher, Schmuck, Schlüssel, Eintrittskarten, Schokolade, Schaumbäder, Briefe, dicke, weiße Frotté-Bademäntel.

Die meisten Frauen erwarten von ihrem Mann, dass er über einen ausgeprägten Sinn für Humor verfügt. Glücklicherweise entwickeln die meisten Männer einen ausgeprägten Sinn für Humor, schließlich haben sie es mit Frauen zu tun. Hüten Sie sich jedoch vor der Annahme, Frauen fänden das Daherrülpsen der Nationalhymne lustig. Sie lassen sich noch nicht einmal mit Strawinskys *Die Weihe des Frühlings* beeindrucken. Sie wollen einen Mann, der sich selbst nicht zu ernst nimmt. Da Frauen im Allgemeinen Männer ohnehin nicht ernst nehmen, werden sie auch in Ihrem Fall keine Ausnahme machen.

Sind Sie mit einem unerschütterlichen Selbstvertrauen und einem ausgeprägten Sinn für Humor ausgestattet, müssen Sie nicht unbedingt toll aussehen. Natürlich wäre es jeder Frau lieber, Sie verfügten über alle drei Eigenschaften, aber dann wären Sie mit an Sicherheit grenzender Wahrscheinlichkeit schwul, und die Frau finge wieder von vorne an. Peinliche Kleidung können Frauen überhaupt nicht ausstehen. Für eine Frau sind Sie im Grunde genommen nichts weiter als ein liebgewonnenes Accessoire, weshalb es sehr wichtig ist, in keiner Weise aufzufallen oder die Aufmerksamkeit auf sich zu ziehen.

Sind Ihre Küsse triefend nass, sind Sie selbst dann eine herbe Enttäuschung für Frauen, wenn Sie sämtliche oben genannten Voraussetzungen erfüllen. Küssen hat für Frauen eine große Bedeutung und sollte sich nicht anfühlen, als ob man die Drainage überprüft oder eine Wassermelone isst. Legen Sie auch deshalb Ihr Hauptaugenmerk aufs Küssen, weil es Ihnen beim Vorspiel ein paar zusätzliche Punkte einbringt, um zumindest in die Nähe der unerreichbaren Punktemarke zu gelangen, die Frauen beim Vorspiel als Zielvorgabe setzen.

Es hilft Ihnen herzlich wenig, gut im Bett zu sein, wenn Sie eine Frau verführen wollen; es ist nämlich recht unwahrscheinlich, dass sich die Frau auf die Beteuerungen anderer verlässt, und schließlich ist es zu spät, wenn sie dahinterkommt, dass Sie eine Niete sind, und die Hochzeitsgäste sind zu dem Zeitpunkt längst nach Hause gegangen.

Richtig … romantisch sein

Romantik ist das Vorspiel der Gefühle, und wie immer beim Vorspiel ist die Nachfrage größer als das Angebot. Dies ist nicht weiter überraschend, weil in den meisten Fällen die Frauen die Nachfrager und die Männer für gewöhnlich die Anbieter sind. Die Romantik ist nicht tot, sie befindet sich lediglich in einem permanenten Wachkoma. Als die Frauen noch hauptsächlich damit beschäftigt waren, vor Verzückung in Ohnmacht zu fallen, war die Romantik schwer in Mode. Da heutzutage die Frauen emanzipiert sind und finanziell auf eigenen Füßen stehen, haben die Männer ihre romantischen Aktivitäten drastisch reduziert, schließlich wollen sie sich nicht dem Vorwurf aussetzen, der Mäzen einer Frau zu sein. Was allerdings eine sehr bequeme Entschuldigung ist.

Männer glauben oft, mit ein bisschen Romantik zur rechten Zeit, vor allem, wenn Frauen es am wenigsten erwarten – Blumen im Büro, Champagner am Strand oder Frühstück im Bett –, wäre es getan. Aber Frauen wollen auch Schuhe, und sie wären nicht besonders beeindruckt, wenn Sie plötzlich ein hübsch anzusehendes Paar aus dem Hut zauberten, das Sie extra für sie ausgesucht haben. Gehen Sie also mit der gebührenden Vorsicht zu Werke.

Blumen schenken ist immer Romantik pur, vergewissern Sie sich allerdings, dass es sich tatsächlich um Blumen handelt und nicht um irgendein beliebiges Gewächs. Es ist romantisch, jemandem eine einzelne, langstielige Rose zu schenken, eine einzelne Rübe nicht. Vielleicht in Ostfriesland.

Pralinen sind romantisch, nicht jedoch Schokolade. Schenken Sie einer Frau eine Tafel Schokolade für 7,50 Euro, ist das die beste Methode, ihr durch die Blume zu sagen, sie würde essen wie ein Scheunendrescher, und bringt Sie auch nicht viel weiter.

Dennoch wird sie die Tafel aufessen, aber Sie bekommen keine Romantiker-Punkte gutgeschrieben. Um romantisch zu sein, müssen Sie Pralinen schenken, wobei Verpackung und Inhalt in einem Verhältnis von ungefähr 10:1 stehen müssen. Ist die süße Romanze vorbei, kauft sich die Frau ihre eigene Schokolade, und zwar ganz schlicht verpackt und en gros.

Gedichte sind sehr romantisch. Sind Sie in der Lage, selbst Gedichte zu schreiben, ist das besonders beeindruckend – sofern Sie mehr zustande bringen als «Rosen sind nett, komm in mein Bett». Im Allgemeinen lohnt es sich, das Werk eines unbedeutenden romantischen Dichters zu Rate zu ziehen, weite Passagen zu übernehmen und den Originalnamen durch den Ihrer Liebsten zu ersetzen. Niemand wird bemerken, dass Sie aus Rosamunde Tania gemacht haben.

Es kann durchaus romantisch sein, eine Frau zum Abendessen auszuführen, allerdings nur bei Kerzenlicht. Das gibt der Frau die Möglichkeit, unbemerkt mehr zu essen und auch besser auszusehen, weil Sie nichts außer einer 15 Zentimeter hohen Flamme vor ihrem Gesicht sehen. Zu einer perfekten romantischen Atmosphäre gehören winzig kleine Feinheiten, die Ihr Taktgefühl, Ihren Respekt und Ihre Feinfühligkeit unter Beweis stellen. Übertreiben Sie es aber nicht mit dieser Vorgehensweise, weil Sie dann wirklich Gefahr laufen, so feinfühlig zu sein, dass Sie womöglich von dem Verehrer mit der Fünf-Kilo-Tafel Schokolade ausgestochen werden.

RICHTIG … smart sein

Manche Männer glauben seit Menschengedenken, das Geheimnis des Erfolges bei Frauen und im Leben ganz allgemein läge darin, smart zu sein. Es ist ein beträchtlicher Unterschied, smart oder cool zu sein, vor allem, weil es nicht cool ist, smart zu sein. Smartheit beruht darauf, beim eigenen Image, im gesellschaftlichen Zusammenleben und beim fahrbaren Untersatz auf Stromlinienförmigkeit zu achten.

Smarte Autos haben niemals vier Türen und sind vorzugsweise Sport-Cabrios. Es ist unmöglich, in einer Familienkutsche smart zu sein. Die Wahl des Autos, bei der Stromlinienförmigkeit ebenfalls von Bedeutung ist, spiegelt sich in smartem Schuhwerk wider. Daher bevorzugen smarte Leute Slipper. Es gibt noch eine weitere Option, und zwar Wildleder; dies ist kein Zufall, weil smarte Leute seit jeher Wildleder tragen. Es wertet einen smarten Mann auf, wenn er viel Wildleder trägt; er gilt als grazil, eine Kategorie, nach der alle smarten Menschen streben.

Auch smarte Frisuren haben etwas mit Aerodynamik zu tun. Es ist extrem schwierig, mit einem kapitalen Lockenkopf als smart durchzugehen. Stattdessen bedarf es dazu wirklich eines feucht-angeklatschten Looks, bei dem die Haare schnittig nach hinten gekämmt werden und nach Möglichkeit auf dem Kragen oder in dessen unmittelbarer Nähe mit einem Rokoko-Schnörkel abschließen. Um die größtmögliche Smartheit zu gewährleisten, wenn man mit seinem Sportwagen mit offenem Verdeck und 100 km/h unterwegs ist, trägt man ausreichend Haar-Gel oder Leim auf.

Smartheit konzentriert sich beim Mann oft auf den Halsbereich. Das Medaillon oder der geschmackvolle Anhänger des heiligen Christophorus steht am einen Ende des Spektrums. Und am anderen der Heilige Gral der Smartheit, die Krawatte. Keines der beiden Accessoires ist heutzutage unbedingt angesagt, weshalb sie meist durch den obligatorischen Rollkragenpulli ersetzt werden, vorzugsweise unter einer Wildlederjacke.

Kleine Feinheiten machen den Unterschied zwischen smarten und hoffnungslos smarten Menschen: ein Aftershave, das dezent wäre, wenn man 15–.al weniger davon auftragen würde; große Manschettenknöpfe an Freizeithemden; Autofahrerhandschuhe; Aktenkoffer, die so schmal sind, dass nichts hineinpasst; endlose, überladene Schachtelsätze, die derart smart sind, dass sich kein Mensch jemals auch nur ein Wort davon merken kann.

Die Körpersprache smarter Menschen unterliegt der Notwendigkeit, den Eindruck zu vermitteln, man mache möglichst wenig Anstalten, sich zu bewegen. Smarte Männer tendieren häufig dazu, irgendwo zu protestieren, und haben eine Art gleitenden Gang (was hauptsächlich daran liegt, dass sie verzweifelt versuchen, ihre Wildleder-Slipper nicht zu verlieren). Und wenn sie nicht gerade auf dem Wohnzimmerteppich Sex haben, fahren sie im Sportwagen zum Zigarettenholen.

Im Allgemeinen halten sich smarte Männer für ungeheuer attraktiv dem anderen Geschlecht gegenüber, was vielleicht sogar zutrifft, wenn nur jemand genau definieren könnte, wer aus ihrer Sicht überhaupt das andere Geschlecht ist. Trotzdem treten smarte Männer nach wie vor auf, als seien sie die Sexbomben schlechthin und als bestünde der tiefere Sinn ihres Daseins in einem ungeheuer feinfühligen und gekonnten Vorspiel, was allen Frauen selbstverständlich voll und ganz bewusst ist. Von dieser Denkweise verabschieden sie sich erst in ihren späten Fünfzigern, wenn sie feststellen, dass ihre einzige ständige weibliche Begleitung eine smarte Collie-Hündin ist.

Richtig … gut küssen

Nehmen Sie vor dem Küssen alle Fremdkörper aus dem Mund, einschließlich Tabakspfeifen, Zigaretten, Füller, Musikinstrumente und Bärte. Tragen beide von Ihnen Zahnspangen, küssen Sie sich erst, wenn die Feuerwehr mit schwerem Schneidgerät in Bereitschaft ist.

Achten Sie darauf, sämtliche Essensreste aus dem Mund zu entfernen, schließlich wollen Sie küssen und sich nicht von Erbrochenem verköstigen. Widerstehen Sie der Versuchung, besonders witzig zu sein und Ihr Bonbon von Mund zu Mund weiterzugeben – was dem einen sein Karamellbonbon ist der anderen ihr Ananasschnitz.

Küssen erfordert eine besondere Technik, die man mit keiner der anderen Funktionen des Mundes verwechseln sollte, wie z. B. blasen, lutschen, kauen, spucken, nagen, sprechen oder singen. Versuchen Sie nicht, jemandem in den Mund zu blasen, es sei denn, Sie glauben, er habe möglicherweise Atembeschwerden. Wenn Sie schon die Notwendigkeit verspüren, irgendwo hineinzublasen, dann ins Ohr oder in ein Fagott, wenn Sie eines zur Hand haben.

Singen Sie nicht beim Küssen, außer Sie sind Pavarotti. Es ist nur allzu verständlich, dass viele Menschen beim Küssen ein Glücksgefühl verspüren und unversehens anfangen zu summen; achten Sie darauf, dass es sich um etwas Romantisches und nicht um Marschmusik handelt. Beißen und knabbern spielen beim Küssen durchaus eine Rolle, aber immer mit der Ruhe: Ein Kuss ist kein Snack.

Es mag offensichtlich sein, aber es ist wichtig, sich vor dem Küssen richtig zu positionieren. Sind Sie beide unterschiedlich groß, empfiehlt es sich, die Körperhaltung den Gegebenheiten anzupassen. Sich zum Küssen hinzulegen ist nicht schlecht, obwohl davon in dieser Phase das falsche Signal ausgehen könnte. Machen Sie dann die Augen halb zu und gehen zum Angriff über, wobei Ihre Lippen denen eines leicht reizbaren Affen gleichen sollten. Findet Ihr Vorstoß Gefallen, ist dies nicht der geeignete Zeitpunkt, um sich die Nase zu putzen, sich abzuwenden oder zu telefonieren. Gehen Sie stattdessen auf Ihre Partnerin ein und neigen auch den Kopf etwas zur Seite, um einen Zusammenstoß mit den Nasen zu vermeiden. Und neigen Sie natürlich den Kopf nicht zur gleichen Seite wie Ihre Partnerin, sonst führen Ihre Bemühungen schließlich dazu, dass Sie beide auf- und abtauchen wie zwei konfuse Goldfische.

Spitzen Sie nach der ersten Feindberührung diskret Ihren Mund vor dem ersten Kuss. In dieser Phase empfiehlt es sich nicht, Ihre Zunge wie einen Feuerwehrschlauch auszurollen und tief in den Hals Ihrer Partnerin zu stecken. Vor allem, wenn Sie einer Freundin Ihrer Mutter einen rein freundschaftlichen Kuss geben.

Einmal in der Höhle des Löwen angelangt, sollte Ihre Zunge dort nicht untätig herumliegen wie ein Spüllappen auf der Abtropfe. Vielmehr sind Sie gefordert, das gegnerische Terrain spielerisch zu erkunden, mit viel Geist und wenig Sabber. Übertreiben Sie es aber nicht, schließlich sollte sich Ihre Partnerin danach wie nach einem leidenschaftlichen Kuss fühlen und nicht wie nach einer halbstündigen Zahnreinigung.

Richtig ... gut im Bett sein

Schläft man mit jemandem, der von sich glaubt, gut im Bett zu sein, ist das durchaus vergleichbar mit der Teilnahme an einem Trainee-Programm einer Bank. Genau dann, wenn man in einer Stellung den Dreh heraushat, wird man zur nächsten beordert. Jeglicher Stellungswechsel beim Sex ist genau genommen so gefährlich wie unnötig. Kein Mensch käme auf die Idee, beim Autofahren die Sitzposition hinterm Steuer großartig zu verändern, warum also um alles in der Welt Stellungswechsel im Bett? Am besten, man rührt sich nicht von der Stelle, wenn man einmal fest angegurtet ist.

Beim Sex hat jeder seine Lieblingsstellung. Für die meisten Männer heißt das, die Frau oben. Für die meisten Frauen, die Frau auf der Seite unter der Bettdecke und der Mann in der Waschküche beim Wäscheaufhängen. Es gibt eine Stellung nach einer wilden Liebesnacht, bei der man Seite an Seite völlig regungslos daliegt, still und voller Zufriedenheit. Diese Stellung praktizieren vor allem Ehepaare – anstatt einer wilden Liebesnacht.

Leute, die von sich glauben, gut im Bett zu sein, bestehen oft darauf, irgendwelches Spielzeug mit ins Bett zu schleppen. So kann es vorkommen, dass man sich gerade zwanglos amüsiert und es plötzlich mit einem Stabmixer, Rasentrimmer oder Tapeziertisch zu tun bekommt.

Sind Sie weiblichen Geschlechts und kein Spielzeug-Fan, flüstern Sie Ihrem Lover einfach «später» ins Ohr. In neun von zehn Fällen wird es kein Später geben.

Für Männer, die gut im Bett sein wollen, gilt die goldene Regel, Betten zu meiden. Und stattdessen viel Zeit in Restaurants und Geschäften zu verbringen. All dies zählt als Vorspiel. Wenn es dann schließlich ans Eingemachte geht, besteht die Kunst darin, nicht ans Eingemachte zu gehen, sondern sich aufs Küssen zu konzentrieren. Frauen küssen gerne und sind in der Regel erst dann zufriedengestellt, wenn sie von Kopf bis Fuß vor Sabber triefen.

Interessanterweise sind Frauen schon dann gut im Bett, wenn sie einen Mann nur einmal kurz auf die Wange küssen. Erzählt der Mann am nächsten Tag in der Kneipe seinen Kumpels davon, hat sich die Frau auf einen Schlag in ein regelrechtes Luder verwandelt. Für eine Frau ist es sehr schwer, gut im Bett zu sein, wenn der Mann eine Niete ist. Ungefähr so, als sei jemand ein begnadeter Fußballer, aber niemand spielt ihm den Ball zu (sozusagen).

In vielen Fällen erweist es sich als ausgezeichnete Vorspiel-Variante, bevor man ins Bett geht, darüber zu sprechen, was man so alles gegenseitig miteinander anstellen wird. Überlegen Sie sich vorher allerdings gut, was Sie sagen; können Sie nur mit einem Satz aus drei Wörtern aufwarten, verkneifen Sie sich besser jegliche Äußerung – sie könnte sich als kontraproduktiv erweisen.

Das Vorspiel ist jedermann geläufig, aber das Nachspiel ist genauso wichtig. Beim Nachspiel küsst man seine Partnerin, sagt ihr, wie sehr man sie liebt, um ihr dann die ganze Bettdecke zu entreißen.

Sport und Training ●

Krankheit und Gesundheit ●

Kochen und Essen ●

Mode und Wellness ●

Schlafen und Wachsein ●

Faulenzen und Herumtrödeln ●

Hecken und Nachbarn ●

Religion und Politik ●

Teenager und Studenten ●

Mixen und Mischen ●

Männer und Frauen ●

Liebe und Ehe ●

Richtig … lieben

Heutzutage gelten in fast allen Lebensbereichen bestimmte Geschäftsbedingungen. Mit zwei Ausnahmen: Liebe und Hingabe; beides funktioniert am besten bedingungslos. Liebe und Hingabe sind sehr eng miteinander verwandt, weil man alles hingibt, wenn man sich verliebt – sich selbst, seinen Besitz und seinen Verstand. Wahre Liebe ist, sich einem anderen Menschen hinzugeben. Allerdings sollte das auf Gegenseitigkeit beruhen, sonst verstrickt man sich nur in heikle Machtspiele in Lack und Leder.

Jede Generation hat eine Liebe, deren Benennung nicht gewagt wird, auszusprechen. Außer die heutige Generation, deren Liebe nicht die Schnauze halten kann. Vielleicht mit Ausnahme der Liebe mancher Männer für Diesel-Lokomotiven.

Hierzulande wird der Löwenanteil menschlicher Liebe Tieren gewidmet, vor allem Haustieren. Das Tier, dem Sie Ihre Liebe zuteil werden lassen, sagt viel über Sie als Mensch aus. Leute, die Hunde lieben, erwarten im Gegenzug ebenfalls grenzenlose Liebe und haben in der Regel eine große, lautstarke Familie. Leute, die Katzen lieben, sind Anhänger der unerwiderten Liebe und führen in der Regel ein ruhiges Leben zwischen einem Bücherschrank und einem Radio.

Meerschweinchen eignen sich als Haustiere ausgezeichnet, um Kinder mit den Grundzügen der Liebe vertraut zu machen: Ihre Lebensdauer ist begrenzt, sie müssen ständig ausgemistet werden und haben lange Zottelhaare, sodass man nur schwer die Weibchen von den Männchen unterscheiden kann.

Männer lieben Frauen, weil sie die bezauberndsten Wesen auf Gottes Erde sind. Frauen lieben Männer, weil Schokolade nicht Rasenmähen kann. Manche Männer ziehen es vor, andere Männer zu lieben. Ebenso ziehen es manche Frauen vor, andere

Frauen zu lieben. Diese Verhaltensweise kann mit einem Wort beschrieben werden: Liebe.

Jeder Mensch hat eine Idealvorstellung von seinem Liebhaber. Das ist mitunter nicht ganz ungefährlich, da zwischen Anspruch und Wirklichkeit oft eine riesige Lücke klafft. Aber mit der Liebe verhält es sich wie mit der Körperbehaarung: Sie taucht an Stellen auf, wo man es zuletzt erwartet hätte. Es gehört zu den wunderbaren Dingen im Leben, dass es tatsächlich irgendwo einen Menschen auf der Welt gibt, der zu Ihnen passt, ganz gleich, wer Sie sind. Tragisch nur, dass dieser Mensch oft in Deppenhausen wohnt.

Ist es vorbei mit der Liebe, schlägt das schwer aufs Gemüt. Aber es hat auch durchaus angenehme Seiten: Die Bettdecke gehört fortan allein Ihnen, und Sie haben endlich die Möglichkeit, die Zeitung zu lesen, bevor sie rettungslos ramponiert ist.

Früher waren Liebe und Ehe untrennbar miteinander verbunden wie Wohl und Wehe. Heutzutage sind es Liebe und Sex, die untrennbar miteinander verbunden sind. Noch gibt es das eine ohne das andere, allerdings nur, wenn Sie einem religiösen Orden beitreten. Und steht Ihnen der Sinn nur nach Liebe, legen Sie sich einen Brieffreund zu.

RICHTIG ... einen Heiratsantrag machen

Wenn man nicht gerade sagt: «Herr Professor, bitte manipulieren Sie mich genetisch», ist der Satz: «Willst du mich heiraten?», die schnellste und folgenschwerste Methode, sein Leben zu ändern.

Männer, die versucht sind, diesen Satz zu sagen, sollten sich darüber bewusst sein, dass Frauen genau genommen verstehen: «Willst du mit mir den Bund fürs Leben schließen?» – ein feiner, aber schwerwiegender Unterschied. Und die ständig wachsende Zahl der Frauen, die einen Heiratsantrag machen, sollte sich darüber bewusst sein, dass Männer genau genommen verstehen: «Bist du bereit, keiner anderen Frau mehr hinterherzuschauen als mir und meiner Mutter?»

Es gibt eine Reihe von potenziellen Antworten auf einen Heiratsantrag. Ein schlichtes «Ja» ist in Ordnung, «Nichts lieber als das, Robert» auch (vorausgesetzt, Sie heißen Robert). Auch ein «Nein» kann positiv sein, vor allem, wenn es mit einer Riesenwelle der Erleichterung einhergeht. «Was, zum Teufel, machst du da unten?» ist hingegen keine positive Antwort, und nur die allergrößten Berufsoptimisten sähen Anzeichen der Ermunterung in der Antwort: «Sie befinden sich in der Warteschlange, dennoch vielen Dank für Ihre Anfrage.»

Die schlimmste Antwort ist «Später» oder «Ich komme gern bei Gelegenheit darauf zurück». In diesem Fall besteht der Trick darin, mit schöner Regelmäßigkeit jeden Monat aufs Neue zu fragen, um dann plötzlich ohne ersichtlichen Grund kein Wort mehr darüber zu verlieren. Registriert das Ihre Angebetete nicht einmal, suchen Sie sich eine andere; registriert sie es, suchen Sie sich erst recht eine andere, schließlich wollen Sie niemanden, der Sie für den Rest Ihres Lebens hinhält.

In der Regel können Sie vorausahnen, was für eine Antwort

Sie erwartet; leben Sie schon jahrelang mit einer Frau zusammen, die auf Hochzeiten von Freunden immer sehr sentimental wird und jede Szene aus *Vier Hochzeiten und ein Todesfall* kennt, haben Sie gewonnen. Gibt Ihre Auserwählte regelmäßig Seminare zum Thema «Die Ehe als Katalysator patriarchalischer Ausbeutung», dürfte der Bund fürs Leben nicht gerade ihr Ding sein.

Das Gute an einem Heiratsantrag ist die Tatsache, dass dem endlosen Beziehungsgefasel ein Ende gesetzt wird und auch die Bedenken ausgeräumt werden, welche Auswirkungen der Kauf eines Federbetts für zwei möglicherweise auf die Beziehung haben könnte. Und das Schlechte, dass es mit genauso viel Angstschweiß verbunden ist, um die Hand seiner Zukünftigen anzuhalten, wie alles bisher Dagewesene zusammen – jedes Date, um das man jemals gefleht, jeder geliehene Euro, um den man jemals gebettelt, und jedes Prüfungsergebnis, auf das man jemals mit gemischten Gefühlen gewartet hat.

Bei einem klassischen Heiratsantrag knien Sie nieder auf ein Knie, obwohl Sie eigentlich gleich auf beide Knie fallen könnten, weil genau das die Perspektive ist, aus der Sie die Welt ab sofort auf absehbare Zeit wahrnehmen werden. Der eigentliche Stress beginnt erst, nachdem Sie beide «Ja» gesagt haben; erst stellen Sie Ihre Beziehung vor eine Zerreißprobe mit dem Versuch, es mit den Hochzeitsfeierlichkeiten Eltern und Schwiegereltern gleichermaßen recht zu machen, um dann in den Zustand einer permanenten posttraumatischen Belastungsstörung zu versinken – auch bekannt unter dem Begriff Ehe.

Richtig … eine Hochzeitsrede halten

Beginnen Sie mit Ihren Vorbereitungen mehrere Monate vor dem großen Tag. Auf diese Art finden Sie entweder so viele Schandtaten über den Bräutigam heraus, dass Sie ihn am liebsten ins Gefängnis bringen würden, oder Sie finden rein gar nichts heraus und begreifen, dass Sie in Ihrer Rede Witze auf Kosten von Mutter Teresa machen müssen.

Es ist von entscheidender Bedeutung, genau zu wissen, wer Ihre Zuhörer sind. Sprich: die Leute, die Sie vor sich haben. Klingt einleuchtend, aber nach ein paar Drinks richten Sie womöglich Ihre ganze Rede an die Hochzeitstorte.

Die Omas finden Ihre Ausführungen alles andere als witzig oder geistreich. Was allerdings halb so schlimm ist, da sie ohnehin kein Wort davon hören. Und die Brauteltern wollen nicht gerade wie die Addams Family dastehen, wenn sie schon die Hochzeit bezahlen. Folglich wollen sie nach Ihrer Rede wissen, was daran eigentlich so witzig gewesen sein soll.

Für Teenager sind Ihre Ausführungen absoluter Mist und langweilig, weshalb es am besten ist, sie völlig zu ignorieren. Es sei denn natürlich, Braut und Bräutigam sind Teenager. Die niedlichen Kleinen sind auf Hochzeiten immer etwas übermotiviert, sie schießen quer durch den Saal und malträtieren mit ihren kleinen Fäusten Ihre Weichteile. Kein Zwischenruf würde Sie mehr aus dem Konzept bringen.

Geraten Sie nicht gleich in Panik, wenn Ihr erster Witz ein Rohrkrepierer ist. Sondern erst, wenn auch Ihr zwanzigster Witz noch ein Rohrkrepierer ist; besinnen Sie sich vielmehr darauf, dass es nie zu spät ist, aus Ihrer Rede eine ernste, nachdenkliche Abhandlung zu machen. Reagieren Sie nicht zu schlagfertig auf Zwischenrufe. Wenn Sie mit der Bemerkung kontern: «Schwer zu glauben, dass ausgerechnet Sie das schnellste der Million Spermien waren», handelt es sich bei der betreffenden Person mit Sicherheit um den Pfarrer.

Machen Sie im Zweifelsfall der Brautjungfer ein Kompliment. Herrschen nach Ihrer echt witzigen Anekdote über den Bräutigam und das Huhn nichts als Stille und blankes Entsetzen, fahren Sie einfach fort mit den Worten: «Aber ich glaube, wir sind uns alle darüber einig, wie toll unsere kleine Andrea in ihrem wunderschönen Kleid aussieht.» Während das Publikum applaudiert, können Sie die nächsten drei Absätze über das Huhn streichen.

Vergessen Sie nicht, dass es zwei völlig unterschiedliche Dinge sind, was Sie über das Liebesleben des Bräutigams wissen und was seine Zukünftige darüber weiß. Beschränken Sie sich auf witzige Geschichten, die sich vor langer, langer Zeit zugetragen haben und deren Hauptdarsteller heute alle in Australien, im Gefängnis oder tot sind. Vorzugsweise sowohl als auch.

Wenn Sie schon die Geschichte erzählen müssen, wie Peter einmal seine Genitalien mit Sekundenkleber an einem Briefkasten festgeklebt hat, werden seine Schwiegereltern mitsamt Familie denken, Peter sei ein Idiot, Peters Familie ihrerseits wird denken, Sie seien ein Idiot, und die Braut wird denken, Peter habe verstümmelte Genitalien.

Haben Sie sich gut vorbereitet, werden Sie sich das Hochzeits-Video immer und immer wieder mit Vergnügen ansehen. Falls nicht, drücken Sie bei Ihrer Rede immer sofort die Vorspultaste.

RICHTIG ... glücklich verheiratet sein

Es ist ein ernüchternder Gedanke, dass fast zwei Drittel aller Ehen hierzulande einen glücklichen Ausgang nehmen. Beherzigt ein Mann die einfache Regel, dass seine Frau immer recht und er selbst sich bedauerlicherweise geirrt hat, ist dies schon die halbe Miete für eine glückliche Ehe. Für eine Frau besteht die Kunst darin, ihrem Mann die uneingeschränkte Amtsgewalt über eine einzige Sache zu überlassen; dabei stehen die Fernbedienung, der Straßenatlas oder die Wahl der Hausschuhe zur Auswahl. In allen übrigen Angelegenheiten können Männer zwar davon ausgehen, es ginge nach ihrem Kopf, aber hier greift automatisch Regel Nummer eins.

Treue ist in einer Ehe wichtiger als Religion, weil Sie wahrscheinlich eher exkommuniziert werden, wenn Sie in einer Ehe sündigen. Der sexuelle Reiz mag in einer Ehe mit der Zeit nachlassen, weshalb Sie sämtliche Möglichkeiten in Betracht ziehen sollten, wie Sie den letzten paar Tagen Ihrer Flitterwochen eine gewisse Würze verleihen könnten.

Eine Ehe ist der Bund fürs Leben, was heutzutage sechzig oder mehr Jahre bedeuten kann. Daher ist es ein sinnvoller Zeitvertreib, sechs oder sieben Kinder in die Welt zu setzen. Auf diese Art haben Sie in den langwierigen mittleren Ehejahren etwas zu tun, wenn nichts im Fernsehen kommt.

Leute, die herumgeistern und schwachsinnige Selbstgespräche führen, gelten gemeinhin als leicht übergeschnappt. In einer Ehe können Sie die ganze Zeit Quatsch daherreden, weil ein Partner da ist, der Ihnen beim Teekochen dabei zuhört. Das versteht man im Allgemeinen unter Gemeinschaft. Und es ist das Highlight in einer Ehe, wenn Sex kein Thema mehr ist, die Kinder aus dem Haus und die Zähne längst die dritten sind.

Das Beste an einer Ehe sind die Geborgenheit und die Sicherheit, die sie bietet. Egal, wie schlecht es Ihnen auch gehen mag im Leben, es ist ausgesprochen beruhigend und tröstlich, die Gewissheit zu haben, dass es immer jemanden gibt, der noch schlechter dran ist. Ein gelegentlicher Streit kann als reinigendes Gewitter wirken und tut einer Ehe durchaus keinen Abbruch, weil Probleme ausgeräumt werden. Werden auch die Möbel ausgeräumt, sind Sie vermutlich etwas zu weit gegangen.

Mitentscheidend für eine glückliche Ehe ist die Erkenntnis, dass man den Menschen nicht ändern kann, den man geheiratet hat. Im Idealfall gelangt man vor der Hochzeit zu dieser Erkenntnis und geht nicht in die Ehe mit einer umfangreichen Liste im Kopf mit unerledigten Dingen. Nur weil Sie verheiratet sind, heißt das noch lange nicht, Sie könnten nicht Ihr eigenes Ding machen. Es ist absolut unerlässlich, eigene Interessen zu haben. Sport, Reisen, Kneipenabende oder Betriebsausflüge sind Dinge, die aktive Unterstützung finden sollten, vor allem bei Ehefrauen.

Wenn man heiratet, bekommt man von älteren Leuten oft den gutgemeinten Rat, dass man an einer Ehe ständig arbeiten muss. Leider bekommt man nie gesagt, was im Einzelnen eigentlich genau zu tun ist und ob man jemanden engagieren kann, der einem diese Arbeit abnimmt. In der Regel lohnt es sich, regelmäßig bei Ihrer besseren Hälfte nachzufragen, wie sie den Zustand der Ehe beurteilt. Erhalten Sie die Antwort in schriftlicher Form von einem Anwalt, liegt wahrscheinlich etwas in der Luft.

RICHTIG ... zusammenleben

Leben Sie nur mit jemandem, wenn Sie ohne ihn nicht leben können. Es ist eine hochgradig unnatürliche Geschichte, als Paar zusammenzuleben. Am Anfang steht der Wunsch, nicht nach Hause gehen zu müssen, wenn man zügellosen Sex gehabt hat, und am Ende geht es nur noch darum, Socken im Zehner-Pack zu kaufen.

Die erste Zeit nach dem Einzug in die gemeinsame Wohnung ist vielleicht die kritischste Zeit des gesamten Zusammenlebens. Der Mann entdeckt, dass die Unterhosen von Frauen in 90 Prozent der Fälle großen, grauen Gefrierbeuteln gleichen, während die Frau entdeckt, dass Männer überhaupt nur zwei Paar Unterhosen besitzen. Außerdem stehen gemeinsame Einkäufe an, und man gelangt zu der Erkenntnis, dass es keinen Raum für Kompromisse gibt zwischen einfachen Butterkeksen und doppelten Schokoladenkeksen.

In jeder Beziehung ist einer der Partner sauber und ordentlich und der andere ein absoluter Schlamper. Erstgenannter ist meist grantig, weil er glaubt, die ganze Arbeit bliebe an ihm hängen, und würde er nicht aufräumen, versänke das ganze Haus im Dreck. Letztgenannter ist meist grantig, weil er sich einem permanenten, brachialen Druck ausgesetzt fühlt, alle möglichen Dinge tun zu müssen, denen er nicht einmal im Traum auch nur die geringste Bedeutung beigemessen hätte, wie z.B. Handtücher fein säuberlich und akkurat über den Handtuchhalter zu hängen.

Manchmal bekommen Sie möglicherweise den Eindruck, mit einer Frau zusammenzuleben, die Ihre Anwesenheit gar nicht mehr wahrnimmt. Verräterische Anzeichen dafür sind, wenn die Frau ständig in dem Zimmer das Licht ausmacht, in dem Sie sitzen, oder in regelmäßigen Abständen persönliche Sachen von

Ihnen wegwirft, nur weil Sie damit im Augenblick nicht zugange sind.

Ein Auto gemeinsam zu nutzen ist wie eine Hausgemeinschaft im Kleinen. Nach den Maßstäben eines ordentlichen Menschen sollte beim Abbiegen das Ticken des Blinkers das einzig hörbare Geräusch sein. Im Fall des Schlampers bilden Berge von Müll die Geräuschkulisse, wenn sie von einer Seite des Wagens auf die andere krachen. Nutzen Sie nie gemeinsam ein Auto mit jemandem, der beim Parken den Gang drinlässt, außer es bereitet Ihnen ein besonderes Vergnügen, Ihren Arbeitstag mit dem Abwürgen des Wagens zu beginnen. Meiden Sie auch Leute, die für irgendeine Reise die entsprechende Seite aus dem Straßenatlas herausreißen.

Oftmals stellen sich moderne Helfer im Haushalt als echte Beziehungskiller heraus. Welchen Sinn macht z.B. eine Spülmaschine, wenn Ihre bessere Hälfte nicht weiß, wie man sie richtig bestückt? Ebenso sollte man meinen, dass Waschmaschinen eine große Entlastung sind, die es Paaren erlauben, bei einem Glas Weißwein gemütlich den Sonnenuntergang zu genießen. In Wirklichkeit wird nur offensichtlich, dass Ihr Freund noch nie etwas davon gehört hat, BHs nur bei 30 Grad zu waschen, weil alles andere auf Kosten ihrer Elastizität geht. Und wenn Ihr Freund Ihre BHs ruiniert, haben sich die romantischen Sonnenuntergänge bei einem Glas Wein erledigt.

In einer Beziehung gilt das gleiche Patentrezept für ein harmonisches Zusammenleben wie in der Welt der Politik: Nichts schweißt die Leute mehr zusammen als ein gemeinsamer Feind. Deshalb führt es in so vielen Fällen zu Kindern, wenn zwei Menschen zusammenleben.

Sich richtig … verkrachen

Müdigkeit ist die wichtigste Voraussetzung, um sich richtig zu verkrachen. Kommt dann noch ein niedriger Blutzuckerspiegel dazu, ist es fast egal, was Sie sagen, es wird garantiert reichen, um sich mit Ihrem Partner zu verkrachen. Wenn Sie hungrig und müde sind, befinden sich zumeist beide in der Küche, um schnell etwas zwischen die Zähne zu bekommen. Schon eine Bemerkung wie: «Nimm nicht *das* Messer» im falschen Ton kann zur Folge haben, dass ebendieses Messer in Sekundenschnelle in Ihrem Rücken steckt.

Wenn Sie sich in der Küche verkrachen, sollten Sie darauf achten, dass nicht Sie derjenige sind, der aus der Küche ins Schlafzimmer stürmt. Sie werden sonst im Schlafzimmer verhungern, während Ihr Partner in der Küche eine leckere Mahlzeit zu sich nimmt, sich danach besser fühlt und sich dann vor den Fernseher setzt und sich wundert, wo, zum Teufel, Sie stecken.

Ein Krach entspringt stets aus dem totalen Nichts und hat immer Themen von erstaunlicher Banalität – z. B., wie Sie Ihr Badehandtuch aufhängen. Sie sollten unbedingt darauf achten, dass es nicht zu einer thermonuklearen Eskalation mit tiefverletzenden Angriffen kommt, wo Aussagen über Dinge wie Gewicht, Kleidungsstil, Haarschnitt oder Schwiegermütter gemacht werden. Ein Krach vergeht schnell, aber die Strafe für Ihre Bemerkungen wird hart ausfallen und lange währen.

Sich nach einem Krach wieder zu vertragen ist nicht einfach, denn dazu muss jemand irgendwann sagen, es tue ihm leid. Bei sturen Menschen passiert das manchmal nie, und das war dann das letzte Mal, dass Sie diesen Menschen, seine Kinder und Kindeskinder je zu Gesicht bekommen haben. Normalerweise ist es so, dass etwa drei Minuten, nachdem Sie all diese verletzenden Dinge gesagt haben und sich eine nervtötende Stille im Raum breitgemacht hat, jemand sagt: «Es tut mir leid, Oliver» (natürlich muss es nicht notgedrungen Oliver sein). Darauf sagt Oliver: «Nein, mir tut es leid.» An dieser Stelle sollten Sie auf keinen Fall sagen: «Das sollte es auch!» Sie sollten vielmehr lachen, sich umarmen und (wenn Sie anschließend tollen Sex haben wollen) weinen.

Die beste Entschuldigung nach einem Krach ist, dass Sie sehr, sehr müde waren. Leider können Sie diese Entschuldigung niemals vor einem Krach benutzen, denn die Bemerkung: «Ich bin zu müde, um mit dir zu diskutieren», ist garantiert der häufigste Auslöser bei allen häuslichen Streitigkeiten.

Ein Krach zwischen Frischverliebten ist meist recht amüsant, da Frischverliebte stets glauben, ihre kleine Welt müsse ganz heil sein. Wenn Sie also nicht jeden einzelnen Zeh Ihres neuen Liebhabers küssen, ist das wie ein Schlag ins Gesicht und läuft darauf hinaus, dass Sie sich verkrachen. Das andere Extrem sind verheiratete Paare mit Kindern, die ihren Krach sehr versteckt austragen. Ein Mann, der mit leicht angestrengter Stimme: «Ich werde den Misthaufen umgraben», sagt, meint eigentlich: «Und das ist alles, was von dir noch übrig ist, Carola, ein einziger Misthaufen!» Natürlich wird er sich dafür alsbald entschuldigen, sie werden weinen, sich lieben, ein weiteres Kind zeugen, noch übermüdeter sein und sich bis an ihr Lebensende stets aufs Neue verkrachen.

Richtig … schmollen

Schmollen ist eine emotionale Form von streiken. Sie sollten niemals einer Sache zustimmen, sondern sich lediglich fügen. Wenn jemand Sie fragt, ob er Wasser aufsetzen soll, dann lautet die einzig richtige Antwort: «Wenn du das möchtest.» Jeder, der schmollt, will seiner Umwelt das Gefühl vermitteln, dass er tiefen Schmerz empfindet, der durch die unglaubliche Selbstsucht seines Gegenübers ausgelöst wurde.

Das große Dilemma beim Schmollen ist stets die Frage, ob man in ein anderes Zimmer davonrauschen sollte. Vergessen Sie nicht, aus den Augen ist aus dem Sinn, und Sie riskieren es, dass es in Vergessenheit gerät, dass Sie gerade unheimlich schmollen. Es ist meistens die beste Lösung, im gleichen Raum zu bleiben, aber so zu tun, als sei die andere Person nicht da.

Den direkten Augenkontakt sollten Sie aus zwei Gründen unbedingt vermeiden. Zum einen ist der verweigerte Augenkontakt das eindeutigste Anzeichen dafür, dass Sie gleich schmollen werden. Zum anderen könnte es sein, dass jemand etwas Lustiges oder Liebenswertes tut, und Sie könnten vielleicht nicht umhin, zu lächeln, womit Sie das Schmollen sofort beenden müssten. Es gilt die eiserne Regel, dass man nicht erneut schmollen kann, wenn man einmal damit aufgehört hat. Das ist genau wie mit tiefgefrorenem Essen: Wenn Sie es einmal aufgetaut haben, können Sie es nicht wieder einfrieren.

Der Zustand des Schmollens kann zwischen 7 Minuten und 7 Jahren andauern. Teenager befinden sich in einem fast fortwährenden Zustand des Schmollens, denn sie fühlen sich andauernd missverstanden. Menschen, die schmollen, stellen immer wieder fest, wie viel mehr sich ihre Umwelt bemühen muss, sie bei Laune zu halten. Manchen Menschen gefällt das so gut, dass sie beschließen, bis an ihr Lebensende missmutig zu bleiben.

Das Schmollen ist eine ganz besondere Eigenart. Und zwar deshalb, weil das Schmollen eine emotionale Ausdrucksform für Menschen ist, die sich nicht ausdrücken können. Die Botschaft des Schmollenden lautet stets: «Ich kann mich nicht ausdrücken, also drücke ich einfach irgendetwas aus, und du musst raten, was ich ausgedrückt hätte, wenn ich so könnte, wie ich wollte.»

Der Angeschmollte muss sich dann gut überlegen, wie er auf den Schmollenden reagiert. Einen Schmollenden zu ignorieren funktioniert so wenig, wie die Tatsache zu ignorieren, dass der Wäschekorb voll ist: Die Schmutzwäsche wird sich weiter anhäufen, bis die Situation wirklich unangenehm wird. Sie können den Schmollenden natürlich fragen, was ihn plagt, doch so einfach ist es meistens nicht. Normalerweise bedarf es folgender Vorgehensweise, um einen Schmollenden davon zu überzeugen, dass es an der Zeit ist, mit dem Schmollen aufzuhören: Schenken Sie ihm uneingeschränkte Aufmerksamkeit, vermitteln Sie ihm ein Gefühl von Geborgenheit, ertragen Sie kurz seine sarkastischen Verbalattacken, und geben Sie dann bedingungslos Ihre eigene Schuld und Ihren Egoismus zu. Während die Stimmung sich langsam bessert, ist es absolut unerlässlich, sich den Satz zu verkneifen: «Diesmal hast du aber lange geschmollt, oder?» Dies wäre nämlich die sicherste Methode, um das längste und hartnäckigste Schmollen der Welt auszulösen.

SICH RICHTIG … entschuldigen

Entschuldigungen sind wie präventive Schutzmaßnahmen, um größeren Schäden vorzubeugen, wenn zwei ausgeprägte Egos aneinandergeraten. Heutzutage liegen Entschuldigungen voll im Trend. Lässt Ihr Stolz keine Entschuldigung zu, drücken Sie einfach Ihr Bedauern aus. Als Kurzform für: «Ich bedaure, mich in einer Situation zu befinden, die eine Entschuldigung verlangt.» In unserer Gesellschaft bedeuten Entschuldigungen im Grunde genommen nicht, dass man sich entschuldigt, dass man etwas bedauert oder dass man schuld ist. Sie sind lediglich die höflichste Art und Weise, in der man «Ich verachte dich zutiefst» sagen kann.

Eine Entschuldigung mag vielleicht kurzfristig schmerzvolle Überwindung kosten, langfristig jedoch durchaus Vorteile mit sich bringen. Durch eine Entschuldigung im rechten Augenblick können Sie genau genommen sogar Oberwasser bekommen. Erstens demonstrieren Sie, so viel menschliche Größe zu besitzen, um einen Irrtum einzugestehen. Zweitens geht alles offensichtlich auf Ihre Kosten, also sind Sie gewissermaßen das Opfer und die Gegenseite der Täter, auch wenn rein technisch gesehen das Gegenteil der Fall ist.

Aus dieser Position heraus können Sie entweder zum Gegenangriff übergehen – «Ich sagte bereits, dass es mir leid tut, also was willst du, soll ich vor dir auf die Knie fallen?» –, oder Sie spielen die Karte der Selbstgeißelung – «Ich bin im Unrecht, ich bin immer im Unrecht, ich bin ein nutzloses Subjekt». Außerdem gibt es den philosophischen Ansatz: «Rein sachlich magst du zwar recht haben, aber der moralische Sieger bin ich.»

Eine oberflächliche Entschuldigung kann sehr ärgerlich sein. Sagen Sie auf die Schnelle: «Tut mir leid, was ich für ein Idiot bin», nimmt das Ihrem Gegenüber die Möglichkeit, Ihnen zu sagen: «Entschuldige dich gefälligst, du Idiot!» Erwähnen Sie in einer Entschuldigung nie Ihren Fehltritt: «Es tut mir leid, dass ich dich eine griesgrämige alte Vogelscheuche genannt habe, und ich will, dass das alle hier wissen.» Wenn es Ihnen wirklich leid tut, können Sie einen riesengroßen Blumenstrauß schicken mit einem Kärtchen, auf dem steht: «Es tut mir leid, dass ich mich über deine Pollenallergie lustig gemacht habe.»

Sich auf Kosten anderer zu entschuldigen ist ebenfalls eine gute Taktik. Kommen Sie einfach einmal zu spät zu einer Besprechung und sagen: «Tut mir leid, dass Sie alle zu früh gekommen sind.» Entschuldigungsprofis entschuldigen sich sogar, wenn offensichtlich ist, dass sie vollkommen im Recht sind. Das schafft nicht etwa den Eindruck, dass ihnen etwas leidtäte, sondern dass Sie ihnen leidtun, weil Sie so ein Loser sind.

Es fällt einem nur dann wirklich leicht, «Tut mir leid» zu sagen, wenn ein «Tut mir leid» schlichtweg zu wenig ist. Mit einem «Tut mir leid, dass ich dir das Bein weggepustet habe» ist es nicht getan. Lebenslängliche Reue ist gefordert. Und Sie können nicht einfach sagen: «Ich habe dir das Bein weggepustet und spüre eine lebenslängliche Reue auf mich zukommen.» Sie müssen die Reue fühlen, sie leben und zeigen, auch wenn Sie tief im Herzen davon überzeugt sind, dass es wirklich die Schuld des Beins war.

Richtig ... immer recht haben

Manche Menschen glauben, untätig herumzusitzen und kein Wort zu sagen sei die einfachste Methode, um nichts falsch zu machen. Das Problem ist, dass ihnen ein Tag vor ihrem Tod klar wird, dass sie in ihrem Leben alles falsch gemacht haben. Sich aus allem herauszuhalten ist eine weitere Methode, um immer recht zu haben, weil man hinterher immer schlauer ist.

Andere Zeitgenossen würden niemals zugeben, dass sie sich geirrt haben, mögen die offensichtlichen Anzeichen auch noch so erdrückend sein. Denn eigentlich haben sie recht, und es lag nur an den falschen Rahmenbedingungen, dass sie sich geirrt haben; wäre die Ausgangssituation eine ganz andere gewesen, hätten sie völlig recht gehabt. (Siehe die Hauptströmungen des neuen Jahrhunderts in Politik, Gesellschaft und Gesundheitswesen.)

Andererseits nützt es nichts, völlig recht zu haben mit etwas, das niemanden auch nur im Entferntesten interessiert. Wen interessiert es schon, dass Sie völlig recht haben im Zusammenhang mit der Höhe eines Gasometers?

Gehören Sie zu den Menschen, die immer recht haben wollen (und es ist erstaunlich, wie viele Leute immer recht haben), ist es am einfachsten, von vornherein zu beschließen, dass es nicht Ihr Ding ist, sich zu irren. Steht dieser Beschluss einmal, bekommen Sie mit der Zeit zusätzlich zwei Berufskrankheiten: Sie sehen nur das, was Sie sehen wollen, und hören nur das, was Sie hören wollen; wodurch der Eindruck verstärkt wird, dass alle Fakten grundsätzlich immer die Version stützen, die Sie für die richtige halten.

Sind Sie von Natur aus kein Sturkopf, ist es einfacher, recht zu haben, wenn Sie in Ihren Überzeugungen grenzenlos flexibel und damit in der Lage sind, am Anfang eines Satzes *eine* Meinung zu vertreten und am Ende desselben Satzes *eine andere*. Haben Sie jedoch keine festen Überzeugungen, bleibt Ihnen das Vergnügen versagt, mit Kommentaren aufwarten zu können wie: «Hab ich dir doch gleich gesagt.»

Es ist nicht leicht, immer recht zu haben, da heute schon falsch sein kann, was gestern noch richtig war, und umgekehrt. Es mag z. B. heute richtig sein, Cordhosen zu tragen. Das bedeutet noch lange nicht, dass es auch richtig gewesen sein muss, während der letzten 20 Jahre ununterbrochen Cordhosen zu tragen, gegen den erbitterten Widerstand von Freunden, Verwandten oder Modeschöpfern.

Versuchen Sie erst gar nicht, jemanden zu widerlegen, der immer recht hat. Selbst wenn Sie glauben, ihn vom Gegenteil überzeugt zu haben, wird er Sie 30 Jahre später aus heiterem Himmel anrufen und Ihnen erzählen, die ganze Zeit recht gehabt zu haben mit dieser Gasometer-Geschichte.

Nicht umsonst ist das Jüngste Gericht für viele ein so reizvoller Gedanke: Die einen hoffen, dass die Leute widerlegt werden, mit deren Rechthaberei sie leben müssen, und die Rechthaber selbst, dass sie in ihren Ansichten bestätigt werden. Das Jüngste Gericht wird ein für alle Mal bestimmen, wer recht hat. Außer natürlich, es irrt sich.

Richtig … über die Bettdecke bestimmen

Heutzutage sollte der Ausdruck «Wer hat die Hosen an?» eigentlich aktualisiert werden und «Wer bestimmt über die Bettdecke?» lauten. Die Hoheitsgewalt über die Bettdecke ist die vorderste Front im Machtkampf jeder Bett-Beziehung.

Sie verschaffen sich Zugang zum begehrten Mittelteil der Bettdecke, indem Sie sich ganz langsam, aber beharrlich Richtung Bettmitte vorarbeiten. Hierfür steht Ihnen eine ganze Reihe von Kniffen zur Verfügung, der gebräuchlichste ist Kuscheln. Es ist wunderbar, in der Mitte des Betts zu kuscheln, aber früher oder später muss sich einer von beiden auf seine Seite drehen. Sorgen Sie dafür, dass es sich dabei um Ihre Partnerin handelt, indem Sie ihr einen neckischen Schubs in die richtige Richtung geben.

Schaffen Sie es, irgendwie sicherzustellen, dass Ihnen niemand die Decke entreißen kann, und Sie sind im Besitz des Heiligen Grals der Bettdecken-Verwaltung. Schnappen Sie sich also den nächstbesten freien Zipfel der Decke, klemmen diesen unter sich ein und schaffen auf diese Art den Effekt eines enganliegenden Schlafsacks. Hat die Bettdecke Normalgröße, bringt Ihr Schlafsack-Effekt für Ihre Partnerin in der Regel den eher unangenehmen Effekt einer Übernachtung im Freien mit sich; erwarten Sie also nicht, dass dieser Zustand von langer Dauer ist.

Ab einem gewissen Verzweiflungsgrad kommen die Knöpfe am Fußende der Bettdecke ins Spiel. Drehen Sie die Decke, bis sich das Fußende mit den Knöpfen längsseits neben Ihnen befindet, und knöpfen Sie diese anschließend in die Knopflöcher Ihres Schlafanzugs. Zum einen verhindern Sie auf diese Art, dass die Decke plötzlich verrutscht; und außerdem sorgen Sie dafür, dass nichts auf der Welt Sie von Ihrer Decke trennen kann, nicht einmal Ihre Partnerin, wenn sie energisch daran zieht.

Wenn der Bezug größer ist als das Inlett, gibt es eine fiese und heimtückische Methode, sich die Schokoladenseite der Bettdecke unter den Nagel zu reißen. In diesem Fall findet sich immer ein verwaistes Stück Bettbezug ohne Inhalt. Drapieren Sie dieses dünne, leere Stück Bettbezug über Ihre Partnerin und decken sich selbst mit dem dicken, prallgefüllten Rest der Decke zu.

Im Kampf um die Bettdecke kommt es einer Kapitulation gleich, wenn man aufsteht, um aufs Klo zu gehen. Die ganze Decke, die Sie sich mühsam erarbeitet haben, fällt mitsamt ihrer Wärme auf einen Schlag Ihrer Partnerin in die Hände. Wenn Sie zurückkommen, müssen Sie mit dem dünnen, leeren Stück Bettbezug vorliebnehmen. Dann ist es an der Zeit, sich einer bestimmten Taktik zu bedienen, dem so genannten raffinierten Deckenklau.

Mit jeder der unzähligen kleinen Räkelbewegungen, die man im Bett macht, bis man bequem liegt, ziehen Sie ein paar Zentimeter Bettdecke Ihrer Partnerin an sich und wickeln sich nach und nach darin ein. Versuchen Sie, Ihren Deckenklau durch kleine Stoßseufzer zu kaschieren oder durch wahllose Fragen wie z. B.: «Meinst du, wir sollten heiraten?» Dadurch wird Ihre Partnerin glauben, ihre plötzliche Gänsehaut sei eine Art körperliche Reaktion auf Ihre Frage.

Die Kunst beim raffinierten Deckenklau besteht darin, nicht eher innezuhalten, bis Ihre Partnerin wie eine fröstelnde neugeborene Ratte aussieht. Denn vergessen Sie nicht, wenn sie Sie wirklich liebt, wird sie Ihnen verzeihen.